21 世纪国际商务教材教辅系列

编写委员会

总 主 编：余世明

副总主编：袁绍岐　张彬祥　何　静

编写成员：(按姓氏笔画排列)

王雪芬	邓雷彦	邓棣嫦	邓宇松	朱艳君	刘德海
刘生峰	许　燕	杨　青	杨　遐	杨宇晖	杨子电
李　涛	吴憲华	肖剑锋	何　静	余世明	余　媛
宋朝生	张彬祥	张少辉	张小彤	陈　梅	陈夏鹏
林丽清	罗楚民	冼燕华	赵江红	胡丽媚	袁绍岐
袁以美	顾锦芬	黄　丽	黄清文	黄森才	彭伟力
彭月嫦	曾　馥	谢蓉莉	赖瑾瑜	詹益生	谭　莉
潘子助					

21世纪国际商务教材教辅系列

总 主 编　余世明
副总主编　袁绍岐　张彬祥　何　静

Marketing

市场营销学

主编　叶　青　副主编　李满玉　杨子电

暨南大学出版社
JINAN UNIVERSITY PRESS

中国·广州

图书在版编目（CIP）数据

市场营销学/叶青主编；李满玉，杨子电副主编 . —广州：暨南大学出版社，2012.9
（2020.2 重印）
（21 世纪国际商务教材教辅系列）
ISBN 978 - 7 - 5668 - 0177 - 7

Ⅰ . ①市…　Ⅱ . ①叶…②李…③杨…　Ⅲ . ①市场营销学—高等学校—教材　Ⅳ . ①F713.50

中国版本图书馆 CIP 数据核字（2012）第 070814 号

市场营销学
SHICHANG YINGXIAOXUE
主　编：叶　青　副主编：李满玉　杨子电

- -

出 版 人：徐义雄
责任编辑：张仲玲　邓琳媛
责任校对：周明恩
责任印制：汤慧君　周一丹

出版发行：暨南大学出版社（510630）
电　　话：总编室（8620）85221601
　　　　　营销部（8620）85225284　85228291　85228292（邮购）
传　　真：（8620）85221583（办公室）　85223774（营销部）
网　　址：http：//www.jnupress.com
排　　版：广州市天河星辰文化发展部照排中心
印　　刷：佛山市浩文彩色印刷有限公司
开　　本：787mm×1092mm　1/16
印　　张：16.125
字　　数：350 千
版　　次：2012 年 9 月第 1 版
印　　次：2020 年 2 月第 7 次
定　　价：38.00 元

目　录

前　言

市场营销是各类中等职业学校商贸类专业的一门必修课。本教材主要是适应中等职业教育课程改革的发展，结合中等职业教育学生的年龄特点和接受能力，切实提高他们的专业素质和应用能力来编写的。

本教材的编写按照项目教学法的模式，其结构特点是项目引导、任务驱动、活动实现；编写原则是"实用、适度、够用"，重点突出"应用"和"能力"；编写风格是"深入浅出、生动有趣"，通过大量实践来深化理论学习，竭力做到"知行合一"。

本教材是为中职学生量身定做，强调理论联系实际，紧密围绕市场营销实践，强调务实精神和动手能力，使学生真正掌握市场营销的知识，并将其运用到实践中。除此之外，本教材还充分考虑到中职学生的年龄特点和接受心理，每个项目采用话题形式，话题用俗语或诗句表示。在排版上生动活泼、图文并茂。

本教材共九个话题，第一、第四个话题及附录由叶青老师编写，第二和第六个话题由杨子电老师编写，第三和第九个话题由李满玉老师编写，第五和第七个话题由黄丽老师编写，第八个话题由张琼老师编写。全书由叶青担任主编，负责拟定编写纲要并统稿和定稿；李满玉、杨子电担任副主编。

本教材的主审专家为林叔明老师。本书的编写和出版得到了广东省对外贸易职业技术学校和暨南大学出版社的支持和帮助，在本教材的编写过程中，编者得到了广东省商业职业技术学校、广东省财经职业技术学校、广东省对外贸易职业技术学校、广东省石油化工职业技术学校的领导的关心和支持，在此一并表示感谢。同时，本教材在编写过程中吸收了一些专家、同行、老师的研究成果，并从公开发表的书籍、报刊和网站上选用了一些案例和资料，在此特向有关单位和作者表示衷心的感谢！

由于编者水平有限，书中疏漏与不妥之处在所难免，敬请读者和同行给予批评指正。

编　者
2012 年 3 月

前　言

（内容过于模糊，无法辨识）

话题一　走马观花看过来

——市场营销绪论

【知识目标】
　　要求学生正确理解市场、市场营销和市场营销组合等基本概念及相关内容，并了解市场营销观念的演变过程。

【能力目标】
　　使学生能够正确解释市场、市场营销的基本概念和基本原理；能正确运用现代市场营销观念分析问题、解决问题。

任务一　认识市场

【案例】

鞋子市场，有或者没有？

　　汤姆和杰克分别是美国的两家制鞋公司的推销员。几乎在同一天，他们来到了赤道附近的一个岛国，上帝呀，这里的人竟然全部赤脚，不穿鞋子。从国王到贫民，从僧侣到贵妇，无人穿鞋。汤姆一看，心里凉了半截，他想，这里的人不穿鞋子，哪儿有鞋子市场呢？向不穿鞋子的人推销鞋子，不等于向盲人推销画册、向聋人推销收音机吗？他二话没说，立即离开海岛。汤姆在给公司的报告中写道：这里的岛民不穿鞋子，根本没有鞋子市场。与汤姆的态度截然相反，杰克看了岛上情况后心花怒放，觉得这是一个极好的市场，决定把家搬来，在此长期驻扎下去……

　　两年后，这里的人都穿上了鞋子。

思考：

1. 杰克为什么心花怒放？
2. 如果你是杰克，你如何让当地人穿上鞋子？

一、市场的概念

市场是社会分工和商品经济发展到一定程度的产物，随着社会生产力的发展，社会分工的细分，商品交换日益丰富，交换形式复杂化，人们对市场的认识也日益深入。

1. 狭义的市场概念

市场指的是商品交换的场所。这是一种狭义的、传统的概念。如商店、集市、商场、批发站、交易所等，是市场最一般、最容易被人们理解的概念。

2. 广义的市场概念

随着商品经济的飞速发展和繁荣，商品交换过程和机制日益复杂，市场概念已不再局限于原有的"场所"，而演变为一种范围更广、含义更深的市场概念。广义上的市场是指在一定时间、地点条件下商品交换关系的总和。

3. 营销学角度的市场

市场是具有特定需要或欲望，愿意并能够通过交换来满足这种需要或欲望的全部顾客。这是从营销学角度提出的市场概念。市场是指具体产品的现实与潜在购买者所构成的群体。如果我们说手机市场，指的是对手机有现实需求或潜在需求的购买者。

二、市场的构成要素

从营销学的市场概念可以看到，市场的大小并不取决于商品交换场所的大小，而是取决于那些表示有某种需要，并拥有使别人感兴趣的资源，而愿意以这种资源来换取其需要物的主体数量。具体来说，市场由人口、购买力和购买欲望等三要素组成。只有当三要素同时具备时，企业才拥有市场，即：市场 = 人口 + 购买力 + 购买欲望。

思考：
瑞士、中国、美国三个国家中哪个国家的市场最大呢？为什么？

三、市场的类型

市场是一个有机的整体，有多种分配方法。将市场按地区划分，可以分为亚洲市场、北美市场、南美市场、欧洲市场、非洲市场和大洋洲市场；按档次划分，可以分为高档市场、中档市场和低档市场。

从市场营销角度，根据购买者特点及使用目的的不同，市场又可以分为消费者市场和组织者市场。

1. 消费者市场

消费者市场是指个人或家庭为了生活消费而购买商品或劳务的市场。如消费者出于对娱乐的需要而购买彩电从而构成的彩电市场，就是消费者市场。

消费者是企业产品的主要购买者，是整个社会为之服务的最终市场，是一切市场的基础。因此消费者市场是市场营销学研究的重点。

2. 组织者市场

组织者市场是以生产加工、转卖或执行任务为目的而由购买产品、劳务的组织组成的。一般可以分为三种类型：①生产者市场；②中间商市场；③政府市场。

生产者市场：是指生产者为了获取利润进行生产和再生产而购买产品和劳务的市场。

如电器企业为了生产电器购买钢材、电子元件和设备等而构成的市场就是生产者市场。

中间商市场：是指由所有获得商品，旨在转售或出租给他人，以获得利润的个人或组织构成的市场。中间商市场包括各类批发商和零售商。

【知识要点】

市场是社会分工和商品经济发展到一定程度的产物，狭义的市场指的是商品交换的场所，广义的市场则是由那些具有特定需要或欲望，并且愿意并能够通过交换来满足这种需要或欲望的全部顾客所构成的。市场的构成要素有：人口、购买力、购买欲望。按照购买者特点及使用目的的不同，市场可以分为消费者市场和组织者市场。

【活动一】一分钟自我推销演练

一、活动内容

进行一分钟自我推销演练，演练内容包括：①问候；②我是谁：包括姓名、来自哪里、个人兴趣爱好、专长、家庭情况、对学习市场营销课程的认识和学习期望等。

二、活动目的

1. 便于授课老师迅速掌握全班学生情况，以便日后有针对性地组织开展营销教学活动；

2. 加深同学间的相互了解；

3. 可以锻炼学生上台发言的口头表达能力，而这种胆量和说话能力正是从事市场营销专业所不可缺少的。

三、活动步骤和要求

1. 学生按照授课老师的要求，精心写好一份自我推销介绍词，然后利用课余时间反复演练，达到内容熟练、神情自然。

2. 安排课堂时间让学生上讲台进行一分钟自我推销演练。

第一步，上台问候。跑步上台，站稳后先对所有人问好，然后再介绍。注意展现热情，面带微笑。

第二步，正式内容演练，即自我推销介绍。注意音量、站姿、介绍顺序、肢体动作等。

第三步，致谢回座。对所有人说谢谢后才能按老师示意回到座位。

3. 任课教师根据下表给每位同学打分，评出优胜者。

表1-1　学生自我推销演练打分表

评价内容	分值	打分标准	得分
介绍时的神态、举止	55分	声音大小10分、热情展示7分、面带微笑10分、站姿8分、肢体语言5分、语言表达10分、服装得体5分	
介绍词内容	35分	内容新颖、独特，顺序自然	
时间掌控	10分	时间为1分钟，不足或超过一分钟均扣分	

【活动二】学习小组建立模拟企业

一、活动内容

假定每个小组可以筹集 20 万元注册资金，经过充分讨论后建立一个模拟公司。

二、活动步骤和要求

1. 全班学生抽签，每四人组成一个小组。
2. 各小组对以下问题充分讨论后，填写表 1-2。
3. 每组派一名代表在全班交流分享本组建立模拟公司的基本情况。
4. 任课教师对各组的交流结果作出评价和指导，并评选出优胜组。

表 1-2　模拟公司有关知识练习表

问　题	练习记录
公司名称及其含义	
公司所属类型	
公司经营的主要商品及其理由	
公司经营的商品销售对象	
公司的经营目标和宣传口号	

任务二　认识市场营销

【案例】

美国有家商学院为学生设立了一个"天才销售奖"，要想获得这个奖项，就要把一个旧式的砍木头的斧子，销售给现任的美国总统。

一位学生经过精心策划，向现任美国总统布什发出了一封信，信中这样写道："尊敬的布什总统，祝贺您成为美国的新一任总统。我非常热爱您，也非常热爱您的家乡。我曾经到过您的家乡，参观过您的庄园，那里美丽的风景给我留下了难忘的印象。但是我发现庄园里的一些树上有很多粗大的枯树枝，我建议您把这些枯树枝砍掉，不要让它们影响庄园里美丽的风景。现在市场上所卖的那些斧子都是轻便型的，不太适合您，正好我有一把祖传的比较大的斧子，非常适合您使用，而我只收您 15 美金，希望它能够帮助您。"布什看到这封信以后，立刻让秘书给这位学生寄去 15 美金。

这位学生因此获得了"天才销售奖"。

思考：

1. 这位学生为什么能够把斧子卖给总统？
2. 由此案例，你能得到哪些启示？

一、市场营销的概念

市场营销是个人和组织通过创造并同他人交换产品和价值以满足需求和欲望的一种社会性经营管理活动。

根据这一定义，可以将市场营销概念归纳出以下要点：

（1）市场营销的终极目标是满足需求和欲望。

（2）市场营销的核心是交换。而交换过程是一个主动、积极寻找机会、满足双方需求和欲望的社会和管理过程。

（3）交换过程能否顺利进行，取决于营销者创造的产品和价值满足顾客需要的程度和交换过程管理的水平。

二、市场营销的核心概念

要对市场营销进行深入细致的研究，首先应该掌握市场营销的一些基本的核心概念，包括需要、欲望和需求，商品与服务，交换和交易，市场营销和推销，营销者。

1. 需要、欲望和需求

（1）需要。

构成市场营销的最基本的概念就是需要。需要是指人们没有得到某些满足的感受状态，人们在生活中需要空气、食品、衣服、住所、安全、感情以及其他一些东西，这些需要都不是社会和企业所能创造的，而是人类自身本能的基本组成部分。

（2）欲望。

欲望是指人们想得到这些基本需要的具体满足物或方式的愿望。如一个人需要食品，想要得到一个面包；需要被人尊重，想要得到一辆豪华小汽车。例如，人们对休息的需要，可以通过睡觉、看书、运动、娱乐等途径来实现。

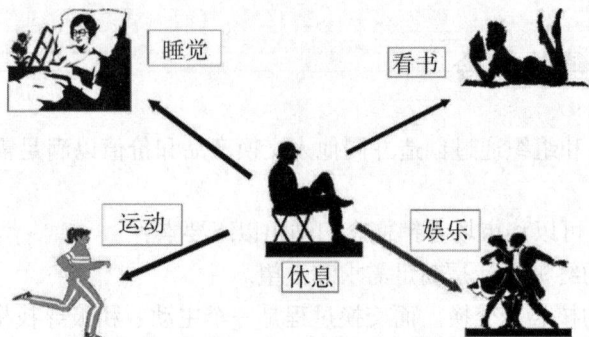

（3）需求。

需求是指人们有能力购买并且愿意购买某种商品或服务的欲望。人们的欲望几乎没有止境，但资源却是有限的。因此，人们想用有限的金钱选择那些价值和满意程度最大的商品或服务。当有购买力作后盾时，欲望就变成了需求。

企业并不创造需求，需求早就存在于营销活动出现之前，企业以及社会上的其他因素只是影响了人们的欲望，他们向消费者建议一个什么样的商品可以满足消费者哪些方面的需求，如一套豪华住宅可以满足消费者对居住与社会地位的需要。优秀的企业总是力图通过使商品富有吸引力、适应消费者的支付能力和容易得到来影响消费者的需求。

2. 商品与服务

人们在日常生活中需要各种商品来满足自己的各种需要和欲望。从广义上来说，任何能满足人们某种需要或欲望而进行交换的东西都是商品。

商品这个词在人们心目中的印象是一个实物，如汽车、手表、面包等。但是，诸如咨询、培训、运输、理发等各种无形服务也属于商品范畴。一般用商品和服务这两个词来区分实体商品和无形商品。

服务作为一种无形产品，它是一种看不见摸不着却能够满足人们需要的特殊商品。例如，保健医生的健康指导、儿童钢琴的知识教育、汽车驾驶技能的培训等。

在考虑商品时，其重要性不仅在于拥有它们，更在于使用它们来满足人们的欲望。例如，人们购买汽车并不是为了观赏，而是因为它可以提供交通服务，所以，商品实际上是向人们传送服务的工具。因此，企业的任务是推销商品实体中所包含的内核——利益或服务，而不能仅限于描述商品的形貌，否则，目光就太短浅了。

【案例】

华明是一位年轻的米店商人，他是该镇里10位米商之一，他认识到应该更多地为该镇居民着想，了解他们的需求和期望，为居民提供更多的价值，而不能仅仅只是提供和其他米商一模一样的服务，简单地为那些到店里来的顾客提供大米。因此，他决定对顾客的饮食习惯以及购买周期建立记录档案，并且开始为顾客送货。首先，华明开始绕着该城镇到处走，并且敲开每一位顾客的家门，询问家里有多少口人，每天需要煮多少碗米，家里的米罐有多大等。之后，他决定为每个家庭提供免费的送货服务，并且每隔固定时间自动为每个家庭的米罐补满。例如，某4口之家，平均每人每天大概需要2碗米，因此这个家庭每天需要8碗米。从他的记录里，华明可以知道该家庭的米罐能装60碗米或者说接近一袋米。通过建立的这些记录以及提供的全新服务，华明率先成功地与老年顾客沟通，进而与更多的其他居民建立起更为广泛、更为深入的关系。华明通过花时间拜访居民，处理好与供应商及其所熟识的居民之间的关系，生意日益兴隆，业务也逐渐扩大，成为该镇的10位米商之首。

3. 交换和交易

需要和欲望只是市场营销活动的序幕，只有通过交换，营销活动才真正发生。交换是提供某种东西作为回报而与他人换取所需东西的行为，它需要满足以下五个条件：

第一，至少要有两方；

第二，每一方都要有对方所需要的有价值的东西；

第三，每一方都要有沟通信息和传递信息的能力；

第四，每一方都可以自由地接受或拒绝对方的交换条件；

第五，每一方都认为同对方的交换是称心如意的。

如果存在上述条件，交换就有可能，市场营销的中心任务就是促成交换。交换的最后一个条件是非常重要的，它是现代市场营销的一种境界，即通过创造性的市场营销，交换双方都达到双赢。

交易是交换的基本单元，是当事人双方的价值交换。或者说，如果交换成功，就有了交易。怎样达成交易是营销界长期关注的焦点。

4. 市场营销和推销

前面已经指出，市场营销就是以满足人们各种需要和欲望为目的，通过市场变潜在交换为现实交换的活动。推销只是市场营销的一部分，是企业围绕销售商品展开的各项活动，多指人员推销。

两者的区别在于：

(1) 市场营销是企业的系统管理过程，而推销或销售仅仅是市场营销过程中的一个环节；

(2) 市场营销是以满足目标顾客的需求为中心，而推销或销售是以销售现有产品为中心；

(3) 市场营销的出发点是市场需求，而推销或销售的出发点是企业；

(4) 市场营销采用的是整体营销手段，而推销或销售主要采用人员推销、广告手段；

(5) 市场营销是通过满足客户的需求来获取利润，而推销或销售是通过增加产品销量来获取利润。

思考：

许多人认为："市场营销就是推销，就是把产品卖掉，变成现金。"而彼得·杜拉克先生却说："营销的真正内涵是使销售成为多余。"这句话对吗？为什么？

5. 营销者

毫无疑问，交换活动是指与市场有关的人类活动。在交换活动中，对交换双方来说，如果一方比另一方更积极主动地寻求交换，则前者称为营销者，后者称为潜在顾客。具体来说，营销者就是指希望从他人那里得到资源，并愿意以某种有价值的东西作为交换的人。很明显，营销者可以是一个卖主，也可以是一个买主。假如有几个人同时想买某幢漂亮的房子，每个想成为房子主人的人都力图使自己被卖方选中，这些购买者就都在进行营销活动，也都是营销者。

三、市场营销组合

1. 营销组合的概念

营销组合是指企业针对选定的目标市场综合运用各种可能的市场营销策略和手段，组合成一个系统化的整体策略，以达到企业的经营目标，并取得最佳经济效益。营销组合概念的提出，体现了整体营销的思想，即企业营销的成功与否，是企业方方面面因素综合运用的结果，而不是局部因素的作用。

2. 4P 营销组合

杰罗姆·麦卡锡把各种营销因素归纳为四大类：产品（Product）、价格（Price）、地点（Place）、促销（Promotion）。所谓 4P 营销组合，也就是这 4 个"P"的适当组合与搭配，它体现着市场营销观念指导下的整体营销思想。

3. 4C 营销组合

20 世纪 80 年代，美国北卡罗莱纳大学教授罗伯特·劳特朋针对 4P 营销理论存在的问题提出了 4C 营销理论。

所谓 4C 营销理论，就是企业在营销活动中，必须瞄准消费者需求，考虑消费者所愿意支付的成本以及消费者购买的便利性，与消费者进行充分沟通的一种营销理论。

（1）瞄准消费者的需求（Consumer）。首先要了解、研究、分析消费者的需要与欲求，企业要生产消费者所需要的产品，而不是先考虑企业能生产什么产品。

（2）消费者所愿意支付的成本（Cost）。首先要研究消费者的收入状况、消费习惯以及同类产品的市场价位，了解消费者满足需要与欲求愿意付出多少金钱（成本），而不是先给产品定价，即向消费者要多少钱。

（3）消费者的便利性（Convenience）。首先考虑在顾客购物等交易过程中如何给顾客提供方便，而不是先考虑销售渠道的选择和策略。

（4）与消费者沟通（Communication）。消费者不只是单纯的受众，他们本身也是新的传播者，以消费者为中心实施营销沟通是十分重要的，通过互动、沟通等方式，将企业内外营销不断进行整合，把顾客和企业双方的利益无形地整合在一起。

4P 营销理论以市场为导向，为市场营销提供了一个简洁且易于操作的框架；4C 营销理论注重以消费者需求为导向，为市场营销工作的开展提供了一种新的思路，进一步发展完善了市场营销理论。

4. 6P 营销组合

6P 营销组合又称为大市场营销，就是指企业为了成功地进入特定市场，并在那里从事经营活动，需要在策略上协调地采用经济、心理、政治和公共关系等手段，以博得各方面合作的活动过程。

大市场营销观念认为，企业在市场营销中，首先是运用政治权力（Political Power）和公共关系（Public Relationship），设法取得具有影响力的政府官员、立法部门、企业高层决策者等方面的合作与支持，启发和引导特定市场的需求，通过在该市场的消费者中树立良好的企业信誉和产品形象，以打开市场、进入市场。然后，运用传统的市场营销组合去满足该市场的需求，达到占领该目标市场的营销目的。

【案例】

20世纪70年代初，百事可乐公司和可口可乐公司都想进入印度市场，但由于印度政府的贸易保护而遇到重重阻力。于是百事可乐公司通过和一个印度集团的合作，组成了合营企业，避免了反跨国公司立法机关的反对，并承诺帮助印度农产品的印度出口，向印度提供食品加工的新技术等，从而得到了印度政府和民众的支持。百事可乐公司正是运用了政治权力和公共关系相结合的手段，最后取得了成功。

【知识要点】

市场营销是个人和群体通过创造产品和价值，并同他人进行交换以获得所需所欲的一种社会及管理过程。为了加深对市场营销概念的理解，应该掌握市场营销的一些基本的核心概念，具体包括需要、欲望和需求，商品与服务，交换和交易，市场营销和推销，营销者等。营销组合是指企业针对选定的目标市场综合运用各种可能的市场营销策略和手段，组合成一个系统化的整体策略，以达到企业的经营目标，并取得最佳经济效益。有4P营销组合、4C营销组合和6P营销组合之分。

【活动一】顾客投诉情景模拟

一、活动内容

针对以下情景，进行模拟演练。

某日，某购物广场顾客服务中心接到一起顾客投诉，顾客说从该商场购买的"苗苗"酸牛奶中喝出了苍蝇。正在这时，有位值班经理看见便走过来说："你既然说有问题，那就带小孩去医院，有问题我们负责！"顾客听到后，更是火上加油，大声喊："你负责？好，现在我让你去吃10只苍蝇，然后我带你去医院检查，我来负责好不好？"边说边在商场里大喊大叫，并口口声声说要去"消协"投诉，引起了许多顾客围观。

该购物广场顾客服务中心经理听到后马上前来处理，假如你是这位经理，你将如何处理这一问题？

二、活动步骤和要求

1. 各小组对以上情景进行充分讨论后，进行角色和内容准备。
2. 每组派两名代表在全班交流分享本组角色表演。
3. 任课教师对各组的交流结果作出评价和指导，并评选出优胜组。

【活动二】综合认识营销职业

一、活动内容

建立营销职业意识，学习用营销的思想分析问题，综合认识营销职业。

二、活动步骤和要求

1. 各小组对以下问题充分讨论后，填写表1-3。

2. 每组派一名代表在全班交流分享本组讨论结果。

3. 任课教师对各组的交流结果作出评价和指导，并评选出优胜组。

表1-3　模拟公司有关知识练习表

问　题	练习记录
市场营销职业的种种称呼	
这种职业首先在哪些国家受到重视，它给个人和社会带来些什么	
在我国，人们如何认识这种职业，社会的进步是否需要这种职业	
从事这种职业有无特殊的知识和个性品质要求	

任务三　理解营销观念及其演变

【案例】

欧洲某国有一个钢琴专业制造商，他所造的钢琴品质很好，可市场销路一直不好，公司生存困难，对此他非常苦恼。于是他们找市场营销策划公司，帮助厂家设计产品广告，希望迅速打开市场。营销公司到钢琴公司考察一番后，设计了这样的广告词："请买我的钢琴吧，它是世界上最大的钢琴公司生产的。"可是，消费者没有什么反应，不得已该制造商又换了家广告公司。这个广告公司为厂家设计了这样的广告词："请买我的钢琴吧，它是世界上最好的木材制成的。"消费者还是没有反应。最后，厂家换了第三家广告公司。该公司经过大量的钢琴市场消费者调查研究，发现欧洲家庭购买钢琴不是为了孩子学习艺术或者出名，更多的是想让孩子经过音乐的熏陶，具有高贵的气质、优雅的风度。于是，他们设计了这样的广告词："请买我的钢琴吧，它能让你的玛丽（女儿）成为贵夫人。"广告播出后，市场反应很好，钢琴销路大增。

思考：

为什么第一、二个广告反应平平，而第三个广告效果却很好呢？它们之间有什么区别？

一、营销观念的概念

营销观念，又称营销理念或营销哲学。营销观念是企业开展市场营销活动的指导思想。它集中反映了企业以什么态度和思想方法去看待和处理企业、顾客和社会三者之间的利益关系。市场营销工作的指导思想正确与否对企业经营的成败兴衰具有决定性的意义。

企业市场营销的指导思想是在一定的社会经济环境下形成的，并随着这种环境的变化而变化。所以，营销观念没有固定不变的内容。同一企业在不同时期，往往会表现出不同的营销观念；而即使在同一时期，不同企业的营销观念也往往不同。

二、营销观念的演变

一个世纪以来，西方企业的市场营销观念经历了一个漫长的演变过程，可分为生产观念、产品观念、推销观念、市场营销观念和社会营销观念五种不同的观念。

1. 生产观念

【案例】

美国皮尔斯堡公司从 1868 年创立到 1930 年，由于其产品供不应求，不愁卖不出去，因此，六十年来该公司一直着重扩大生产，只求货源充沛、价格低廉。其口号是："本公司旨在制造面粉。"

生产观念是一种最古老的经营思想。生产观念就是企业的一切经营活动以生产为中心。这种指导思想表现为"我能生产什么，顾客就买什么"。生产观念是一种重生产、轻市场营销的营销观念。

生产观念的产生背景是 20 世纪 20 年代以前，当时，整个西方国家生产落后，物资极度贫乏，而市场需求旺盛。企业只要把产品生产出来，消费者就一定会购买任何他们买得起也买得到的商品。企业的任务就是集中一切力量提高生产效率，增加产品产量，降低成本，从而获得利润。

20 世纪初，亨利·福特（Henry Ford）在开发汽车市场时所创立的"扩大生产、降低价格"的经营思想，就是一种生产观念。福特汽车公司从 1914 年开始生产 T 型汽车，福特将其全部精力与才华都用于改进大规模汽车生产线，使 T 型车的产量达到非常理想的规模，大幅度地降低了成本，使更多的美国人买得起 T 型汽车。他不注重汽车的外观，曾开玩笑地说："不管顾客需要什么颜色的汽车，我只生产黑色的。"这种只求产品价廉而不讲究花色式样的经营方式无疑是生产观念的典型表现。

如美国德州仪器公司（Texas Instruments）一个时期以来为扩大市场，就一直尽其全力扩大生产、改进技术以降低成本，然后利用其低成本优势来降低售价，扩大市场规模。该公司以这种经营思想赢得了美国便携式计算器市场的主要份额。但是，在这种经营思想指导下运作的企业也面临一大风险，即过分狭隘地注重自己的生产经营，忽视顾客真正所需要的东西，会使公司面临困境。例如，德州仪器公司在电子表市场也采用这一战略时，便遭到了失败，尽管公司的电子表定价很低，但这对顾客并没有多少吸引力。该公司只是不顾一切地降低产品价格，却忽视了顾客想要的不仅仅是价廉，而且还有物美。

中国改革开放前，由于国内产品供不应求，因此生产观念在企业中十分盛行，主要表现是企业埋头生产，不问市场，商业将主要力量集中在抓货源上，企业生产什么，商业就收购什么，根本不顾及消费者的需要。

2. 产品观念

【案例】

自 1864 年创立以来，爱尔琴手表公司一直享有全美国最佳手表制造商的声誉。爱尔琴公司一直把重点放在保持其产品优质的企业形象上，销售量持续上升，但是到 1958 年以后，该公司销售量和市场份额开始走下坡路。是什么原因使得爱尔琴公司的优势地位受到损害呢？根本原因是，爱尔琴公司的管理当局太醉心于生产优质而式样陈旧的手表，以至于根本没有注意到手表消费市场上所发生的重大变化。许多消费者对手表所要求的必须十分精确、必须是名牌、必须保用一辈子等的观念正在改变，而开始追求方便性（各种自动手表）、耐用性（防水防震手表）和经济性（刻度指针表）。爱尔琴公司的毛病就出在它把全部注意力都集中在产品质量上，而忽视了随时掌握变化着的市场需求并对此作出相应的反应。

产品观念是一种与生产观念类似的经营思想。产品观念是指企业的一切经营活动是以产品质量为中心。该经营思想表现为："皇帝的女儿不愁嫁。"企业会认为，消费者会欢迎质量最优、性能最好、特点最多的产品，因此，企业应把精力集中在创造最优良的产品上，并不断精益求精。这是一种重产品质量、轻顾客需求的营销观念。

产品观念是在这样的背景产生的，相比于生产观念阶段，这一时期/阶段社会生活水平已有了较大幅度的提高，消费者已不再仅仅满足于产品的基本功能，而是开始追求产品的功能、质量和特点等。因此，如何比其他竞争对手为消费者提供更优质的产品就成了企业的当务之急。在产品供给不太紧张或稍微宽裕的情况下，这种观念常常成为一些企业经营的指导思想。在 20 世纪 30 年代以前，不少西方企业奉行这一观念。

迄今为止，世界上最骄傲而总产量又最少的极品汽车可能就是劳斯莱斯了。劳斯莱斯的不同凡响之处在于：纵然你有万贯家产、金山银山，无论你是一般的老百姓，还是首相、大臣、元帅、大使或大财阀，也不一定能买到。劳斯莱斯的牛气由此可见一斑。

劳斯莱斯从组装到试车，每一部分都要花两个星期的时间。每一部劳斯莱斯车都非常坚固，具有零故障、低耗油、低磨损的特点。劳斯莱斯无论什么车型，以每小时 100 公里的速度长时间行驶，放在水箱上端的银币绝对不会掉下来（非常小的摇动性），车里只会听到车内钟表秒针的滴答声（非常小的噪声）。第一次世界大战后，在所有各种汽车公开性能审查会上，劳斯莱斯都被封以"世界第一"的称号，压倒了所有其他车子。劳斯莱斯最有名的车子称为"银色幽灵"，这种银色车子像幽灵般不声不响，静悄悄地行驶。

劳斯莱斯的座右铭是"技术是崭新的，而且不被任何珍奇赶上"，"好的车子无论经过多少年都会被保持下去"。

然而，这种观念也容易导致公司在设计产品时很少深入市场研究，不了解顾客的需求意愿，不考察竞争者的产品情况，容易产生"营销近视症"（Market Myopia）的现象，即不适当地把注意力放在产品上，而不是放在顾客的需要上。如铁路管理部门认为用户需要的是火车本身，而不是为了解决交通运输，于是忽略了飞机、公共汽车、货车和小汽车日益增长的竞争；计算尺制造商认为工程师需要的是计算尺本身而不是计算能力，以至忽略了袖珍计算器的挑战。

思考：

传统上我国有不少企业奉行产品理念，"酒香不怕巷子深"、"一招鲜，吃遍天"等都是产品观念的反映。目前，我国还有很多企业不同程度地奉行产品观念，它们把提高产品功能与质量作为企业首要任务，提出了"企业竞争就是质量竞争"、"质量是企业的生命线"等口号，一些企业由此取得了较好的经济效益，但也忽视了消费者的需求。

无人喝彩

这鞋，穿30年都不会坏，怎么就是没人买呢？

3. 推销观念

【案例】

1930 年后，皮尔斯堡面粉公司发现，有些销售他们公司产品的中间商开始从其他厂家进货。于是该公司为了扩大销售，派出大量推销人员，从事推销业务，并将公司的口号改为："本公司旨在推销面粉。"

推销观念就是企业的一切经营活动以推销为中心。该经营思想表现为"我推销什么，顾客就购买什么"。它强调企业要将主要精力放在推销工作上，企业只要努力推销，消费者或用户就会更多地购买。在这种观念指导下，企业十分注重运用推销术和广告术，大量雇用推销人员，向现实和潜在买主大肆兜售产品，以期压倒竞争者，提高市场占有率，取得更高的利润。这是一种重推销产品而轻顾客需求的营销观念。

推销观念产生于从卖方市场向买方市场转变的时期。从1920年到1945年，西方国家社会从生产不足开始进入了生产过剩，企业之间的竞争日益激烈。特别是1929年所爆发的严重经济危机，致使大量商品卖不出去，许多工商企业和银行倒闭，大量工人失业，市场萧条。残酷的事实使许多企业家认为即使物美价廉的产品，也未必能卖出去，必须重视和加强商品销售工作。自从产品供过于求、卖方市场转变为买方市场以后，推销观念就被众多企业普遍采用，尤其是在生产能力过剩和产品大量积压时期，企业常常采用这种理念。

【案例】

美国的雪佛莱和奥兹莫比尔汽车厂的生意面临巨大的难题。该厂积压了一批"托罗纳多"牌轿车，型号是1986年的，由于未能及时售出，导致工厂资金不能回笼。仓租、利息负担沉重，使工厂面临要倒闭的局面。该厂的总裁在对竞争者及其他商品的推销术进行了认真的比较之后，设计了一种大胆的推销方式"买一送一"，决定在全国主要报刊刊登特别广告：谁买一辆"托罗纳多"牌轿车，就可以免费获得一辆"南方"牌轿车。买一送一的做法由来已久，但一般的做法是免费赠送一些小额的商品。如买录像机就送一盒录像带等，这种施以顾客一点小恩小惠的推销方式已经慢慢不大起作用了。而雪佛莱和奥兹莫比尔汽车这种买一辆汽车赠送一辆汽车的超群出众的销售方法，一鸣惊人，许多人看了广告以后，不辞遥远前来看个究竟。该厂的经销部原来是门可罗雀，一下子变得门庭若市了。

应当说，推销观念有其合理的地方，一般而言，消费者不会购买非必需的产品。因此，加强推销工作扩大本企业的产品信息，劝说消费者选择购买本企业产品，都是非常必要的。前些年，在我国几乎被奉为成功之路的"全员推销"典型地代表了这种理念。

然而，推销观念注重的仍然是企业的产品和利润，不注重市场需求的研究和满足，不注重消费者利益和社会利益。甚至强行推销不仅会引起消费者的反感，而且还可能使消费者在不自愿的情况下购买不需要的商品，严重损害了消费者的利益。

思考：

看图片，请问推销员这样做有何不妥？

吹牛不打草稿

你相貌堂堂，她美若天仙，你俩真是绝配！

顾客　　　推销人员　　　产品

4. 市场营销观念

【案例】

"二战"后，美国人的生活方式发生了重大变化，很多家庭主妇为了节省时间，由过去的自制食品为主，逐渐改变为购买半成品为主，用买面包、蛋糕和饼干代替购买面粉回家自己做，于是，皮尔斯堡面粉公司改变其产品方向，生产各种半成食品和制成食品，结果公司销量大增。

市场营销观念与推销观念及其他传统的经营思想存在着根本的不同。市场营销观念是一种以消费者需求为中心的营销观念。这种营销观念的具体表现是"顾客需要什么，企业就生产什么"。这一观念认为，企业的营销活动要围绕着满足消费者的需求来进行，以消费者的需求为出发点。

市场营销关键在于正确确定目标市场的需要和欲望

20 世纪 50 年代以后，资本主义发达国家的市场已经变成名副其实的供过于求，卖主之间竞争激烈，买主处于主导地位的买方市场。同时，科学技术发展，社会生产力得到了迅速的提高，人们的收入水平和物质文化生活水平也在不断提高，消费者的需求向多样化方向发展并且变化频繁。在这种背景下，企业意识到传统的经营观念已不能有效地指导新的形势下的企业营销管理工作，于是市场营销观念形成了。

【案例】

美国的比恩公司是最成功的邮购商之一，该公司专门从事供应中下层的服装和日常用品。该公司对顾客作出下列保证——对所有的产品我们均保证在各方面给予100%的满意。向我们购买的任何东西如果证实不好，随时可以退回。只要你愿意，我们可以退换产品或退回你购买的价钱，或将退款计入你的信用卡的贷方。我们不希望你从比恩公司购买的任何东西是不完全满意的。

在公司办公室周围贴上醒目的标语：

什么是顾客？

顾客是本办公室最重要的人——不论是亲临或邮购。

不是顾客依靠我们，而是我们依靠顾客。

在这种观念的指导下，"顾客至上"、"顾客是上帝"、"顾客永远是正确的"、"爱你的顾客而非产品"，"顾客才是企业的真正主人"等成为企业家的口号和座右铭。营销观念的形成，不仅从形式上，更从本质上改变了企业营销活动的指导原则，使企业经营指导思想从以产定销转变为以销定产，第一次摆正了企业与顾客的位置，所以这是营销观念的一次重大革命。

思考：
本书中三次提到了皮尔斯堡面粉公司，请谈谈该公司的营销观念发生了什么样的变化？为什么会有不同的营销观念？

5. 社会营销观念

【案例】
20世纪80年代后期，柯达公司开发了一种价格低廉、拍完即可扔掉的照相机，这引起了环保主义者的不满，严重损害了该公司的公众形象。为了弥补，柯达公司推行环保设计，将拍完即可扔的照相机改为可回收的相机，并将可重复使用的部件拆卸下来循环使用。这种照相机后来成为柯达公司销售量增长最快、利润最高的产品。柯达公司正是依靠这种绿色营销赢得市场。

社会营销观念是对市场营销观念的完善。市场营销观念是指企业的营销活动要结合企业、消费者和社会三方面的利益。这种观念的具体表现是："社会需要什么，我就生产什么。"这一观念认为：企业营销目标不仅要追求企业的经济效益和发展，满足消费者近期的需要和利益，而且还应照顾到社会、消费者整体和长远的利益。

社会营销观念产生于20世纪70年代。进入20世纪60年代以后，市场营销理念在美国等西方国家受到置疑。

第一，不少企业为了最大限度地获取利润，迎合消费者，采用各种方式扩大生产和经营，而不顾是否对消费者和社会整体利益有损害。这种只顾生产而忽视环境保护，促使环境恶化、资源短缺等问题变得相当突出。如清洁剂工业满足了人们洗涤衣服的需要，但同时却严重污染了江河湖海，威胁了大量鱼类的生存，破坏了生态平衡。

第二，某些标榜自己奉行市场营销理念的企业以次充好、大搞虚假广告、牟取暴利，严重损害了消费者的权益。

第三，某些企业只注重消费者眼前需要，而不考虑消费者的长远需要。如化妆品，虽然短期内能美容，但有害成分含量过高；汉堡包、炸鸡等快餐食品虽然快捷、方便、可口，但由于脂肪与含糖量过高而不利于顾客的长期健康。

这些质疑导致了人们从不同角度对市场营销理念进行补充，如理智消费者的营销观念、生态营销观念、人道营销观念等均属于社会营销观念之列。

社会营销观念要求企业在确定营销决策时要权衡三方面的利益，即企业利润、消费者利益和社会利益。具体来说，社会营销观念希望摆正企业、顾客和社会三者之间的利益关系，既能使企业发挥特长，在满足消费者需求的基础上获取经济效益，又能符合社会利益，从而使企业具有强大的生命力。许多公司通过采用和实践社会营销观念，获得了引人注目的销售业绩，如美国的安利、强生等大公司就是典型的例子。

【案例】

在1976年，安妮塔·罗迪克在英国的布赖顿开设了一家化妆品专卖店，名为美容院，现在该专卖店已发展到41个国家，共有700多家分店。美容院每年的销售成长率在60%至100%，营销额在1991年达到1.96亿美元，税前利润3 400万美元。公司只生产和销售以天然配料为基础的化妆品，并且产品的包装是可回收利用的，该化妆品的配料以植物为基础并经常来自发展中国家，以帮助发展中国家发展经济，所有产品的配方均非采用动物试验。公司每年将一定比例的利润捐给动物保护组织、无家可归者、保护雨林组织和其他社会事业。由于该公司的社会观念，使许多顾客乐于光顾，该公司的雇员和专营者还献身于社会事业。罗迪克曾经这样评价道："我认为最重要的是，我们的业务不仅是头发和皮肤的保养，而且还应包括社会、环境和除化妆品以外的更广大的外部世界。"

应当说，社会营销观念只是市场营销观念的进一步扩展，在本质上并没有多大的突破。但是，许多企业主动采纳该观念，主要原因是把它看作为改善企业名声、提升品牌知名度、增加顾客忠诚度、提高企业产品销售额以及增加新闻报道的一个机会。他们认为，随着环境与资源保护、健康意识的深入人心，顾客将逐渐地寻找在提供理性和情感利益上具有良好形象的企业。

表1-4　营销观念演变过程表

营销观念演变	内容	典型特征
生产观念	指企业以生产为中心来组织企业的生产经营活动	我们能生产什么，就卖什么
产品观念	指企业努力提高产品质量，做到物美价廉，产品无须大力推销	有什么产品就卖什么
推销观念	市场竞争加剧，企业必须重视加强产品的推销工作以诱导消费者购买产品	我们卖什么，就设法让人们买什么
市场营销观念	以市场需要为中心组织企业的营销活动	生产我们能卖出去的产品
社会营销观念	企业营销活动要满足消费者利益，要让企业获取利润，还要符合社会长远利益	符合消费者、企业、社会三者利益的产品，我们才经营

三、现代营销观念与传统营销观念的区别

由于市场营销观念的提出使企业营销观念发生了根本性变革，被视为是市场营销学的

一次革命。因此，将五种观念归并为两大类：一类是传统的营销观念，包括生产观念、产品观念和推销观念；另一类为现代营销观念，包括市场营销观念和社会营销观念。新旧两类营销观念存在着质的区别。

(1) 营销活动的出发点不同。传统营销观念以企业的要求和产品本身为出发点，根据企业自身的生产能力决定生产产品的品种和数量。现代营销观念坚持以消费者需求作为营销活动的出发点，强调从市场调查预测开始，深入研究消费者的需求特点，根据消费者需求生产适销对路的产品。

(2) 营销的中心不同。传统营销观念以企业为中心，把消费者作为企业盈利的手段和工具，因而忽视消费者自身的利益和要求。现代营销观念认为，消费者是企业不可分割的组成部分，消费者的需要是企业生存发展的前提和动力，所以企业要高度重视消费者及社会利益，甚至要将其置于企业利益之上。

(3) 营销活动的手段不同。传统营销观念的手段比较单一，偏重于通过提高生产效率、降低成本来提高产品质量和价格，或借助各种推销手段促成产品销售。现代营销观念强调营销手段的综合性、整体性，运用产品设计、包装、定价、分销渠道、广告宣传、售后服务等各种手段的有效组合，把商品销售给消费者，从而全方位地满足消费者的多种需求。

(4) 营销活动的目标及实现途径不同。传统营销观念以企业赢利为唯一目标，力求通过每次销售取得最大的即期利润。现代营销观念注重企业赢利与消费者和社会利益的兼顾与平衡，强调通过满足消费者需要和维护社会长远利益来实现企业的长期利益。

在现代市场经济条件下，传统营销观念的落后性和不适应性是显而易见的。但是，同时应当看到，从传统营销观念向现代营销观念的演进是一个历史过程。这一过程是与生产力发展水平的提高、市场环境的变化以及社会的文明进步程度紧密联系在一起的。相对于商品经济发展的特定阶段而言，任何一种营销观念的存在都有其必然性和合理性。而在一定社会范围和历史时期内由于生产力发展不平衡，不同行业、不同地区、不同产品的微观或局部市场环境千差万别，企业领导者的认知水平和价值取向也不尽相同。因此，不同的企业可能会奉行不同的营销观念。要求营销观念的整齐划一，简单地摒弃或否定某种营销观念的存在也是不现实的。此外，在倡导现代营销观念时，应注意避免片面强调对现有消费需要的一味迎合或满足，而忽略了运用现代科学技术发明和制造新产品，主动引导消费，积极开发新的消费领域，创造新的消费需求。

表 1-5　新旧营销观念区别表

观念类型	起点	中心	手段	目标（终点）
传统营销观念	产品	企业	增加生产或加强推销宣传	通过扩大销售获利
现代营销观念	市场	消费者需求	整体营销活动	通过满足顾客需求获利

【知识要点】

市场营销观念，就是指企业开拓市场，实现营销目标的根本指导思想。它大体经历了五个发展阶段，其中生产观念、产品观念和推销观念的共同特点是以生产者为导向，以产定销，属于传统观念；市场营销观念和社会营销观念的共同特点是以市场（消费者）为导向，以销定产为企业经营指导思想，属于现代观念。我们只有在正确掌握营销活动各个方面的基础上，才能科学地指导我们的营销活动，做好营销工作。

【活动一】分析案例，感知营销观念的重要性

一、活动内容

分析以下案例。

以顾客为中心的日本大荣百货公司

大荣公司是日本最大的百货公司，其创始人中内是个上过大学的退役军人。在 1957 年 9 月，中内在日本千林车站前开设了一个面积为 53 平方米的小商店，共有职工 13 人，全部资金仅有 8 400 美元，开始只经营药品，后来扩展到经营糖果、饼干等食品和百货。大荣公司的经营决策是一切以顾客为中心，并由此走上了成功的道路。

大荣公司认为，凡是消费者所需要的商品，只要做到物美价廉、供货及时，总是可以卖出去的。其中，重要的一点就是满足消费者对价格的要求。为了满足顾客对价格的要求，他们打破通常意义上的进货价格加上利润和其他管理费作为零售价格的观念，在深入调查消费者需要哪些商品的基础上，着重了解消费者认为合适并可以接受的价格，以此为采购和进货的基础。因此，商店确定了"10、7、3"原则，即商店经营毛利润率为 10%，经费率仅为 7%，纯利润率为 3%。从这个原则可以看出，商店的经营盈利率是相当低的。但是由于赢得了广大消费者的欢迎，该公司商品销售得很快，销售量很大，资金周转也很快，所以商店的利润还是相当可观的。

与此同时，依据一切以顾客为中心的决策，大荣公司在经营过程中，把所经营的商品整理归类，按合理的计划和适宜的方法进行批发和零售。以衬衫为例，其他商店基本上是统一样式分为大、中、小三种规格，不同规格具有不同价格，而大荣公司则不同，他们和生产厂方协调一致，确定一个消费者满意、产销双方又都有利可图的采购价格，深受消费者的欢迎，衬衫销售量扩大，销售额剧增。

另外，大荣集团在耗资 760 亿日元兴建福冈"巨蛋"体育馆时，全面推行符合 CS（顾客满意）精神的"人性化"经营战略，使大荣公司在消费者心目中树立起美好的形象，公司生意声誉日隆。1995 年，日本大荣公司营业额高达 250 亿美元，占亚洲第一，在国内拥有 1 200 家大型超市、6 700 多家便利店、220 多家大型百货商店和 7 个大型配送中心。

二、活动步骤和要求

1. 各小组成员认真研读案例并填写表 1-6。

表1-6　对案例的分析记录

问　题	分析记录
你认为大荣公司采用的是什么样的营销观念	
大荣公司通过哪些方面来体现一切以顾客为中心	
大荣公司成功的启示是什么	

2. 小组成员交流并分享对案例的分析结果。

3. 各组选派一名代表在全班交流分享案例分析结果。

4. 任课教师对各组的交流结果作出评价和指导，并评选出优胜组。

【活动二】为自己的模拟企业选定适当的营销观念

一、活动内容

各学习小组针对本组建立的模拟公司拟经营产品的特点，结合我国当前的市场情况，为自己的模拟公司选定适当的营销观念。

二、活动步骤和要求

1. 小组成员认真讨论后，为自己的模拟公司选定适当的营销观念，并填写表格1-7。

表1-7　学习小组为模拟公司选择营销观念讨论结果记录

讨论内容	讨论结果
公司基本情况	公司名称： 公司经营内容：
市场特点	
产品销售对象	
选择的营销观念	

2. 各组派一名代表在全班交流分享讨论结果。

3. 任课教师对各组的交流结果作出评价和指导，并评选出优胜组。

【思考与练习】

一、判断题

1. 在组成市场的双方中，卖方的需求是决定性的。（　　）

2. 从营销理论角度看，市场就是买卖商品的场所。（　　）

3. 市场营销的核心是交换。（　　）

4. 市场营销就是推销和广告。（　　）

5. 在交换双方中，如果一方比另一方更主动、更积极地寻求交换，其主动者被称为潜在顾客。（　　）

6. 欲望转化为需求的条件是需要的存在。（　　　）

7. 市场营销观念是以产品为中心来指导企业市场营销活动的。（　　　）

8. 消费者需求的满足只能通过产品实体来进行。（　　　）

9. 主要以促销为手段的企业采取的是生产观念。（　　　）

10. 果品企业为了生产果汁而购买苹果构成了消费者市场。（　　　）

二、单项选择题

1. 市场营销的最终目的是（　　　）。

A. 满足消费者的需求和欲望　　　　B. 求得生存和发展

C. 推销商品　　　　D. 获取利润

2. 着眼于加强双向沟通，增进相互理解，实现真正的适销对路，培养忠诚的顾客，这是4C组合的（　　　）。

A. 消费者　　　B. 成本　　　C. 沟通　　　D. 便利性

3. 市场是指一切具有特定的欲望和需求并且愿意能够以（　　　）来满足此欲望和需求的潜在顾客构成。

A. 交换　　　B. 乞求　　　C. 生产　　　D. 掠夺

4. 市场营销观念与推销观念之间存在着巨大的差别，这是因为市场营销观念是以（　　　）需求为中心。

A. 卖方　　　B. 买方　　　C. 生产方　　　D. 销售方

5. （　　　）是指导企业经营活动的最古老的观念之一。

A. 产品观念　　B. 生产观念　　C. 市场营销观念　　D. 推销观念

6. 在推销观念指导下，企业的经营重点是（　　　）。

A. 产品　　　B. 生产　　　C. 顾客需要　　　D. 社会利益

7. 指出下列哪种观念最容易产生市场营销近视症（　　　）。

A. 产品观念　　B. 推销观念　　C. 市场营销观念　　D. 社会营销观念

8. 企业经营者在制定营销政策时，应统筹兼顾企业利润、顾客需要和社会可持续发展等三个方面的利益。这种市场营销管理哲学属于（　　　）。

A. 产品观念　　B. 推销观念　　C. 市场营销观念　　D. 社会营销观念

9. 4C理论用（　　　）取代了传统4P理论中的促销，强调企业应重视与顾客的双系交流。

A. 沟通　　　B. 顾客　　　C. 成本　　　D. 便利

10. 一个人可能有无限的欲望，但却有有限的财力，当（　　　）时，欲望即变为产品需求。

A. 进入市场参加交易　　　　B. 愿意购买

C. 有购买力支持　　　　D. 进行市场营销活动

三、多项选择题

1. 产品是一切能够满足需要和欲望的（　　　）。

A. 实体产品　　B. 无形产品　　C. 创意　　　D. 媒介物

2. 在社会营销观念中，所强调的利益就是（　　　）。

A. 企业利益　　　　B. 消费者利益

C. 社会利益　　　　D. 企业、消费者与社会的整体利益

3. 现代企业的市场营销观念分别是（　　）。

A. 产品观念　　　　B. 推销观念　　　　C. 市场营销观念　　D. 社会营销观念

4. 从广义的市场概念来看，只有（　　）要素同时具备时，企业才算拥有市场。

A. 产品　　　　　　B. 人口　　　　　　C. 购买欲望　　　　D. 购买力

5. 大市场营销理论认为，市场营销组合要素除了传统的 4P 之外，还应该加入的要素是（　　）。

A. 权力　　　　　　B. 政府　　　　　　C. 人员　　　　　　D. 公共关系

话题二　时势造英雄

——市场营销环境分析

【知识目标】
　　主要让学生了解市场营销环境的基本含义和分类，掌握市场营销环境分析的方法，培养学生对市场营销环境的初步认识。

【能力目标】
　　能洞悉企业所在的市场营销环境，充分利用自身的优势，抓住环境机会，作出相应的对策，使企业在市场竞争中立于不败之地。

任务一　了解市场营销环境

【案例】

　　IBM（国际商用机器公司）是众所周知的计算机领域的龙头老大。1985 年 IBM 通用大中型机独占世界市场的 70%，大型机的毛利率高达 85%，中小型机毛利率也高达 50%。那时，IBM 始终处于领导地位，被世界称为"蓝色巨人"。20 世纪 80 年代后期开始流行的小机器化趋势使大型机失去了往日的风光，而 IBM 仍然坚持生产大型机。结果，从 1990 年至 1993 年 IBM 连续三年亏损，仅 1993 年一年的亏损额便高达 80 亿美元，累计亏损额达 168 亿美元，创美国企业史第二高亏损纪录。IBM 股票狂跌至每股 40 美元，个人机份额被挤出前三名，大型机更是空前萧条，曾经的"蓝色巨人"奄奄一息。

思考：

　　为什么 IBM 作为统领计算机领域的"蓝色巨人"，却在几年时间内，市场份额逐渐丧失，亏损严重几乎倒闭？

　　任何事物的存在和发展都离不开特定环境的影响，市场营销活动也是这样。从本质上看，市场营销活动就是营销者努力使企业可控制的因素同外界不可控制的因素相适应的过程。因此，认识与分析营销环境成为营销管理的基础和重要内容，而对环境的认识和分析过程也就是不断地发现机会和识别威胁，以选择达到企业营销目标最佳途径的过程。

一、市场营销环境的概念

市场营销环境指的是影响企业市场营销活动的内、外部因素和条件的总和。根据营销环境对企业市场营销活动发生影响的方式和程度，可将市场营销环境大致上分成两大类：直接（微观）营销环境和间接（宏观）营销环境。任何一个企业都是在一定的宏观环境与微观环境的共同作用下，进行生产和经营活动的，因此也就不可避免地受到市场环境的制约和影响。

二、市场营销环境分析的意义

企业是社会的经济细胞，任何企业的营销活动都与社会的各个方面有着千丝万缕的联系，因而必然受到市场营销环境的影响。企业的营销决策和计划若能适应市场营销环境，就能保证营销活动顺利开展；反之，则会导致营销活动的失败。因此，企业要经常对市场营销环境进行分析，把握环境变化的规律和趋势，积极采取相应的措施，主动适应环境变化，这对于加强与改善企业竞争能力、提高企业经营的利益、避免经营风险具有重要意义。

（1）研究和分析市场营销环境，能使企业对具体环境中潜在的机会和风险有一个清醒的认识，只有充分认识环境，才能更好地适应和改造环境，创造和利用有利的因素，避免不利因素，使之更有利于企业经营。这不仅仅是要求企业应随着不同市场的不同变化而相应地改变或调整自己的市场开发策略，更为重要的是其本身的市场开发策略也要随着特定的市场和特定的环境而改变。

【案例】

2000 年 11 月 15 日，国家药品监督管理局关于禁用 PPA 的紧急通知，震撼了全国的感冒药市场。一时间，康泰克顿时成为众矢之的，出现了康泰克等于 PPA 的现象，这意味着康泰克必须停产。当时，中美史克在中国一度辉煌，占据感冒药市场的半壁江山，而这场突如其来的灾难，使中美史克不得不将库存和回收的康泰克全部销毁，估计至少损失了 7 亿元。为了重新夺回中国市场，"新康泰克"更改了配方，以盐酸伪麻黄碱取代 PPA，在康泰克停售九个月后正式上市，并很快收复了大幅失地。

（2）研究和分析企业的市场营销环境，了解和掌握市场营销环境的发展变化趋势，使企业能充分利用自身的优势，抓住环境机会，作出相应的对策，在市场竞争中立于不败之地。

【案例】

1998 年初，就在欧元成为 11 个成员国（除希腊之外的所有现欧元区国家，希腊是后来加入的）货币的前一年，河南洛阳铜加工厂根据市场营销环境的变化，预测到铜金属的需求量将在近两年内有所增加，因此企业开始不断从网上收集相关信息，并对网上看到的一则消息产生了兴趣——欧盟正在向全球招标制造欧元硬币金属材料。不久，这家工厂仅用了一个月就生产了50吨样品，此时全世界其他中标的供应商连样品都尚未交付。样品通过了在德国Bremen的制币厂的所有测试，各项技术指标全部合格，当月就签订了500吨供货合同。随着2002年1月1日欧元的正式流通，洛阳铜加工厂也迎来了更为广阔的发展空间。

（3）由于营销环境中大部分因素都是企业的不可控因素，它们不同程度地影响着企业的发展方向和具体行为，有的因素还直接影响着企业的组织结构和内部管理。因此，分析和研究市场营销环境是企业市场营销决策科学化的前提。

三、市场营销环境的特点

影响和制约企业营销活动的内外部环境因素很多，而且十分复杂，不同的因素对营销活动各个方面的影响也不同，即使同样的环境因素对不同的企业所产生的影响也是不同的。

为了有效地研究和分析市场营销环境，企业必须把握市场营销环境变化的规律性，了解市场营销环境的特点。市场营销环境的特点主要表现在以下几个方面：

（1）多变性。营销环境是一个动态的概念，随着社会经济和技术的发展，任何环境因素都不是一成不变的，营销环境始终处于一种多变的状态之中。例如，顾客的消费需求特点在变，宏观产业结构在调整，企业必须在市场环境中随时寻找市场机会和密切监视潜在的威胁。

（2）相关性。市场营销环境是一个系统，在这个系统中，各个影响因素是相互依存、相互作用和相互制约的。任何一个环境因素的变化，都会带动其他因素的相互变化，形成新的市场营销环境。例如，2003年的"非典"就影响了整个中国的经济发展。

（3）可转化性。市场营销环境既能制约企业的发展，又能为企业的发展提供机会。因为，市场营销环境因素是动态发展的因素，它对企业的影响不是固定的、一成不变的。企业在适应市场营销环境的同时，还可以创造和开拓对自己有利的环境。企业要及时发现经营机会，果断地抓住和利用机会，因势利导，改善自己的条件，调整营销策略，对营销环境施加一定的影响，积极促使某些环境因素向有利于企业营销的方向转化。

（4）客观性。市场营销环境对企业营销活动的营销是不以企业的意志为转移的。当环境发生变化时，环境对企业产生的影响会迫使企业迅速改变营销策略，主动调整营销策略，变不利因素为有利因素，从而在不断变化的营销环境中立于不败之地。

（5）不可控性。相对于企业内部管理机能，就企业自身的人、财、物等资源的分配使用来说，营销环境一般是企业外部的影响力量，是企业无法控制的。例如，无论是微观环境中的消费者需求特点，还是宏观环境中的人口数量，都不可能由企业来决定。

【知识要点】

市场营销环境指的是影响企业市场营销活动的内、外部因素和条件的总和。企业要经常对市场营销环境进行分析，把握环境变化的规律和趋势，积极采取相应的措施，主动适应环境变化，这对于加强与改善企业竞争能力、提高企业经营的利益、避免经营风险具有重要意义。

【活动一】让学生来讲课

一、活动内容：学生来讲课——市场营销环境的特点

在这一节课里，经过老师的授课，学生应对环境有比较切身的认识，对知识点的掌握难度不是很大。因此，可安排一些内容让学生来讲解，从而观察学生的理解能力和认识程度，并锻炼学生上台发言的口头表达能力。

二、活动步骤和要求

1. 将学生分组，按照授课老师的要求，利用课余时间搜索合适的案例，反复演练，达到内容熟练、神情自然。

2. 安排课堂时间让各组代表上讲台进行 5 分钟的讲课。

3. 学生和老师进行评分，选出优胜小组。

表 2 - 1　老师评分表

评价内容	分值	评分标准	得分
讲课时神态、举止	55 分	声音大小、面部表情、站姿、肢体语言、语言表达流畅、服装得体	
讲课内容	35 分	案例贴切，内容熟练	
时间掌控	10 分	时间以 5~10 分钟为宜	

【活动二】小组讨论：欧债危机对我国的影响

一、活动内容：欧债危机对我国企业有影响吗？

二、活动步骤和要求

1. 将学生分组，让学生利用课余时间去查找欧债危机的相关资料。

2. 安排课堂时间让各组代表阐述欧债危机对我国企业的影响。

任务二　了解微观营销环境

【案例】

自 2010 年 7 月 31 日位于广州购书中心的首家三联书店撤场后，广州三联书店仅余的两家分店流花店和增城店也于 2011 年相继结业。2011 年 10 月，北京光合作用书店停业。在过去 10 年的时间里，有将近五成的民营书店倒闭，而这种倒闭趋势还在加剧。中华全国工商联合会书业商会副会长王笑东说，在高租金和低利润以及盗版书、网上电子书籍、网上书店的冲击下，实体书店的生存空间越来越小。

微观环境是指与企业紧密相关的供应商、营销中间商、顾客、竞争对手、社会公众以及企业内部影响管理决策的各个部门，它们是直接作用于企业营销活动的各类因素和力量，因而又被称为直接环境。

一、企业的供应商

供应商是指针对企业提供生产所需和特定的原材料、辅助材料、设备、能源、劳务、资金等资源的供货单位。这些资源的变化直接影响到企业产品的产量、质量以及利润，从而影响企业营销计划和营销目标的完成。例如，各品牌电脑公司生产电脑都必须向 CPU 供应商 INTER 或 AMD 公司采购 CPU 处理器，这些资源的变化将直接影响到电脑公司的运营。

二、营销中介

营销中介是指那些为企业提供产品销售、推广、运输及仓储服务的营利性机构和组织。具体包括中间商、储运公司、营销服务机构和金融机构。

中间商是协助企业寻找顾客或直接与顾客进行交易的商业企业和个人。中间商又分为两种：一类是代理中间商，指为企业介绍客户或与客户磋商交易合同，但并不拥有商品所有权的商业企业和个人，如经纪人、代理人等；另一类是经销中间商，指购买产品，拥有产品持有权，并将产品再销售的商业企业和个人，如批发商、零售商等。

储运公司是协助企业储存产品和把产品从原产地运往销售地的专业组织。具体包括从事铁路、汽车、航空、轮船运输的公司。

营销服务机构指那些为企业选择恰当的市场，帮助企业向选定的市场销售产品的市场调研公司、广告公司、传播媒介以及各类市场营销咨询公司。他们帮助生产者推出和促销企业的产品并进行恰当的销售。

金融机构包括银行、信用公司、保险公司和其他协助融资或保障货物购买和销售风险的公司。

企业应加强与营销中介之间的联系，原因是营销中介的工作可以加速商品的流通，帮助企业准确的进行市场定位，降低经营风险，树立良好的企业形象。

三、消费者

企业应当仔细研究消费者市场，按照消费者的需求和购买目的的不同，可将市场分为五个类型：

消费者市场，即为满足个人和家庭需要而购买商品和服务的市场。

生产者市场，即为赚取利润或达到其他目的而购买商品和服务而产生其他产品和服务的市场。

中间商市场，即为利润而购买商品和服务以转售的市场，通常也称为转卖者市场。

政府集团市场，即提供公共服务或将产品与服务转给个人而购买商品和服务的政府和非营利组织，如机关、军队、学校等。

国际市场，即为国际提供商品和服务的市场，包括国外的消费者、生产者、中间商和政府机构。

上述五类市场的顾客需求各不相同，要求企业以不同的方式提供产品或服务，这些市场顾客的需求、欲望和偏好直接影响企业营销目标的实现。为此，企业要注重对顾客进行研究，分析顾客的需求规模、需求结构、需求心理以及购买特点，这是企业营销活动的起点和前提。

四、竞争对手

【案例】

"梦幻牌"喷射清洁剂，在强大的"宝洁"日用品面前勇于出击，占领了喷射型清洗剂市场，其方便的喷口大受消费者欢迎。但在随后的几个月，宝洁公司反击，准备大量上市带喷射装置的清洁剂。对此，梦幻公司抓住时机迅速推出5 000毫升装和3 000毫升装的喷射清洗剂，消费者购买后可使用一年而不必再买。梦幻公司的这一追击，使宝洁公司不得不放弃喷射清洗剂市场。

思考：

梦幻公司为什么能击退强大的竞争对手宝洁公司呢？如果该公司一味只顾低头生产自己的产品，结局又会怎样？

任何企业都不大可能单独服务于某一顾客市场，完全垄断的情况在现实中不容易见到，而且即使是高度垄断的市场，只要存在着需求的替代品的可能性，就可能会出现潜在的竞争对手。企业的竞争对手是指向企业所提供商品和服务的市场提供同类商品和服务的单位，并对前者构成威胁。企业在市场营销活动中，所处的是不同的竞争环境，面临的是不同的竞争对手，因此必须识别各种不同的竞争者，并采取不同的竞争对策。一般来说，企业面临着四种不同层次的竞争者：

1. 愿望竞争者

愿望竞争者指提供不同的产品以满足不同需求的竞争者。例如，消费者要选择一种万元消费品，他所面临的选择就可能有电脑、电视机、摄像机、出国旅游等，这时电脑、电视机、摄像机以及出国旅游之间就存在着竞争关系，成为愿望竞争者。

2. 普通竞争者

普通竞争者指提供不同的产品以满足相同需求的竞争者。如面包车、轿车、摩托车、自行车都是交通工具，在满足顾客需求方面是相同的，这些供应商就是普通竞争者。

3. 产品形式竞争者

产品形式竞争者指生产同类但规格、型号、款式不同产品的竞争者。如空调中的柜式空调、挂式空调、中央空调等，就构成了产品形式竞争者。

4. 品牌竞争者

品牌竞争者指生产相同规格、型号、款式的产品，但品牌不同的竞争者。以电视机为例，索尼、长虹、夏普、创维、松下等众多产品之间就互为品牌竞争者。

每个企业都要掌握和了解目标市场上自己的竞争者及其策略，力求扬长避短，发挥优势，抓住有利时机，开辟新的市场。

五、社会公众

【案例】

2011年6月5日"世界环境日"，哈药集团制药总厂废水、废气和废渣违规排放再次被曝光，相关报道中甚至指出，哈药总厂产生的"废渣直排河流，硫化氢废气超标千倍"。国内媒体纷纷报道，一家年销售额上百亿的制药业巨头，为何宁愿一年花5亿巨资做广告（其投入是环保投入的27倍），也迟迟不愿根除困扰周边居民多年的环保问题。

思考：

社会公众对企业的营销会造成什么影响呢？

社会公众是指对实现企业营销目标有实际或潜在利益关系和影响力的一切团体和个人。企业周围的社会公众主要有金融机构、媒体公众、政府公众、公众团体组织、当地公众、一般公众和企业内部公众。

金融机构是指帮助企业融通资金的金融组织，包括银行、投资公司、保险公司、信贷投资公司、证券交易所等。

媒体公众是指帮助企业集宣传企业文化、塑造良好形象、顺畅沟通信息为一体的各种大众传播媒体，包括电视、广播、报刊、网络、图书、影像制品等。

政府公众是指负责管理企业经营业务的相关政府职能机构，包括工商、税务、物价、卫生检疫、政策、公检法等机构。

公众团体组织一般指影响企业营销业务、保障消费者权益、维护社会利益的各种相关群众团体和民间组织，包括环保组织消费者权益保护协会、学术团体、少数民族组织、华侨组织、商会等。

当地公众是指企业所在地的企事业单位、社会组织和当地的居民。

一般公众是指社会大众，他们大多目前还没有成为企业顾客，但很有可能是潜在的影响者、潜在购买者、未来投资者。

企业内部公众包括企业内部所有的员工，从董事长到各层次的管理者、各类技术人员、操作人员等。

一个公司在制订针对顾客的营销计划的同时，也应制订针对主要公众因素的营销计划。设想公司希望从某个特定的公众那里得到特别的回应，如信任、赞扬、时间或金钱的帮助，公司就需要针对这个公众因素制订一个具有吸引力的计划以实现其目标。

六、企业内部部门

企业的内部部门是指企业市场营销部门以外的其他职能部门和各个管理层次。企业本身处于市场营销环境的中心，企业市场营销部门在作市场营销决策时，既要考虑企业外部的环境力量，也要考虑企业内部环境力量。任何一个企业的市场营销工作，不仅取决于企业市场营销机构自身的努力，同时还取决于企业领导层以及各个职能部门相互协调的密切程度。对企业来讲，企业内部的财务研究开发、采购、生产部门的活动情况，以及最高决策部门的任务目标和战略等对企业市场营销都有影响。

由于企业市场营销工作离不开企业各个职能部门的合作与支持，如财务部门要给予资金支持来执行市场营销计划，研究开发部门要不断开发研究出新产品，采购部门要努力获得生产所需要的原料、劳动力和其他生产要素，生产部门要给予充足的生产能力和人力来完成生产目标等。企业内部各职能部门之间的分工是否合理，配合是否默契、和谐和有序，都会影响企业市场营销计划的制订和实施。因此，市场营销部门要与企业内部其他部门密切合作，在执行市场营销计划时，要与企业其他部门协商，获得他们的支持，才能完成企业的市场营销任务。

【知识要点】

微观环境是指与企业紧密相关的供应商、营销中间商、顾客、竞争对手、社会公众以及企业内部影响管理决策的各个部门，它们是直接作用于企业营销活动的各类因素和力量，因而又被称为直接环境。

【活动一】 为自己模拟的企业分析微观环境

一、活动内容

各学习小组针对本组建立的模拟公司，结合微观环境的各个因素，谈谈如何才能做好企业的经营？

二、活动步骤和要求

1. 小组成员认真讨论后，填写以下表格。

表 2-2 学习小组对模拟公司的微观环境讨论结果记录

讨论内容	讨论结果
供应商	
营销中介	
消费者	
竞争对手	
社会公众	

2. 各组派一名代表在全班交流分享讨论结果。

3. 任课教师对各组的交流结果作出评价和指导，并评选出优胜组。

【活动二】竞争对手判断

一、活动内容

以格力空调（或其他产品）为例，说明企业面临的四种不同层次的竞争者。

二、活动步骤和要求

1. 小组成员认真讨论后，填写以下表格。

表 2-3　格力空调（或其他产品）四种不同层次的竞争者

讨论内容	讨论结果
愿望竞争者	
普通竞争者	
产品形式竞争者	
品牌竞争者	

2. 各组派一名代表在全班交流分享讨论结果。

3. 任课教师对各组的交流结果作出评价和指导，并评选出优胜组。

任务三　了解宏观营销环境

【案例】

自 2009 年房地产价格第二轮快速上涨以来，中央出台了多项调控政策。近日召开的中央经济工作会议强调，2012 年将继续坚持房地产调控政策不动摇，促进房价合理回归。业内人士指出，继 2010 年 10 月全国城市房价拐点出现以后，11 月城市房价拐点加深，下调幅度增加，中国楼市迎来冬天，房地产企业将进入冰河时代。

宏观环境指影响企业微观环境的巨大社会约束力量，包括政治法律因素、经济因素、人口因素、科学技术因素、社会文化因素和自然地理因素等。宏观环境的诸要素与企业之间不存在直接的经济联系，它们是通过微观环境的相关因素作用于企业的社会力量，因而又被称为间接环境。

一、政治法律环境

【案例】

1931 年，美国大企业家哈默从苏联回到美国。这时，富兰克林·罗斯福即将登上美国总统的宝座。哈默通过深入研究，认定罗斯福一旦掌权，1920 年公布的禁酒令就会被废除。哈默进而想到，到那时，威士忌和啤酒的生产量将会十分惊人，市场上将会需要大量的酒桶用以装酒。酒桶并非一般木材可以制作，必须用经过特殊处理的白橡木不可。哈默在苏联生活多年，知道哪里有白橡木出口。于是，他又去了苏联，凭着自己的老关系，订购了几船白橡木板运到美国。他在纽约码头附近设立了一间临时的酒桶加工厂，作为应急的储备。后来，他又在新泽西州建造了一个现代化的酒桶加工厂，取名为哈默酒桶厂。当哈默做这件事时，禁酒令还尚未解除，当哈默的酒桶源源不断地从生产线上滚出来时，禁酒令被解除了。人们对威士忌的需求急剧上升，各酒厂的生产量随之也直线上升，但问题是急需大批酒桶。此时，哈默早已给酒厂准备好了大量酒桶。生产酒的厂家有很多，而大规模生产酒桶的工厂却"只此一家，别无分店"，所以哈默制造酒桶获得的利润，大大超过了酒厂。

　　企业的市场营销决策在很大程度上受到政治法律环境的影响。法律是充分体现政治统治的强有力形式，政府部门利用立法及各种法规表现自己的意志，对企业的行为予以控制。政治法律环境由法律、政府机构和在社会上对各种组织及个人影响和制约的压力集团构成。企业决策者在作出本企业的每项决策时，除了抓好本企业的工作，根据市场的变化情况决定经营方向外，还要认真研究那些与市场变化和本企业经营相关的国家法令政策，研究这些法令和政策的变化情况及其对市场变化及本企业经营带来的影响。如果一个企业决策者在这方面有先见之明，那么，企业就能经营成功。如20世纪80年代的天河区还是广州的郊区，放眼望去是一大片农田。然而在广州获得1987年"六运会"举办权时，市政府决定在天河区建成主场馆——天河体育中心。有远见的投资商意识到天河区将会得到政府的大力投资，天河新区的发展将日新月异，于是部分土地投资商趁机买入大批土地。时至今日，天河区作为广州CBD核心的地位得以确立，早期买入大批土地的投资商得到了极为丰厚的回报。

二、经济环境

【案例】

　　2008年9月份以来，美国全面爆发了一场金融危机，美林、雷曼兄弟的纷纷倒下让华尔街失去了以往的繁荣，美国民众的购买力迅速下降，并将全球经济拖入泥沼。受此影响，中国中小企业倒闭风潮不断，出口企业订单大幅度下降。

　　市场规模的大小是由社会购买力决定的，而社会购买力的大小取决于经济发展水平以及由此决定的国民平均收入水平。若经济发展快，人均收入高，社会购买力就大，企业营销成功的机会也就越多。

　　在研究消费收入时，要注意以下几点：

1. 国民生产总值

　　国民生产总值是衡量一个国家经济实力与购买力的重要指标。从国民生产总值的增长幅度，可以了解一个国家经济发展的状况和速度。一般来说，工业品的营销与这个指标有关，而消费品的营销则与此关系不大。国民生产总值增长越快，对工业品的需求和购买力就越大；反之，就越小。

2. 人均国民收入

这是用国民收入总额除以总人口的比值。这个指标大体反映了一个国家人民生活水平的高低，也在一定程度上决定了商品需求的构成。一般来说，人均收入增长，对消费品的需求和购买力就大；反之就小。根据近 40 年的统计，一个国家人均国民收入达到 5 000 美元，机动车可以普及，其中小轿车约占一半，其余为摩托车和其他类型车。但采用人均国民收入指标来衡量一个国家人民的购买力容易掩盖贫富悬殊的情况。

3. 个人可支配收入

这是在个人收入中扣除税款和非税务负担后所得的余额，它是个人收入中可以用于消费支出或储蓄的部分，个人可支配收入构成其实际的购买力。

4. 个人可任意支配收入

这是在个人可支配收入中减去用于维持个人与居家生存不可缺少的费用（如房租、水电、食物、燃料、衣着等各项开支）后剩余的部分。这部分收入是消费需求变化中最活跃的因素，也是企业开展营销活动时所要考虑的主要方面。这部分收入主要用于满足人们基本生活需要之外的开支，一般用于购买高档耐用消费品、旅游、储蓄等，它是影响非生活必需品和劳务销售的主要因素。

5. 居家收入

很多产品是以居家为基本消费单位的，如冰箱、抽油烟机、空调等。因此，居家收入的高低会影响很多产品的市场需求。一般来讲，居家收入高，对消费品需求大，购买力也大；反之，需求小，购买力也小。需要注意的是，企业营销人员在分析消费者收入时，还要区分"货币收入"和"实际收入"。只有"实际收入"才影响"实际购买力"。因为实际收入和货币收入并不完全一致，由于通货膨胀、失业、税收等因素的影响，有时货币收入增加，而实际收入却有可能下降。实际收入即是扣除物价变动因素后实际购买力的反映。

图 2-1　比较一下哪个家庭更富裕？

6. 消费者支出模式和消费结构的变化

随着消费者收入的变化，消费者支出模式会发生相应变化，继而使一个国家或地区的消费结构也发生变化。西方一些经济学家常用恩格尔系数来反映这种变化。恩格尔系数表明，在一定的条件下，当居家个人收入增加时，收入中用于食物开支部分的增长速度要小于用于教育、医疗、享受等方面的开支增长速度。食物开支占总消费量的比重越大，恩格尔系数越高，生活水平越低；反之，食物开支所占比重越小，恩格尔系数越小，生活水平越高。按联合国划分富裕程度的标准，恩格尔系数在 60% 以上的国家为饥寒；在 50% ~ 60% 之间的为温饱；在 40% ~50% 之间的为小康；在 40% 以下的为富裕。

7. 消费者储蓄和信贷

【案例】

（1）1979 年，日本电视机厂商发现，尽管中国人可支配的收入不多，但中国人有储蓄的习惯，且人口众多。于是，他们决定开发中国黑白电视机市场，不久便获得成功。当时，西欧某国电视机厂商虽然也来中国调查，却认为中国人均收入过低，市场潜力不大，结果贻误了时机。

（2）两个老太太在天堂相会了，她们对诸多事情进行了研讨，感慨万千。对住房，美国老太太说，我刚刚偿还完了贷款就来到了天堂。中国老太太说，我刚刚买上大房子，还没住几天，就来到了这里。说的都是房子，美国老太太利用银行贷款提前享受了房子，中国老太太利用银行存款攒够了买房子的钱。你认为谁更划算呢？

消费者的购买力还受储蓄和信贷的直接影响。企业营销人员应当全面了解消费者的储蓄情况，尤其是要了解消费者储蓄目的的差别。储蓄目的不同，往往会导致潜在需求量、消费模式、消费内容、消费发展方向的不同。这就要求企业营销人员在调查了解储蓄动机与储蓄目的的基础上，制定不同的营销策略，为消费者提供有效的产品和服务。西方国家广泛存在的消费者信贷对购买力的影响也很大。所谓消费者信贷，就是消费者凭信用先取得商品使用权，然后按期归还贷款，以购买商品。这实际上就是消费者提前支取未来的收入，提前消费。信贷消费允许人们购买超过自己现实购买力的商品，从而创造了更多的就业机会、收入以及需求。

三、人口环境

【案例】
最近几年，特别是2008年金融风暴发生后，中国巨大的市场发展潜力引起了全球各跨国公司的高度重视，他们针对中国市场的实际情况展开了一系列的活动与布局，外资公司的目的就是进一步渗透中国市场。

思考：
为什么中国市场得到越来越多全球各跨国公司的高度重视？

人口是市场的第一要素。人口数量直接决定市场规模和潜在容量，人口的性别、年龄、民族、婚姻状况、职业、居住分布等也对市场格局产生着深刻影响，从而影响着企业的营销活动。企业应重视对人口环境的研究，密切关注人口特性及其发展动向，及时地调整营销策略以适应人口环境的变化。

1. 人口总量及其增长速度对企业营销的影响
首先，人口总量是决定市场规模和需求量的一个基本要素。人口越多，如果收入水平不变，则对食物、衣着、日用品的需要量也越多，那么市场也就越大。因此，根据人口数量可以大略推算出市场规模。中国人口众多，无疑是一个巨大的市场。其次，人口的迅速增长促进了市场规模的扩大。因为人口增加，消费需求也会迅速增加，那么市场的潜力也就会很大。例如，随着中国人口增加，人均耕地减少，粮食供应不足，人们的食物消费模式将发生变化，这就有可能对中国的食品加工业产生重要影响。随着中国人口的增长，能源供需矛盾将进一步扩大，因此研制节能产品和技术是企业必须认真考虑的问题。而人口增长将使住宅供需矛盾日益加剧，这就给建筑业及建材业的发展带来机会。但是另一方面，人口的迅速增长，也会给企业营销带来不利的影响。比如，人口增长可能会导致人均收入下降，限制经济发展，从而使市场吸引力降低。又如，由于房屋供应紧张引起房价上涨，从而增大企业产品成本。另外，人口增长还会对交通运输产生压力，企业对此应予以关注。

2. 人口分布对企业营销的影响

人口有地理分布上的区别，人口在不同地区密集程度是不同的。各地人口的密度不同，则市场大小不同，消费需求特性也就不同。因为生活在不同区域的人，具有不同的需求特点和消费习惯。我国幅员辽阔，人口分布呈现南北、东西分布不均的现状，再加上我国是个多民族的国家，不同地域、不同民族的消费者的消费习惯差异很大。另外，我国有一个突出的现象就是农村人口向城市或工矿地区流动，内地人口向沿海经济开放地区流动。企业营销应关注这些地区消费需求不仅在数量上有所增加，在消费结构上也发生了一定的变化。因此，应该提供更多的适销对路产品来满足这些流动人口的需求。

3. 人口结构对企业营销的影响

人口结构主要包括人口的年龄结构、性别结构、家庭结构以及民族结构。

（1）年龄结构。我国将出现人口老龄化现象，而且人口老龄化速度将大大高于西方发达国家。这样，诸如保健用品、营养品、老年人生活必需品等市场将会兴旺。

（2）性别结构。反映到市场上就是会出现男性用品市场和女性用品市场。例如，在我国市场上，妇女通常倾向于购买自己的用品、杂货、衣服，而男人则倾向于购买大件物品等。

（3）家庭结构。家庭是某些商品购买、消费的基本单位。家庭的数量直接影响到某些商品的数量。家庭数量的剧增必然会引起炊具、家具、家用电器和住房等需求的迅速增长。此外，消费者的家庭状况，根据年龄、婚姻、子女状况的不同，可以划分为不同的生命周期，在不同的生命周期阶段，消费者的行为呈现出不同的主流特性。

①单身阶段：处于单身阶段的消费者一般比较年轻，几乎没有经济负担，消费观念紧跟潮流，注重娱乐产品和基本的生活必需品的消费。

②新婚阶段：经济状况较好，具有比较大的需求量和比较强的购买力，耐用消费品的购买量高于处于家庭生命周期其他阶段的消费者。

③满巢阶段（I）：指最小的孩子在6岁以下的家庭。处于这一阶段的消费者往往需要购买住房和大量的生活必需品，常常感到购买力不足，对新产品感兴趣并且倾向于购买有广告的产品。

④满巢阶段（II）：指最小的孩子在6岁以上的家庭。处于这一阶段的消费者一般经济状况较好，但消费比较慎重，已经形成比较稳定的购买习惯，极少受广告的影响，倾向于购买大规格包装的产品。

⑤满巢阶段（III）：指夫妇已经上了年纪但是有未成年的子女需要抚养的家庭。处于这一阶段的消费者经济状况尚可，消费习惯稳定，可能购买富余的耐用消费品。

⑥空巢阶段（I）：指子女已经成年并且独立生活、但是家长还在工作的家庭。处于这一阶段的消费者经济状况最好，可能购买娱乐品和奢侈品，对新产品不感兴趣，也很少受到广告的影响。

⑦空巢阶段（Ⅱ）：指子女独立生活，家长退休的家庭。处于这一阶段的消费者收入大幅度减少，消费更趋谨慎，倾向于购买有益健康的产品。

⑧鳏寡就业阶段（Ⅰ）：尚有收入，但是经济状况不好，消费量减少，集中于生活必需品的消费。

⑨鳏寡退休阶段（Ⅱ）：收入很少，消费量很小，主要需要医疗产品。

（4）民族结构。民族不同，其生活习性、文化传统也不相同。因此，企业营销者要注意民族市场的营销，重视开发适合各民族特性、受其欢迎的商品。

四、科学技术环境

【案例】

财富500强之首的沃尔玛超市拥有卫星系统，使企业和众多供应商保持紧密联系。每天通过卫星系统直接把销售情况传送给供应商。这样，配送中心、供应商及每一分店的每一销售点都能形成连线作业，大大提高了作业的高效性和准确性。另外沃尔玛还采用全球定位系统来对车辆进行定位。因此，在任何时候，调度中心都能知道这些车辆在什么地方，离商店还有多远。通过卫星系统和利用电脑的追踪系统，沃尔玛完全能够在全球范围内实现商品的快速运输，进而保证了各店能够及时地进行商品供给。沃尔玛通过高新科技，实现了卓越的信息管理能力，为其"天天低价"提供了保证。

科学技术环境是社会生产力中最活跃的因素，它影响着人类社会的历史进程和社会生活的方方面面，对企业营销活动的影响更是显而易见。现代科学技术突飞猛进，科技发展对企业营销活动的影响作用表现在以下三个方面：

1. 科技发展促进社会经济结构的调整

每一项新技术的发明、推广都会给某些企业带来新的市场机遇，导致新行业的出现。同时，也会给某些行业、企业造成威胁，使这些行业、企业受到冲击甚至被淘汰。例如，电脑的运用代替了传统的打字机，复印机的发明排挤了复写纸，数码相机的出现将夺走胶卷的大部分市场等。请问现在还有家庭在使用胶卷照相机吗？

2. 科技发展促使消费者购买行为的改变

随着多媒体和网络技术的发展，出现了"电视购物"、"网上购物"等新型购买方式。人们还可以在家中通过"网络系统"订购车票、机票、戏票和球票。工商企业也可以利用这种网络系统进行广告宣传、营销调研和推销商品。随着新技术革命的进展，"在家便捷购买、享受服务"的方式还会继续发展。

3. 科技发展影响企业营销组合策略的创新

科技发展使新产品不断涌现，产品生命周期明显缩短，要求企业必须关注新产品的开发，加速产品的更新换代。科技发展带来了广告媒体的多样化、信息传播的快速化、市场范围的广阔性、促销方式的灵活性。为此，要求企业不断分析科技新发展，创新营销组合策略，适应市场营销的新变化。

五、社会文化环境

社会文化环境是指在一种社会形态下已经形成的价值观念、宗教信仰、风俗习惯、道德规范等的总和。

任何企业都处于一定的社会文化环境中，企业营销活动必然受到所在社会文化环境的影响和制约。为此，企业应了解和分析社会文化环境，针对不同的文化环境制定不同的营销策略，组织不同的营销活动。企业营销对社会文化环境的研究一般从以下五个方面入手：

1. 教育程度

教育水平是指消费者受教育的程度。一个国家、一个地区的教育水平与经济发展水平往往是一致的。不同的文化修养表现出不同的审美观，购买商品的选择原则和方式也不同。一般来讲，教育水平高的地区，消费者对商品的鉴别能力强，容易接受广告宣传和接受新产品，购买的理性程度高。因此，教育水平高低影响着消费者心理、消费结构，也影响着企业营销组织策略的选取，以及销售推广方式方法的选择。例如，在文盲率高的地区，用文字形式做广告，难以收到好效果，而用电视、广播和当场示范表演形式，才容易为人们所接受。又如，在教育水平低的地区，适合采用操作使用、维修保养都较简单的产品，而教育水平高的地区，则需要先进、精密、功能多、品质好的产品。因此，在产品设计和制定产品策略时，应考虑当地人们的教育水平，使产品的复杂程度、技术性能与之相适应。另外，企业的分销机构和分销人员受教育的程度等，也对企业的市场营销产生一定的影响。因此企业营销开展的市场开发、产品定价和促销等活动都要根据消费者所受教育程度的高低，采取不同的营销策略。

2. 语言文字

【案例】

通用汽车中有一个叫 NOVA（诺瓦）的品牌，这个品牌在拉美国家销售遇到很大阻力，最后厂家经调查发现：在西班牙语中，NOVA 是"不走"的意思，试问谁会出钱买"跑不动的汽车"啊？

语言文字是人类交流的工具，它是文化的核心组成部分之一。不同国家、不同民族往往都有自己独特的语言文字，即使同一国家，也可能有多种不同的语言文字，即使语言文字相同，不同地区、不同语种表达和交流的意思也可能不同。

语言文字的不同对企业的营销活动有巨大的影响。一些企业由于其产品命名与产品销售地区的语言相悖，给企业带来巨大损失。例如，我国有一种汉语拼音叫"MaxiPuke"的扑克牌，在国内销路很好，但在英语国家却不受欢迎。因为"MaxiPuke"译成英语就是"最大限度地呕吐"。国产"白象"牌电视在国内也较畅销，出口到西方国家却无人问津，因为"白象"一词在英语中的含义是：花了心力，耗费了金钱，但又没有多少价值。可见，语言文字的差异对企业的营销活动是有很大影响的。企业在开展市场营销活动时，应尽量了解市场国的文化背景，掌握其语言文字的差异，这样才能使营销活动顺利进行。

3. 宗教信仰

【案例】

1984 年，有一位比利时商人到阿拉伯国家去推销地毯，到那里之后，他发现阿拉伯的穆斯林每天都准时地跪在地上，朝着圣城麦加的方向祷告，顿时激发了灵感，他觉得这存在着最好的商机。于是，他赶紧坐飞机回比利时，立即开发出一种特别的、有指明方向功能的祈祷地毯。就是在一块方便携带的地毯上，镶嵌一个类似指南针的针，能指示方向，当然它不指南也不指北，只指向圣城麦加。所以，只要穆斯林有一块这样的地毯，不论身在哪个角落，把地毯铺开，一下就能找到麦加的方向，然后跪下来祷告就行了。这种地毯十分方便，在阿拉伯地区一上市，立即就成了抢手货。

不同的宗教信仰有不同的文化倾向和戒律，从而影响人们认识事物的方式、价值观念和行为准则，影响着人们的消费行为。家教信仰往往会带来特殊的市场需求，与企业的营销活动有密切的关系，特别是在一些信奉宗教的国家和地区，宗教信仰对市场营销的影响力更大。据统计，全世界信奉基督教的有 10 多亿人，信奉伊斯兰教的有 8 亿人，印度教徒有 6 亿人，佛教徒有 28 亿人，泛灵论者有 3 亿人。教徒信仰不一样，禁忌也就不一样，这些信仰和禁忌限制了教徒的消费行为。因此，企业应充分了解不同地区、不同民族、不同消费者的宗教信仰，提倡适合其要求的产品，制定适合不同消费群体特点的营销策略。避免触犯宗教禁忌，失去市场机会。了解和尊重消费者的宗教信仰，对企业营销活动具有重要意义。

4. 风俗习惯

【案例】

中国对外销商品加上有漂亮的荷花图案的包装，这种加有荷花图案包装的商品出口到其他国家时还是很畅销的，但出口到日本时，本来日本人对产品质量、价格还是很满意的，但一看到带有荷花图案的包装，便放下不买了。

思考：

请分析是什么原因导致这种带荷花图案包装的商品在日本受到冷遇？这给国际营销者带来什么启示？

风俗习惯是特定社会文化区域内历代人们共同遵守的行为模式或规范。由于风俗是在特定国家地区的历史中形成的，它对社会成员的行为有一种非常强烈的制约作用。不同的国家、不同的民族有不同的风俗习惯，它对消费者的消费嗜好、消费模式、消费行为等具有重要的影响。例如，不同的国家、民族对图案、颜色、数字、动植物等都有不同的喜好和使用习惯，例如英国忌用大象、山羊做商品装潢；再如中国、日本、美国等国家对熊猫特别喜爱，但阿拉伯人认为熊猫像猪，所以他们对熊猫图案很反感。企业营销者应了解和注意不同国家、民族的消费习惯和爱好，做到"入境随俗"。可以说，这是企业做好市场营销尤其是国际营销的重要条件，如果不重视各个国家、各个民族的文化和风俗习惯的差异，就可能造成难以挽回的损失。

5. 价值观念

价值观念是指人们对社会生活中各种事物的态度和看法。它表现在人们行为的取向和对事物的评价、态度中，并由此产生出一种具有普遍指导意义的行为模式。在消费者行为中，它表现为消费者奉行的消费原则、消费倾向及其细则消费模式和商品，以及评价和衡量商品价值的标准。价值观念是深层次的东西，但它会在人们的具体行为中体现出来。企业营销必须根据消费者不同的价值观念设计产品，提供服务。

六、自然地理环境

【案例】

美国汽车制造一度在世界上占霸主地位，而日本汽车工业则是 20 世纪 50 年代学习美国发展而来的，但是时隔 30 年，日本汽车制造业突飞猛进，充斥着欧美市场及世界各地，为此美国与日本之间出现了汽车摩擦。

在 20 世纪 60 年代，当时有两个因素影响汽车工业。一是第三世界的石油生产被工业发达国家所控制，二是石油价格低廉使轿车制造业发展很快，豪华车、大型车盛行。但是擅长市场调查和预测的日本汽车制造商正确审时度势的作出了转变。首先，他们通过表面经济繁荣，看到产油国与跨国公司之间正暗中酝酿和发展着的斗争，以及发达国家消耗能量的增加，他们预见到石油价格会很快上涨。因此，必须改产耗油小的轿车来适应能源短缺的环境。其次，随着汽车数量增多，马路上车流量增多，停车场的收费将会提高，因此，只有造小型车才能适应拥挤的马路和停车场。再次，日本制造商分析了发达国家家庭成员的用车情况：主妇上超级市场，主人上班，孩子上学，一个家庭只有一辆汽车显然不能满足需要。他们推断，小巧玲珑的轿车将会得到消费者的宠爱。于是日本在调研的基础上作出了正确的决策。在 20 世纪 70 年代世界石油危机中，日本物美价廉的小型节油轿车横扫欧美市场，市场占有率不断提高，而欧美各国生产的传统豪华车因耗油大、成本高，使销路大受影响。

思考：

试分析在日美轿车大战中，造成美国汽车工业失败的原因是什么？

一个国家、一个地区的自然地理环境包括该地的自然资源、地形地貌和气候条件，这些因素都会不同程度地影响企业的营销活动，有时这种影响对企业的生存和发展起决定的作用。企业要避免受自然地理环境带来的威胁，最大限度地利用环境变化可能带来的市场营销机会，就应不断地分析和认识自然地理环境变化的趋势，根据不同的环境情况来设计、生产和销售产品。

1. 自然环境

自然资料是指自然界提供给人类各种形式的物质财富，如矿产资源、森林资源、土地资源、水资源等。自然资源是进行商品生产和实现经济繁荣的基础，与人类社会的经济活动息息相关。由于自然资源的分布具有地理的偶然性，分布很不均衡，因此，企业到某地投资或从事营销活动必须先要了解该地的自然资源情况。

此外，自然环境对企业营销的影响还表现在以下两个方面：

（1）自然资源短缺的影响。随着工业的发展，自然资源逐渐短缺。例如，我国资源从总体上看是丰富的，但从人均占有量看又是短缺的。近几年，资源紧张使得一些企业陷入困境，促使企业寻找替代品，降低原材料消耗。

（2）环境的污染与保护。环境污染已成为举世瞩目的问题，对此，各国（包括我国）政府都采取了一系列措施，对环境污染状况进行控制。这样，一方面限制了某些行业的发展，另一方面也为企业带来了两种营销机会：一是为治理污染的技术和设备提供了一个大市场；二是为不破坏生态环境发明了新的生产技术和包装方法，创造了营销机会。因此，企业经营者要了解政府对资源使用的限制和对污染治理的措施，力争做到既能减少环境污染，又能保证企业发展，提高经济效益。

2. 地理环境

一个国家或地区的地形地貌和气候，是企业开展市场营销所必须考虑的地理环境因素，这些地理特征对市场营销有一系列影响。例如，气候（温度、湿度等）与地形地貌（山地、丘陵等）特点，都会影响产品和设备的性能和使用。在沿海地区运转良好的设备到了内陆沙漠地区性能就有可能发生急剧的变化。有些国家地域辽阔、南北纬度跨度大，各种地形地貌复杂，气候多变，企业必须根据各地的自然地理条件生产与之相适应的产品，才能适应市场的需要。

【知识要点】

宏观营销环境指对企业营销活动造成市场机会和环境威胁的主要社会力量。分析宏观营销环境的目的在于更好地认识环境，通过企业营销努力来适应社会环境及变化，达到企业营销目标。宏观营销环境的因素包括：①政治法律环境因素；②经济环境因素；③人口环境因素；④科技环境因素；⑤社会文化环境因素；⑥自然地理环境因素。

【活动一】 为自己的模拟企业分析宏观环境

一、活动内容

各学习小组针对本组建立的模拟公司，结合宏观环境的各个因素，谈谈如何才能做好企业的经营？

二、活动步骤和要求

1. 小组成员认真讨论后，填写以下表格。

表2-4　学习小组对模拟公司的宏观环境讨论结果记录

讨论内容	讨论结果
政治法律环境	
经济环境	
人口环境	
科技环境	
社会文化环境	
自然地理环境	

2. 各组派一名代表在全班交流分享讨论结果。

3. 任课教师对各组的交流结果作出评价和指导，并评选出优胜组。

【活动二】　分析美的净水机的宏观环境

一、活动内容

以美的净水机为例，研究其宏观环境的六个方面。

二、活动步骤和要求

1. 小组成员认真讨论，上网查找资料。

2. 各组派一名代表在全班交流分享讨论结果。

3. 任课教师对各组的交流结果作出评价和指导，并评选出优胜组。

任务四　营销环境分析

【案例】

2004年9月16日晚，在西班牙东南部城市埃尔切发生了攻击并焚烧中国侨民鞋店的恶性案件。当地时间晚上7时多，在埃尔切发生的针对当地华人鞋商的示威抗议活动中，有近千名当地鞋商和鞋厂工人未经当地政府批准却"有组织"地聚集在该市的中国鞋城内，号召当地人"把进入这个城市里的所有鞋子烧掉"。被烧毁的温州鞋共有16个集装箱，价值100多万欧元，而传闻这些不法分子正在赶制汽油弹，准备继续"进攻"。埃尔切中国鞋城的50多名中国鞋商和仓库内价值十几亿元的温州鞋，遭受了前所未有的严重威胁。

西班牙"烧鞋事件"不是一个简单的排华事件，而是有着复杂的经济背景。从2005年1月1日起，欧盟将取消从中国进口部分鞋类产品的配额，这意味着温州鞋将在欧洲获得更为广阔的市场空间。温州鞋之所以力压欧洲鞋，主要优势在于价格，据有关人士介绍，欧洲鞋平均价格是温州鞋的3到8倍。一位中国鞋批发商说："一双不错的中国鞋用轮船装运到西班牙后只卖5欧元，而西班牙生产的鞋最低价也要8欧元。"3欧元的差价，让中国鞋在西班牙市场赢得了巨大的优势。西班牙埃尔切市素有"欧洲鞋都"之称，但是温州鞋进入埃尔切之后以飞快的速度发展起来，对当地的制鞋工业构成了威胁，一部分规模小、技术落后的鞋厂由于缺乏竞争力纷纷倒闭。近30年来，该市制鞋工人失业率增长了30%。温州商人断言，用不了多久，西班牙乃至欧盟的鞋类销售网络就有可能"大洗牌"。温州鞋在欧洲的大举进逼，甚至让鞋业大国意大利也感到了某种威胁。可以说，价格的巨大差异是欧洲鞋的不可承受之痛，而且这个痛点在很长时期里都难以治愈。不难想见，在市场手段无法抗衡温州鞋的情形下，贸易措施必然登场，如"贸易救济措施"调查的启动，就会对温州鞋产生重大负面影响。正是由于这个原因，温州鞋在欧盟不断遭遇不测。温州某制鞋公司老总说："我们早就预料到进入西班牙市场所要面对的不仅仅是市场风险。"

思考：
通过本案例，分析温州制鞋公司面临怎样的环境？有哪些优势、劣势、机会和风险？

一、分析市场营销环境的方法

与营销环境保持协调是企业生存和发展的必要条件。企业应建立营销环境变化的监测预警系统，营销者和管理人员必须时刻关注营销环境的变化，采取措施以适应环境的变化，提高企业的竞争能力。

分析市场营销环境常用的方法是 SWOT 分析法。SWOT 分析就是把企业外部环境和内部条件进行综合，进而分析组织的优势、劣势、面临的机会和风险的一种分析方法。其中，S 代表 Strength（优势），W 代表 Weakness（劣势），O 代表 Opportunity（机会），T 代表 Threat（威胁），其中，S、W 是内部因素，O、T 是外部因素，故称为 SWOT 分析法。

1. 机会与威胁（外部环境分析）

环境机会的实质是指市场上存在着"未满足的需求"，它既可能来源于宏观环境也可能来源于微观环境。随着消费者需求的不断变化和产品寿命周期的缩短，以及旧产品的不断被淘汰，要求开发新产品来满足消费者的需求，从而使得市场上出现了许多新的机会。环境机会对不同企业是不相等的，同一个环境机会对这一些企业来说

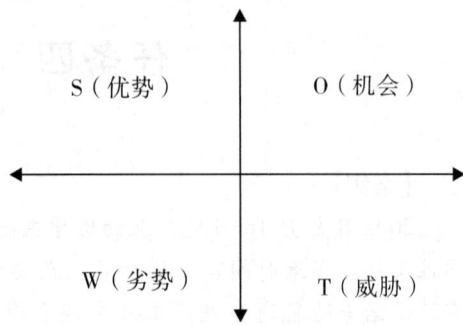

图 2-2　SWOT 分析

可能是有利的机会，而对另一些企业就可能造成威胁。环境机会能否成为企业的机会，要看此环境机会是否与企业目标、资源及任务相一致，企业利用此环境机会能否比其竞争者带来更大的利益。

环境威胁是指对企业营销活动不利或限制企业营销活动发展的因素。这种环境威胁，主要来自两方面：一方面，是环境因素直接威胁着企业的营销活动，如政府颁布某种法律，诸如《环境保护法》，它对污染环境的企业来说，就构成了巨大的威胁；另一方面，企业的目标、任务及资源同环境机会相矛盾，如人们对自行车的需求转为对摩托车的需求，给自行车厂的目标与资源同这一环境机会造成矛盾。自行车厂要将"环境机会"变成"企业机会"，须淘汰原来产品，更换全部设备，必须培训、学习新的生产技术，这对自行

车厂无疑是一种威胁。摩托车的需求量增加，自行车的销售量必然会减少，这给自行车厂又增加一分威胁。

2. 优势和劣势（内部环境分析）

识别环境中有利的机会是一回事，拥有在机会中成功所必需的竞争能力又是另一回事。每个企业都要定期检查自己的优势与劣势，这可通过"营销备忘录优势/劣势绩效分析检查表"的方式进行。管理当局或企业外的咨询机构都可利用这一方式检查企业的营销、财务、制造和组织能力。每一要素都要按照特强、稍强、中等、稍弱或特弱来划分等级。

【知识要点】

SWOT分析法是分析市场营销环境最常用的方法，这种方法可以把企业外部环境和内部条件进行综合，进而分析组织的优势、劣势、面临的机会和风险。

【活动一】 为自己的模拟公司进行 SWOT 分析

一、活动内容

各学习小组针对本组建立的模拟公司，利用SWOT分析法，对本企业进行分析，列出模拟公司的优势、劣势、机会和威胁，并据此说明企业的经营方向。

二、活动步骤和要求

1. 小组成员认真讨论，画出SWOT分析图。

2. 各组派一名代表在全班交流分享讨论结果。

3. 任课教师对各组的交流结果作出评价和指导，并评选出优胜组。

【活动二】 为美的电器集团进行 SWOT 分析

一、活动内容

各学习小组针对美的电器集团（或学生自选企业、产品），利用SWOT分析工具，对该企业进行分析。

二、活动步骤和要求

1. 小组成员认真讨论，画出SWOT分析图。

2. 各组派一名代表在全班交流分享讨论结果。

3. 任课教师对各组的交流结果作出评价和指导，并评选出优胜组。

【思考与练习】

一、判断题

1. 满足顾客需求，是主体企业进行市场营销活动与开发市场的出发点和落脚点。（　　　）

2. 某国的恩格尔系数越大，说明该国生活水平越低。（　　　）

3. 甲国人均收入比乙国低，则甲国高档产品市场一定不如乙国大。（　　　）

4. 对于教育水平低的国家，采用文字的理性描述比现场演示、图形等形式进行的广告效果更好。（　　　）

5. 从实际来看，一国发生通货膨胀，人们的实际收入下降，购买力下降，需求也肯

定会下降。（　　　）

6. 我国的名牌货到国外销售时应直译品牌的名称。（　　　）

7. 高档文具、艺术品、乐器等商品在某国的畅销程度与该国的教育普及程度有很大关系。（　　　）

8. 各国的文字语言有很大差异，但体态语言是完全相同的。（　　　）

9. 文化环境仅对某些商品（如图书、唱片等）的国际营销有较大影响，而对家电等商品则没有多少影响，可不予考虑。（　　　）

10. 生活必需品的推销与个人自由支配收入的大小有很大关系。（　　　）

二、选择题

1. 个人非生活必需品的消费与（　　　）最有直接关系。

A. 人均收入　　　B. 个人可支配收入　　　C. 个人可自由支配收入　　　D. 国民生产总值

2. 日本忌讳（　　　）花。

A. 菊　　　　　　　B. 樱　　　　　　　C. 荷　　　　　　　D. 桃

3. 格力分体空调与海尔彩电是（　　　）竞争者；与美的风扇是（　　　）竞争者；与TCL分体空调是（　　　）竞争者；与海信柜式空调是（　　　）竞争者。

A. 愿望　　　　　　B. 产品形式　　　　C. 一般　　　　　　D. 品牌

4. 以下属于微观环境的因素有（　　　）。

A. 竞争者　　　　　B. 顾客　　　　　　C. 市场　　　　　　D. 政治法律

5. 以下属于宏观环境的因素有（　　　）。

A. 竞争者　　　　　B. 顾客　　　　　　C. 市场　　　　　　D. 政治法律

6. 某市政府关于禁止摩托车在市区通行的规定给摩托车制造商带来了严重的环境威胁。这是（　　　）环境因素对市场营销的影响。

A. 科技　　　　　　B. 文化　　　　　　C. 政治法律　　　　D. 竞争者

7. 以下属于企业公众的是（　　　）。

A. 政府　　　　　　B. 媒体　　　　　　C. 企业员工　　　　D. 银行

8. 以下不属于中间商的是（　　　）。

A. 批发商　　　　　B. 零售商　　　　　C. 供应商　　　　　D. 代理商

9. 市场营销环境可分为（　　　）和（　　　）两部分。

A. 政治环境　　　　B. 人口环境　　　　C. 宏观环境　　　　D. 微观环境

话题三 萝卜青菜，各有所爱

——消费者购买行为分析

【知识目标】
　　要求学生了解消费者市场的特点及购买行为模式，了解购买决策的参与者，明确购买行为的类型。

【能力目标】
　　使学生掌握消费者 A、B、C 购买决策的过程，明确各个阶段应采取的营销对策，并能够综合运用；明确影响消费者的购买行为的因素，并利用影响因素，作出有利于营销的行为。

任务一　掌握消费者市场的特点

【案例】

萝卜青菜，各有所爱

　　某三位中产阶级消费者都想购买一部家庭型小轿车。经济实惠的车型已经不是他们买车的第一选择了，他们会选择自己喜欢的车型，他们都以 30 万元作为购车的预算，其中 A 消费者稳重、内敛，喜欢舒适性的轿车；B 消费者时尚、追求个性，喜欢动感类型的车辆；C 消费者酷爱运动，喜欢多功能的 SUV（运动型多用途汽车）。现在，有三款车：大众途观（图 3-1）、MINI 家族（图 3-2）、一汽奥迪 A4L（图 3-3），你是一名汽车销售人员，你将如何帮他们作出正确的选择，让大家能找到自己的"萝卜"和"青菜"？

图 3-1　大众途观　　　　图 3-2　MINI 家族　　　　图 3-3　一汽奥迪 A4L

【知识链接】

大众途观：配置非常全面，功能全面搭载，导航、四轮驱动、全景天窗、电子手刹、刹车盘自动除水等功能一应俱全。在操控上，国产途观依旧采用了前麦弗逊＋后多连杆的悬架设计，拥有良好的操控相应，并且设定以舒适为主。

MINI 家族：一直以追求品质以及个性著称于世。

一汽奥迪 A4L：出身名门，造型漂亮，运动型车。

思考：

以上案例说明了什么问题？

【参考答案】

不同的消费者有不同的需求。在面对新顾客时，应通过发问准确发现顾客的需求，不能随便猜想顾客的需求。

一、消费者市场的含义

消费者市场又称消费品市场、生活资料市场或最终消费者市场，是指所有为了个人消费而购买产品或服务的个人和家庭所构成的市场。在消费者市场上，购买者购买产品或服务的目的是满足自身的最终消费，而不是作为生产资料获取利润，因此消费者市场也称为最终产品市场、最终消费者市场。消费者需求是人类社会的原生需求，产业市场需求、中间商市场需求及政府市场需求都由此派生而来。消费者市场从根本上决定了其他所有市场的需求，因而是其他市场乃至整个经济活动为它服务的最终市场。

消费者市场是一切市场的基础，是最终起决定作用的市场。例如，制革厂的产品，一般不直接卖给消费者，而是卖给皮革加工厂制成皮衣、皮鞋等产品出售，同时还要认真研究最终消费者的需要，以消费者的需要为依据来制订营销方案。

二、消费者市场的特点

成功的市场营销者是那些能够有效地为消费者提供有价值的产品，并运用富有吸引力和说服力的方法将产品有效地呈现给消费者的企业和个人。因而，研究消费者市场及其特征，对于企业开展有效的市场营销活动至关重要。

消费需求由于受经济、社会、心理等各因素的影响，呈现出千差万别、纷繁复杂的形态。但从总体上看，各种需求之间存在着共性。具体来说，消费者市场有以下特征：

1. 消费需求的多样性

不同消费者的需求千差万别，同一消费者的需求多种多样。人不仅有物质需求，还有精神需求。众多的消费者，其收入水平、文化素质、职业、年龄、性格、民族、生活习惯等各不相同，因而在消费需求上也表现出各种各样不同的兴趣和偏好。此外，消费者对同一商品的需求往往有多个方面的要求。

表3-1 不同年龄阶层对皮鞋特性的不同需求

	第一位	第二位	第三位	第四位
20岁以下	耐穿	美观	舒适	价格
20~40岁	美观	舒适	耐穿	价格
40岁以上	舒适	耐穿	美观	价格

【做一做】

各学习小组以"背靠背"的方式写出各位同学购买手机时对手机特性的不同需求，看看大家是否一致？为什么会产生差异？

2. 消费需求的层次性

人的消费需求总是由低层次向高层次逐渐发展和延伸的，即低层次的、最基本的生活需求满足以后，就会产生高层次的精神需要。马斯洛的"需要层次理论"将人的需要划分为五个层次，即从低到高依次为：生理需要、安全需要、社交需要、尊重需要、自我实现需要。

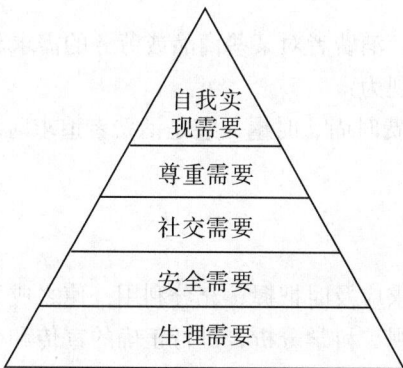

图3-4 马斯洛的需要层次理论

3. 消费需求的发展性

在总体水平上，人们的消费随着社会经济的发展以及人们生活水平的提高而不断地发展变化。人永远是有需要的，旧的需要被满足，又会不断产生新的需要。人们对商品和服务的需求不论是从数量上还是从质量上、品种上或审美情趣等方面都在不断发展，总的趋势是由低级向高级发展，由简单向复杂发展，由单纯追求数量上的满足向追求质量和数量的全面充实发展。

【案例】

从"食无鱼"到"出无车"再到"无以为家"

《战国策》里有一篇文章《冯谖客孟尝君》讲的是战国时期齐国国相孟尝君与食客冯谖的故事。冯谖主动投靠孟尝君，意愿成为孟尝君的食客。开始时冯谖击剑而歌，提出"食无鱼"，于是孟尝君差人给他送鱼。有鱼吃以后，冯谖又不满足了，继续击剑，提出"出无车"。孟尝君"为之驾"，继续满足他出门有车坐的愿望。不久，冯谖又不满足了，再次击剑，感叹"无以为家"，"左右皆恶之，以为贪而不知足"。但孟尝君继续满足他的要求，让冯谖的母亲衣食无忧。

思考：

以上故事里冯谖不断地提出物质需求，一个愿望实现了又提出新的愿望，说明了什么？表面上看冯谖需要的是物质上的满足，实际上冯谖需要的又是什么？

4. 消费需求的习惯性

消费者需求的习惯性指消费者在长期消费活动中积累下来的一些消费偏好和倾向，如过年吃饺子、放鞭炮等。当然，我们对一些不好的消费习惯，要加以教育引导甚至控制。

5. 消费需求的周期性

消费者需求的周期性是指消费者对消费对象的需求会因某些因素的影响而呈现出周期性的变化，具体表现在当某种消费需求满足以后，经过一定时间这种需求又会重新出现。影响消费者需求周期性的因素有：消费者的生理规律、自然环境的变化、社会时代的变化以及其他周期性因素。如某些服装款式的需求就具有很强的周期性。

6. 消费需求的从众性

在某一特定时空范围内，消费者对某些商品或劳务的需求趋向一致，这就是消费需求的从众性。在现实生活中表现为：

（1）消费流行，或称消费时尚、时髦，它是消费者追求时兴事物而形成的从众化消费风潮。

（2）消费中的攀比现象。

（3）"抢购"风潮。

对第一种从众化消费需求应及时把握、充分利用，使之成为企业的经营机会；对后两种从众性消费需求应高度重视、科学分析，进行正确的宣传和引导，同时，要采取综合性的措施加以调控。例如，一个人在路上流鼻血了，为了防止流血，就仰着头站在那里，结果很多人都跟着仰起头往天上看。

7. 消费需求的可诱导性

消费者的需求是可以被诱导、引导和调节的。正是消费者需求的可引导性，为企业进行有效的营销提供了基础。企业通过大量的广告、店面刺激以及促销手段等，使消费者的需求意识由弱变强，由潜在需求转变为现实需求，从而成功地销售产品。消费者还可能受家人、朋友的影响出现冲动购买。形成此特点的原因在于：一是消费品品种繁多，花色各异，消费者缺乏商品专门的知识，属于非专家购买。他们在购买许多商品时，需要卖方的宣传、介绍。例如，购买果汁、咖啡等消费品时，不受媒体影响的消费者只占总数的5%左右。二是很多消费品替代性强，需求弹性大，消费者对商品规格、品质的要求也不如生产者那样严格。三是在通常情况下，消费者自发、分散地作出购买决策，不像产业市场的购买者那样理性。

思考：

假如你是某电影院的老板，你会通过什么方式令消费者去看电影而不是其他娱乐方式？

8. 消费需求的可替代性

某超市，母子一起买菜时发生了一组有趣对话：

妈妈：孩子，猪肉好贵，今天我们吃鱼吧。

孩子：嗯。我们买鱼去吧。调味的蒜头、姜也很贵，我们就买葱代替吧。

妈妈：我们家孩子真懂事。

9. 消费需求的可伸缩性

人们的消费需求受外因和内因的影响，具有一定的伸缩性。内因包括：消费者的个性特征、购买能力、生活方式等。外因包括：市场产品的供应、价格、宣传、促销等。攀比、从众、赶潮流、贪小便宜等心理因素都会影响消费者对某种商品的需求。

三、消费者需求的八种状态

1. 负需求（Negative Demand）

负需求是指市场上众多顾客不喜欢某种产品或服务。如近年来许多老年人为预防各种老年疾病不敢吃甜点心和肥肉，又如有些顾客害怕冒险而不敢乘飞机，或害怕化纤纺织品的有毒物质损害身体而不敢购买化纤服装。

思考：

如何把负需求变成正需求？

2. 无需求（No Demand）

无需求是指目标市场顾客对某种产品从来不感兴趣或漠不关心，如许多非洲国家居民从不穿鞋子，对鞋子无需求。

思考：

如何创造需求？

3. 潜在需求（Latent Demand）

潜在需求是指现有的产品或服务不能满足许多消费者的强烈需求。例如，老年人需要高植物蛋白、低胆固醇的保健食品，美观大方的服饰，安全、舒适、服务周到的交通工具等，但许多企业尚未重视老年消费者市场的需求。

思考：

如何把潜在需求转变成现实需求？

4. 下降需求（Falling Demand）

下降需求是指目标市场顾客对某些产品或服务的需求出现了下降趋势。如近年来城市居民对电风扇的需求已经饱和，需求相对减少。

思考：

如何遏制商品需求的下降？

提示：了解顾客需求下降的原因，或通过改变产品的特色，采用更有效的沟通方法再刺激需求，即创造性的再营销，或通过寻求新的目标市场，以扭转需求下降的格局。

5. 不规则需求（Irregular Demand）

不规则需求是指许多企业常面临因季节、月份、周、日、时对产品或服务需求的变化，从而造成生产能力和商品的闲置或过度使用。如在公用交通工具方面，在运输高峰时不够用，在非高峰时则闲置不用。又如在旅游旺季时旅馆紧张和短缺，在旅游淡季时，旅馆空闲。再如节假日或周末时，商店拥挤，在平时商店顾客稀少。

思考：

如何把闲置的产品销售出去？

6. 充分需求（Full Demand）

充分需求是指某种产品或服务目前的需求水平和时间等于期望的需求，但消费者需求会不断变化，竞争日益加剧。

思考：

如何做好"维护营销"工作？

提示：改进产品质量及不断估计消费者的满足程度，维持现时需求。

7. 过度需求（Overfull Demand）

过度需求是指市场上顾客对某些产品的需求超过了企业供应能力，产品供不应求。比如，由于人口过多或物资短缺引起交通、能源及住房等产品供不应求。

思考：

如何减缓消费者的过度需求？

提示：厂家和企业可以减缓营销，通过提高价格、减少促销和服务等方式使需求减少。企业最好选择那些利润较少、要求提供服务不多的目标顾客作为减缓营销的对象。减缓营销的目的不是破坏需求，而只是暂缓需求水平。

8. 有害需求（Unwholesome Demand）

有害需求是指对消费者身心健康有害的产品或服务。诸如烟、酒、毒品、黄色书刊等。

思考：

如何遏制有害需求？

提示：通过提价、传播恐怖及减少可购买的机会或通过立法禁止销售，称为反市场营销。反市场营销的目的是采取相应措施来消灭某些有害的需求。

【知识要点】

1. 消费者市场又称消费品市场、生活资料市场或最终消费者市场，是指所有为了个人消费而购买产品或服务的个人和家庭所构成的市场。

2. 消费者市场需求具有多样性、层次性、发展性、习惯性、周期性、从众性、可诱导性、可替代性、可伸缩性等特征。

3. 消费者需求包括负需求、无需求、潜在需求、下降需求、不规则需求、充分需求、过度需求、有害需求等八种状态。

【活动一】成功地"改变营销"、"创造需求"

提示：

1. 分析人们为什么不喜欢这些产品，并针对目标顾客的需求重新设计产品、定价，作更积极的促销，或改变顾客对某些产品或服务的信念。

2. 通过有效的促销手段，把产品利益同人们的自然需求及兴趣结合起来，实现创造需求。

3. 你听过到和尚庙推销梳子的故事吗？张三和李四是如何成功地创造需求的？

一、活动目的

通过角色扮演等方式，把"负需求"成功变成"正需求"，把"无需求"成功变成"有需求"，体验"改变营销"、"创造需求"的快乐。

二、活动内容

如何成功说服一个从来不敢、不愿、不想使用某产品的顾客购买该产品。

提示：某顾客不敢坐飞机；某客人死活不肯吃苦瓜；某客人情人节不愿购买玫瑰花……

三、活动步骤和要求

1. 小组讨论。确定主题。

2. 制订计划（主题、角色分工、确定展示方式等）。

3. 表演。

4. 任课教师根据表3-2给每小组同学打分，并评出优秀团队。

表3-2 "改变营销"、"创造需求"活动情况评分表

评价内容	分值	评价	备注
主题	20分		
分工情况	30分		
逻辑性	20分		
演绎	30分		

【活动二】"开发营销"与"同步营销"

提示：准确地衡量潜在市场需求，开发有效的产品和服务，即开发市场营销；通过灵

活的定价、促销及其他激励因素来改变需求时间模式，一般称为同步营销。

一、活动目的

通过角色扮演等方式，把"潜在需求"成功变成"现实需求"，如何运用营销策略把闲置产品（季节性产品）成功营销，体验"成功营销"的快乐，体会"无时不营销，无处不营销"企业经营理念。

二、活动内容

成功说服一个本来不想购买某产品的顾客购买该产品，说服一个顾客购买某闲置产品（季节性产品）。

提示1：某客人不敢坐飞机；某客人死活不肯吃苦瓜；某客人情人节不愿购买玫瑰花……

提示2：某顾客冬天不吃冰激凌；某客人夏天不买冬装；某商场夏天通常不进棉被……

三、活动步骤和要求

1. 小组讨论。确定主题。

2. 制订计划（主题、角色分工、确定展示方式等）。

3. 表演。

4. 任课教师根据表3-3给每小组同学打分，并评出优秀团队。

表3-3　"开发营销"、"同步营销"活动情况

评价内容	分值	评价	备注
主题	20分		
分工情况	30分		
逻辑性	20分		
演绎	30分		

任务二　掌握消费者购买行为影响因素

【案例】

某服装企业在为老年人提供服装时采用了以下一些营销措施。

（1）在广告宣传策略上，着重宣传产品的大方实用，易洗易脱、轻便、宽松。

（2）在媒体选择上，主要选择电视和报纸杂志进行宣传。

（3）在信息的沟通方式上主要是介绍、提示、理性说服，而避免炫耀性、夸张性广告，不邀请名人明星。

（4）在促销现场，生产厂商派出中年促销员，为老年消费者提供热情周到的服务，为他们详细介绍商品的特点和用途，如有需要，就送货上门。

（5）在销售现场，主要选择大商场，靠近居民区，并设立老年人专柜或老年人店中店。

（6）在产品的款式、价格、面料上分别采用了以庄重、淡雅、民族性为主，以中低档

价格为主，以轻薄、柔软为主，适当地配以福、寿等喜庆寓意的图案。

（7）在老年顾客的接待上，厂家再三要求销售人员在接待过程中要耐心，以介绍质量可靠、方便健康、经济实用为主，在介绍品牌、包装时注意顾客的神色、身体语言，适可而止，不硬性销售。

经过7个方面的努力，该厂家生产的老年服装很快被老年消费者接受，销售量急剧上升，企业获得了很好的经济效益。

思考：

1. 该服装企业是从哪些方面影响消费者购买行为的？

2. 该企业是如何接待老年人的？

3. 该企业掌握了老年人什么样的消费心理和购买行为？

4. 老年人和其他群体（妇女）在消费心理上有何区别？

5. 该企业最后的营销结果如何？

6. 谈谈企业应该如何策划老年人市场营销？

影响消费者购买行为的主要因素有内在因素和外在因素。分析影响消费者购买行为的因素，对于企业正确把握消费者行为，有针对性地开展市场营销活动，具有极其重要的意义。

一、影响消费者购买行为的内在因素

影响消费者购买行为的内在因素很多，主要有消费者的个体因素与心理因素。购买者的年龄、性别、经济收入、职业等因素会在很大程度上影响着消费者的购买行为。影响消费者购买的心理因素有动机、感受、态度、学习。

（一）影响消费者购买行为的个体因素

1. 消费者的经济状况

消费者的经济状况即消费者的收入、存款与资产、借贷能力等。

消费者的经济状况会强烈影响消费者的消费水平和消费范围，并决定着消费者的需求层次和购买能力。消费者经济状况较好，就可能产生较高层次的需求，购买较高档次的商品，享受较高级的消费。相反，消费者经济状况较差，通常只能优先满足衣食住行等基本生活需求。

知识回顾：需求（Demand）=愿望+钞票

思考：

1. 天天吃泡菜的人就不可能购买小汽车吗？

2. 没现金就等于没钱吗？

3. 有钱的人就一定会购买小汽车吗？

2. 消费者的职业和地位

不同职业的消费者，对于商品的需求与爱好往往不一致。一个从事教师职业的消费者，一般会较多地购买书报杂志等文化商品；而对于时装模特儿来说，漂亮的服饰和高雅的化妆品则更为需要。消费者的地位不同也影响着其对商品的购买。身居高位的消费者，一般会购买能够显示其身份与地位的较高级的商品。

思考：

假如你的朋友是一间有五层楼的综合书店的老板，他想按照消费者的职业来开辟不同的专柜，你会给他怎样的建议？

3. 消费者的年龄与性别

消费者对产品的需求会随着年龄的增长而变化，在生命周期的不同阶段，相应需要各种不同的商品。如在幼年期，需要婴儿食品、玩具等；而在老年期，则更多需要保健品和延年益寿产品。不同性别的消费者，购买行为也有很大差异。烟酒类产品较多为男性消费者购买，而女性消费者则喜欢购买时装、首饰和化妆品等。

4. 消费者的性格与自我观念

性格是指一个人特有的心理素质，通常用刚强或懦弱、热情或孤僻、外向或内向、创意或保守等去描述。不同性格的消费者具有不同的购买行为。刚强的消费者在购买中表现出大胆自信，而懦弱的消费者在挑选商品时往往缩手缩脚。

（二）影响消费者购买行为的心理因素

1. 动机

（1）需要与动机。

需要是人们对于某种事物的要求或欲望。就消费者而言，需要表现为获取各种物质需要和精神需要。马斯洛的"需要层次"理论，即生理需要、安全需要、社交需要、尊重需要和自我实现需要。需要产生动机，消费者购买动机是消费者内在需要与外界刺激相结合使主体产生一种动力而形成的。

（2）购买动机的类型。

动机是为了使个人需要满足的一种驱动和冲动。消费者购买动机是指消费者为了满足某种需要，产生购买商品的欲望和意念。购买动机可分为两类：

①生理性购买动机。生理性购买动机指由人们因生理需要而产生的购买动机，如饥思食、渴思饮、寒思衣。生理动机又称本能动机，包括维持生命动机、保护生命动机、延续和发展生命的动机。生理动机具有经常性、习惯性和稳定性的特点。

②心理性购买动机。心理性购买动机是指人们由于心理需要而产生的购买动机。根据对人们心理活动的认识，以及对情感、意志等心理活动过程的研究，可将心理动机归纳为以下三类：

第一类是感情动机。指由于个人的情绪和情感心理方面的因素而引起的购买动机。感情动机又分为情感动机和情绪动机两种。根据感情不同的侧重点，可以分为三种消费心理倾向：求新、求美、求荣。

第二类是理智动机。指建立在对商品的客观认识的基础上，经过充分的分析比较后产生的购买动机。理智动机具有客观性、周密性的特点。在购买中表现为求实、求廉、求安全的心理。

第三类是信任动机。指对特定的商品或特定的商店产生特殊的信任和偏好而形成的习惯重复光顾的购买动机。这种动机具有经常性和习惯性的特点，表现为嗜好心理。

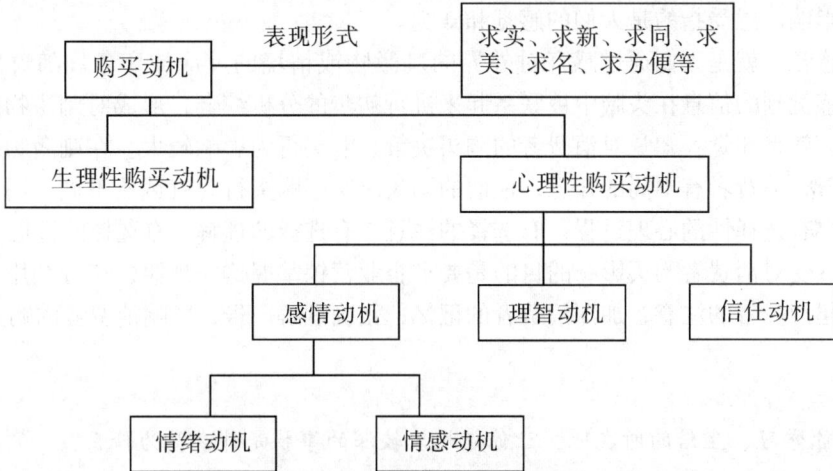

图 3 - 5 消费者购买动机类型

表 3 - 4 各种购买动机的表现形式

类型	特征
求实动机	在这种动机的驱动下，消费者在购买商品时，注重商品的使用价值，讲究实惠、使用方便，不大强调商品的外观、花色和款式。具有这种购买动机的人大多是收入较低、支付能力有限或注重传统习惯和购买经验的消费者
求美动机	这样的消费者在购买商品时，注重商品的式样、色调、造型等形式美，重视商品对环境的装饰作用和对人体的美化作用。具有这种购买动机者多为青年和妇女。易被消费者从"美"的角度加以审视的商品多为家具、服装等
求廉动机	具有求廉动机的购买者，在选购商品时，特别注重商品的价格，对便宜、降价、处理商品具有浓厚的兴趣，而对商品的花色、款式等"外在形象"不太注意，求廉动机也称造价动机
求名动机	具有这种购买动机的消费者，对名牌产品具有特殊的偏好，而对非名牌产品缺乏信任感。他们在选购产品时，很注重产品的名称、产地、销售地点
求新动机	具有这种购买动机的消费者在购买商品时，不大计较商品的价格，而是把注意力集中在商品的外在形式上，他们总是期望自己能引导消费新潮流
偏好动机	这种动机的顾客在购买商品时，十分忠诚自己的喜爱，比如对某类食品某种味道的偏好，对某品牌的忠诚等

此外，还有所谓"求异动机"、"求同动机"等。这些购买动机，是引起购买行为的关键性因素，企业应高度注视对顾客购买动机的研究。

人们的购买动机不同，购买行为必然是多样的、多变的。这就要求企业营销深入细致地分析消费者的各种需求和动机，针对不同的需要层次和购买动机设计不同的产品和服务，制定有效的营销策略，这样才能获得营销成功。

2. 感受

消费者购买如何行动，还要看其对外界刺激物或情境的反应，这就是感受对消费者购买行为的影响。感受指的是人们的感觉和知觉。

所谓感觉，就是人们通过感官对外界的刺激物或情境的反应或印象。随着感觉的深入，各种感觉到的信息在头脑中被联系起来进行初步的分析综合，形成对刺激物或情境的整体反应，就是知觉。知觉对消费者的购买决策、购买行为影响较大。在刺激物或情境相同的情况下，消费者有不同的知觉，他们的购买决策、购买行为就截然不同。因为消费者知觉是一个有选择性的心理过程：有选择的注意、有选择的理解、有选择的记忆。

分析感受对消费者购买影响的目的是要求企业营销掌握这一规律，充分利用企业营销策略，引起消费者的注意，加深消费者的记忆，正确理解广告，影响消费者的购买行为。

思考：

1. 在你学习、生活的所在地，让你记忆比较深的事物是什么？为什么？

2. 迅速回忆一下，你最近购物的超市有哪些品牌的广告？请把最先跳入你脑海的几个写下来，再跟你的同桌比较一下，看看有什么不同，并分析产生不同的原因。

3. 态度

态度通常指个人对事物所持有的喜欢与否的评价、情感上的感受和行动倾向。消费者态度对消费者的购买行为有着很大的影响。企业营销人员应该注重对消费者态度的研究。

消费者态度来源于：与商品的直接接触；受他人直接、间接的影响；家庭教育与本人经历。消费者态度包括信念、情感和意向，它们对消费者购买行为都有各自的影响作用。

（1）信念。指人们认为确定和真实的事物。在实际生活中，消费者不是根据知识，而是常常以见解和信任作为他们购买的依据。

（2）情感。指商品和服务在消费者情绪上的反应，如对商品或广告喜欢还是厌恶。情感往往受消费者本人的心理特征与社会规范的影响。

（3）意向。指消费者采取某种方式行动的倾向，是倾向于采取购买行动，还是倾向于拒绝购买。消费者态度最终落实在购买的意向上。

研究消费者态度的目的是使企业充分利用营销策略，让消费者了解企业的商品，帮助消费者建立对本企业的正确信念，培养对企业商品和服务的情感，让本企业产品和服务尽可能适应消费者的意向，使消费者的态度向着企业的方面转变。

4. 学习

学习是指由于经验引起的个人行为的改变。即消费者在购买和使用商品的实践中，逐步获得和积累经验，并根据经验调整自己购买行为的过程。学习是通过驱策力、刺激物、提示物、反应和强化的相互影响、相互作用而进行的。

"驱策力"是诱发人们行动的内在刺激力量。例如，某消费者重视身份地位，尊重需要就是一种驱策力。这种驱策力被引向某种刺激物——高级名牌西装时，驱策力就变为动机。在动机支配下，消费者需要作出购买名牌西装的反应。实际上，消费者购买行为的发生往往取决于周围的"提示物"的刺激，如看了有关电视广告、商品陈列，他就会完成购买。如果穿着很满意的话，他对这一商品的反应就会加强，以后如果再遇到相同诱因时，就会产生相同的反应，即采取购买行为。如果反应被反复强化，久而久之就形成购买习惯了。这就是消费者的学习过程。

企业营销要注重消费者购买行为中"学习"这一因素的作用，通过各种途径给消费者提供信息，如重复广告，目的是加强诱因，激发驱策力，将消费者的驱策力激发到行动中去。同时，企业的商品和提供服务要始终保持优质，这样消费者才有可能通过学习建立起对企业品牌的偏爱，形成其购买本企业商品的习惯。

人是生活在社会之中的，因而消费者的购买行为将受到诸多社会因素的影响。

二、消费者的购买行为的外在因素

（一）相关群体

相关群体是指那些影响人们的看法、意见、兴趣和观念的个人或集体。研究消费者行为可以把相关群体分为两类：参与群体与非所属群体。

参与群体是指消费者置身于其中的群体，分为两类：

（1）主要群体。是指个人经常性受其影响的非正式群体，如家庭、亲友、同事、邻居等。

（2）次要群体。是指个人不经常受其影响的正式群体，如工会、职业协会等。

非所属群体是指消费者置身之外，但对购买有影响作用的群体。有两种情况，一种是期望群体，另一种是游离群体。期望群体是个人希望成为其中一员或与其交往的群体；游离群体是遭到个人或集体的拒绝或抵制，极力划清界限的群体。

企业营销应该重视相关群体对消费者购买行为的影响作用；利用相关群体的影响开展营销活动；还要注意不同的商品受相关群体影响的程度不同。商品能见度越强，受相关群体的影响就越大。商品越特殊，购买频率越低，受相关群体的影响就越大。对商品越缺乏知识，受相关群体影响越大。

（二）社会阶层

社会阶层是指一个社会按照其社会准则将其成员划分为相对稳定的不同层次。不同社会阶层的人，他们的经济状况、价值观念、兴趣爱好、生活方式、消费特点、闲暇活动、接受大众传播媒体等各不相同。这些都会直接影响他们对商品、品牌、商店的选择和影响他们的购买习惯和购买方式。

企业营销要关注本国的社会阶层划分情况，针对不同社会阶层的爱好要求，通过适当的信息传播方式，在适当的地点运用适当的销售方式，向人们提供适当的产品和服务。

（三）家庭状况

一家一户组成了购买单位，我国现有 35 000 万户左右的家庭，在企业营销中应关注家庭对购买行为的重要影响。研究家庭中不同购买角色的作用，可以利用有效营销策略，使企业的促销措施引起购买者的注意，诱发主要消费者的兴趣，使决策者了解商品，解除顾虑，建立购买信心，使购买者购置方便。研究家庭生命周期对消费购买的影响，企业营销可以根据不同的家庭生命周期阶段的实践需要开发产品和提供服务。这里重点探索家庭生命周期对消费购买的影响。

家庭生命周期属于一个家庭从形成到解体呈循环运动过程的范畴。消费者的家庭状况，因为年龄、婚姻状况、子女状况的不同，可以划分为不同的生命周期，包括单身阶段、新婚阶段、满巢阶段Ⅰ、满巢阶段Ⅱ、满巢阶段Ⅲ、空巢阶段Ⅰ、空巢阶段Ⅱ、鳏寡就业阶段Ⅰ、鳏寡退休阶段Ⅱ等九个阶段。在生命周期的不同阶段，消费者的行为呈现出不同的主流特性。营销者只有明确自己的目标市场处于生命周期的哪个阶段，并列举已发生实效的产品和拟定适当的营销计划，才能取得成功。

（1）单身阶段：处于单身阶段的消费者一般比较年轻，几乎没有经济负担，消费观念紧跟潮流，注重娱乐产品和基本的生活必需品的消费。

（2）新婚阶段：经济状况较好，具有较大的需求量和较强的购买力，耐用消费品的购买量高于处于家庭生命周期其他阶段的消费者。

（3）满巢阶段（Ⅰ）：指最小的孩子在 6 岁以下的家庭。处于这一阶段的消费者往往需要购买住房和大量的生活必需品，常常感到购买力不足，对新产品感兴趣并且倾向于购买有广告的产品。

（4）满巢阶段（Ⅱ）：指最小的孩子在 6 岁以上的家庭。处于这一阶段的消费者一般经济状况较好但消费慎重，已经形成比较稳定的购买习惯，极少受广告的影响，倾向于购买大规格包装的产品。

（5）满巢阶段（Ⅲ）：指夫妇已经上了年纪但是有未成年的子女需要抚养的家庭。处于这一阶段的消费者经济状况尚可，消费习惯稳定，可能购买富余的耐用消费品。

（6）空巢阶段（Ⅰ）：指子女已经成年并且独立生活，但是家长还在工作的家庭。处于这一阶段的消费者经济状况最好，可能购买娱乐品和奢侈品，对新产品不感兴趣，也很少受到广告的影响。

（7）空巢阶段（Ⅱ）：指子女独立生活，家长退休的家庭。处于这一阶段的消费者收入大幅度减少，消费更趋谨慎，倾向于购买有益健康的产品。

（8）鳏寡就业阶段（Ⅰ）：这一阶段的消费者尚有收入，但是经济状况不好，消费量减少，集中于生活必需品的消费。

（9）鳏寡退休阶段（Ⅱ）：这一阶段的消费者收入很少，消费量很小，主要需要医疗产品。

三、消费者购买行为模式

消费者的行为受消费者心理活动支配。按照心理学的"刺激—反应"理论，人们行为的动机是一种内在的心理活动过程，像一只黑箱，是一个不可捉摸的神秘过程。客观的刺激，经过黑箱（心理活动过程）产生反应，引起行为——购买者黑箱。只有通过对行为的研究，才能了解心理活动过程。消费者购买行为的"刺激—反应"模式如图 3-6 所示。

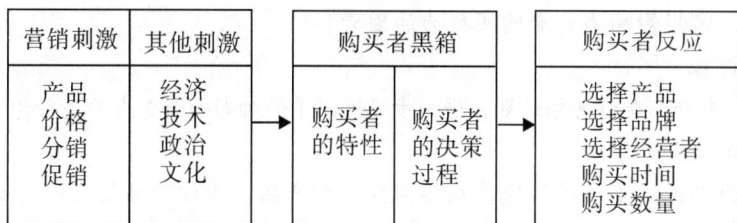

营销刺激	其他刺激	购买者黑箱		购买者反应
产品 价格 分销 促销	经济 技术 政治 文化	购买者 的特性	购买者 的决策 过程	选择产品 选择品牌 选择经营者 购买时间 购买数量

图 3-6 购买行为的"刺激—反应"模式

营销刺激，指企业营销活动的各种可控因素，即产品、价格、分销、促销；其他刺激，指消费者所处的环境因素（经济、技术、政治、文化等）的影响。这些刺激通过购买者黑箱产生反应，即购买者行为。

刺激和反应之间的购买者黑箱包括两个部分。第一部分是购买者的特性。购买者特性受到许多因素的影响，并进而影响购买者对刺激的理解和反应，不同特性的购买者对同一种刺激会产生不同的理解和反应。第二部分是购买者的决策过程，它直接影响最后的结果。

消费者的购买行为复杂多样，分析消费者的购买行为，主要包括以下几个方面：

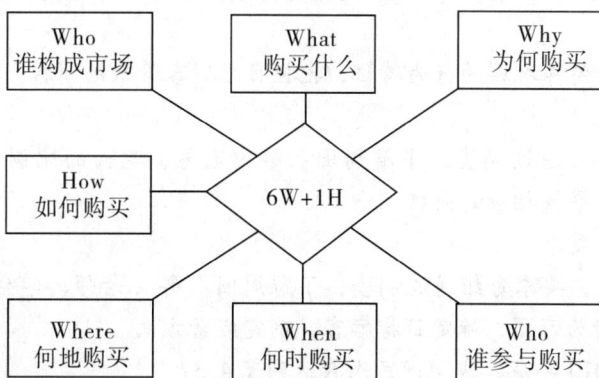

图 3-7 消费者购买行为的 6W+1H 要素

【知识要点】
1. 影响消费者购买行为的因素包括内在和外在两种因素。
（1）影响消费者购买行为的内在因素很多，主要有消费者的个体因素与心理因素。购买者的年龄、性别、经济收入、职业等因素会在很大程度上影响着消费者的购买行为。影响消费者购买的心理因素有动机、感受、态度、学习。

（2）影响消费者购买行为的外在因素包括相关群体、社会阶层、家庭状况等。

2. 消费者的行为受消费者心理活动支配。消费者的购买行为复杂多样，分析消费者的购买行为，主要包括6W+1H要素。

【活动一】掌握影响消费者购买行为的因素

一、活动目的

通过演练，掌握影响消费者购买行为的因素。

二、活动内容

通过为某一个产品制订营销计划，进一步巩固同学们对影响消费者购买行为因素的认识。

三、活动步骤和要求

以小组作为单位，要求每组通过抽签获得某个产品，为该产品策划一份详细的营销计划，清晰回答以下问题：

表 3 - 5　购买行为因素分析记录表

问题	答案
产品名称? 针对的消费者有哪些	
该消费群体有何特点	
分析影响消费者行为有哪些因素	
营销者如何销售产品	
销售者最后的结果如何	

【活动二】"宅男"、"宅女"在我国的流行能带来怎样的"宅商机"

一、活动目的

通过调查，了解特殊人群的行为特征，把握目标顾客带来的商机。

二、活动内容

宅男宅女宅商机。通过调查，了解周围人群中宅男、宅女的比例以及他们的行为特征，锁定目标顾客，寻找相应的商机。

三、活动步骤和要求

以小组作为单位，要求每组通过调查，了解周围人群（老师、学生）假期（寒暑假、黄金周、周末）的行为习惯，确定目标顾客，确定经营方向。

提示1：截至2010年底，我国网民人数达到了4.37亿。

全球管理咨询公司麦肯锡2011年2月25日发布报告称，预计到2015年，中国的网民人数将从目前的4亿多增加到7.5亿。

提示2：已经被人直接联想到中文字"宅=家"的用法，因此现在大部分人使用宅男或宅女这个词，一般而言是指不善与人相处，或是整天待在家，生活圈只有自己的人群。这类人群的主要特征有：头发散乱或是很油亮；衣着简单、不修边幅；喜欢玩电脑及观赏动漫;讲话不着边际或不注重人际关系;有收集动漫商品的嗜好;有聆听动漫相关音乐的偏好;整天窝在家内不出门;常用网络环境代替现实中的交友行为。

表3-6 宅一族消费行为调查表

问题	答案
我们的调查范围	
节假日喜欢宅在家里的人的比例	
宅一族的共同特征	
宅一族的主要购买动机是	
结论	

【活动三】如何了解他人的感受?

一、活动目的

通过活动,了解感知消费者态度的重要性。

二、活动内容

掌握感知他人态度的方法,了解感知消费者的态度的重要性。

三、活动步骤和要求

庄子:鲦鱼出游从容,是鱼之乐也。

惠子:子非鱼,焉知鱼之乐?

讨论:庄子如何知道"鱼之乐"?

惠子又是如何反驳庄子的?谁更有道理?

结论:_____。

【活动四】案例分析:椰菜娃娃成功抢占市场

椰菜娃娃是美国克莱克公司推出的一种以领养方式出售的布娃娃。它不像其他布娃娃那样被摆在货架上,而是放置在小小的婴儿床里,随身附有出生证明,上面写着姓名、性别、出生年月、地点。有心"领养"的小朋友们先要办好领养手续,才能将自己的布娃娃抱回家中。1983年,椰菜娃娃刚投入市场,就赢得广大消费者的青睐,在不到六个月的时间里,这种娃娃一下子销售了300万个,椰菜娃娃很快成为美国家喻户晓的人物,成为连环画、连环漫画的主角,甚至成为"爱"和"成功"的代名词。

表3-7 椰菜娃娃销售调查表

问题	答案
椰菜娃娃为什么卖得这么火	
椰菜娃娃与普通布娃娃有何区别	
椰菜娃娃的购买者通常会出于什么动机	
该购买动机有何特征	
结论	

任务三　分析消费者购买行为过程

【案例】

"动感地带"与中国"80后"

中国移动的"动感地带"品牌，其主要诉求是"生活因你而精彩"，另外，还有"四大消费特权"——话费节约、业务任选、联盟优惠、手机常新支撑品牌；并力求在"动感地带"的"80后"目标用户群中培养这些"新新人类"的族群归属感。

它使用了"80后"的语言，一句"我的地盘我做主"把"80后"对自由的向往表达无遗，迎合了"80后"的喜好。2003年，红得发紫的周杰伦被中国移动请来做"动感地带"品牌的形象代言人。周杰伦的个性和"酷"与"动感地带"的品牌表达不谋而合。而大批的粉丝爱屋及乌，也成了"动感地带"的忠实消费者。许多使用者因为喜欢周杰伦而用上"动感地带"。"动感地带"深入"80后"的生活，起源于美国街头黑人舞者的即兴舞蹈"街舞"，因其轻松随意、自由个性和前卫精神而受到了"80后"的喜爱。2003年10月，"动感地带"推出了全国大学生街舞大赛，各大赛区现场观众爆满。轻松的节拍，开心的笑容，动感的舞步，选手们举手投足间无不传达了他们对街舞艺术的深刻理解，他们被带到了一个自由动感的国度。

中国移动的"动感地带"仅仅用了15个月的时间，就成功"俘获"2 000万的用户，也就是说，平均每3秒钟，就诞生了一个"动感地带"的新用户。

思考：

请描述"80后"消费者在选择移动通信产品时的行为过程。

提示1：谁引发了"80后"对"动感地带"的需求？

提示2："80后"通过哪些渠道了解"动感地带"的相关信息？

提示3：中国移动的"动感地带"如何打动"80后"？是否成功？

消费者从不了解某种商品到经常购买某种商品，要经过哪些步骤，在这些步骤中企业要做好哪些工作，才能使之向下一步发展，直至经常购买我们的商品？要想弄清这些问题，就需要研究消费者的购买决策过程。

一、消费者购买决策过程的参与者

【案例】

老张特别热爱体育运动，也喜欢坐在家里欣赏体育竞赛节目，只是，他家里的电视还是传统的"砖头"，厚厚的那种，屏幕也不够宽。2010年广州亚运会前，他提议买一台宽屏的液晶彩电，得到了儿子的热烈响应。他们想尽办法说服掌管家里财政大权的张太太，全家形成了购买大彩电的共识。但买什么牌子的？纯平的还是液晶的？大家意见不一。最后，儿子说了句："我们问隔壁的李叔叔吧，他可是家电方面的权威呢。"李叔叔不仅给老张家提了建议，还自告奋勇陪他们一起到电器城购买。电视买回来了，果然，效果很不错，老张一家都非常满意。

思考：
老张家购买电视机的行为过程有哪些参与者？分别扮演什么角色？

可见，消费者的购买行为过程中通常有倡议者、决策者、影响者、购买者、使用者五种角色。

二、消费者购买行为类型

消费者的购买行为有多种类型，可从不同角度进行划分。

1. 根据消费者性格分析划分

（1）习惯型购买行为：习惯型的购买行为是由信任动机产生的。消费者对某种品牌或对某个企业产生良好的信任感，忠于某一种或某几种品牌，有固定的消费习惯和偏好，购买时心中有数，目标明确。

（2）理智型购买行为：理智型购买行为是理智型消费者发生的购买行为。他们在作出购买决策之前一般经过仔细比较和考虑，胸有成竹，不容易被打动，不轻率作出决定，决定之后也不轻易反悔。

因此我们一定要真诚地提供令顾客感到可信的决策信息，如果你提供的信息可信，他就会对你产生信任而再度光临。如果你提出的信息不可信，那么下次他可能就对你敬而远之。

（3）经济型（价格型）购买行为：特别重视价格，一心寻求经济合算的商品，并由此得到心理上的满足。针对这种购买行为，要在促销中使其相信，他所选中的商品是最物美价廉、最合算的，要称赞他很内行，是很善于选购的顾客。

（4）冲动型购买行为：冲动型消费者往往是由情绪引发的。年轻人居多，血气方刚，容易受产品外观、广告宣传或相关人员的影响，决定草率，易于动摇和反悔。这是在促销过程中可以大力争取的对象。

（5）想象型（感情型）购买行为：这样的消费者往往有一定的艺术细胞，善于联想。针对这种行为，可以在包装设计上、在产品的造型上下工夫，让他产生美好的联想，或在促销活动中注入一些内涵。

比如说耐克和乔丹，乔丹穿着耐克鞋驰骋在 NBA 球场上，使崇拜乔丹的球迷感觉到，穿上了耐克就离乔丹近了一步。如商务通跟濮存昕，成功地塑造了中年男人的形象，使得拥有商务通的人感到离成功男人的形象又近了一步。要努力让消费者产生联想，这些人实现了联想，营消者就达到了目标。

营销者应了解自己目标市场的消费者行为属于哪种类型，然后有针对性地开展促销活动。

（6）不定型购买行为：不定型消费者常常是那些没有明确购买目标的消费者，表现形式常常是三五成群，行动散漫，哪儿有卖的东西就往哪儿看，问得多，看得多，选得多，买得少。他们往往是一些年轻的、新近开始独立购物的消费者，易于接受新的东西，消费习惯和消费心理正在形成之中，尚不稳定，缺乏主见，没有固定的偏好。

对于这样的顾客，首先要满足他问、选、看的要求，即便这次他们不购买，也不应反唇相讥，要想到今天的观望者可能就是明天的顾客，今天不买肯定有诸多的理由，可能今天没带足钱，可能真的不需要，但是你以热情周到的服务给他们留下了很深刻的印象，以后需要的话，他们可能首先会想到你。这是营销人员必须考虑到的。

2. 根据消费者行为的复杂程度和所购商品本身的差异划分

（1）复杂型：消费者初次购买差异性很大的耐用消费品时发生的购买行为。购买这类商品时，通常要经过一个认真考虑的过程，广泛收集各种有关信息，对可供选择的品牌反复评估，在此基础上建立起品牌信念，形成对各个品牌的态度，最后慎重地作出购买选择。

（2）和谐型：消费者购买差异性不大的商品时发生的一种购买行为。由于商品本身的差异不明显，消费者一般不必花费很多时间去收集并评估不同品牌的各种信息，而主要关心价格是否优惠，购买时间、地点是否便利等。因此，和谐型购买行为从引起需要、产生动机到决定购买，所用的时间都比较短。

（3）习惯型：这是一种简单的购买行为，属于一种常规反应行为。消费者已熟知商品特性和各主要品牌特点，并已形成品牌偏好，因而不需要寻找、收集有关信息。

（4）多变型：这是为了使消费多样化而常常变换品牌的一种购买行为，一般是指购买牌号差别虽大但较易于选择的商品，如罐头食品等。同上述习惯型一样，这也是一种简单的购买行为。

三、消费者购买决策过程的主要步骤

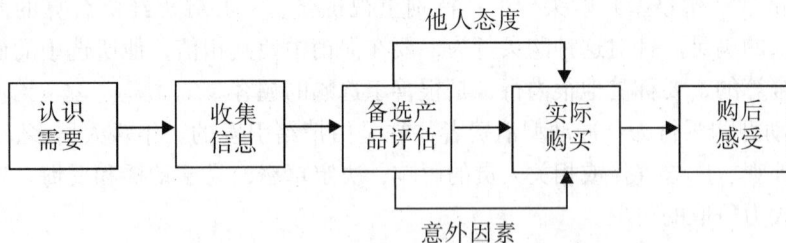

图 3-8　消费者购买决策过程的主要步骤

1. 认识需要

从理论上讲，需要的引起有两个方面的原因。一方面是内在的，是由生理所决定的，比如说肚子饿会产生对食物的需要，渴了会产生对水的需要，这些是由生理变化所决定的。这些方面，企业是改变不了的。引起需要的另一个原因是外在的刺激。比如一个人看到另一个人穿着非常漂亮得体的服装，这个外在的刺激会使这个人对这种服装产生了希望拥有的欲望。对企业来讲，就要通过适当的方式刺激顾客，使之了解、喜欢你的产品，并产生购买欲望。如加大宣传力度，以刺激顾客产生购买的欲望。

2. 收集信息

在市场营销中，经过研究，发现消费者购买决策的第二步是收集信息，所以营销者要了解目标消费者接受信息的通道。

消费者信息的来源有许多种，主要有四个方面：

（1）经验来源：通过对各种商品的触摸、查看、试验、使用等得来的信息。

（2）个人来源：包括家庭成员、亲朋好友、同事邻居等。

（3）公共来源：包括报纸、杂志、电视等。

（4）商业来源：产品介绍、营销人员介绍、商品展示等。

营销者了解了这些，在做广告宣传时，对广告媒体的选择也就有针对性了。比如说，如果是给出租车司机做宣传，那么他接受信息的主要通道可能就是交通台，他在收听路况信息的同时也就接受了其他信息，那么营销者在选择广告媒体时就应以交通台为主。

3. 备选产品评估

作为消费者，可能会从不同的渠道收集很多信息。消费者收集大量的信息之后要做什么？就是对这些信息进行分析，作出决策，这就是比较评估。

针对顾客的比较评估阶段，企业应该做些什么？在这个阶段，消费者需要大量的能够打动他的信息。那么，能够打动消费者的信息是什么呢？经过对众多竞争对手的产品的比较，消费者当然愿意接受那种性能和价格让他比较满意的产品，那种能给他带来更多利益的产品。所以，企业在宣传中，要注意突出自己产品的优点，尽量让顾客多了解自己产品的优点，方便消费者作出判断和选择。

4. 实际购买

只让消费者对某一品牌产生好感和购买意向是不够的，真正将购买意向转为购买行动，其间还会受到两个方面的影响：

（1）他人态度：消费者的购买意图，会因他人态度而增强或减弱。他人态度对消费意图影响力的强度，取决于他人态度的强弱及他与消费者的关系。一般说来，他人的态度越强、他与消费者的关系越密切，其影响就越大。例如，丈夫想买一大屏幕的彩色电视机，而妻子坚决反对，丈夫就极可能改变主意或放弃购买意图。

（2）意外因素：消费者购买意向的形成，总是与预期收入、预期价格和期望从产品中得到的好处等因素密切相关。但是当他欲采取购买行动时，发生了一些意外的情况，诸如因失业而减少收入，因产品涨价而无力购买，或者有其他更需要购买的东西等，这一切都将会使他改变或放弃原有的购买意图。

实际购买是消费者购买决策中的第四步。这个时候，企业应该注意，前期的工作尽管成功了，但在这个实际购买的阶段也一定要把握好，要做到热情接待、周到服务，让顾客在非常温馨的交易情景下接受你的商品。因为在这个实际购买的过程中，顾客依然可能作出否定购买的决策。因此，必须按照顾客接受的最佳状态、最佳时机来考虑接待方式。

5. 购后感受

实际购买的完成并不是企业营销行为的结束，作为企业，还要关心、了解消费者的购后感受，这是购买过程的最后一个步骤。

消费者购买商品后，通过自己的使用和他人的评价，会对自己购买的商品产生某种程度的满意或不满意。购买者对其购买活动的满意感（S）是其产品期望（E）和该产品可觉察性能（P）的函数，即 $S=f(E, P)$。若 $E=P$，则消费者会满意；若 $E>P$，则消费者不满意；若 $E<P$，则消费者会非常满意。消费者根据自己从卖主、朋友以及其他来源

所获得的信息来形成产品期望。如果卖主夸大其产品的优点，消费者将会感受到不能证实的期望。这种不能证实的期望会导致消费者的不满意感。E 与 P 之间的差距越大，消费者的不满意感也就越强烈。当他们感到十分不满意时，肯定不会再买这种产品，甚至有可能退货或劝阻他人购买这种产品。所以，卖主应使其产品真正体现出其可觉察性能，以便使购买者感到满意。事实上，那些有保留地宣传其产品优点的企业，反倒会使消费者产生高于期望值的满意感，从而树立起良好的产品形象和企业形象。

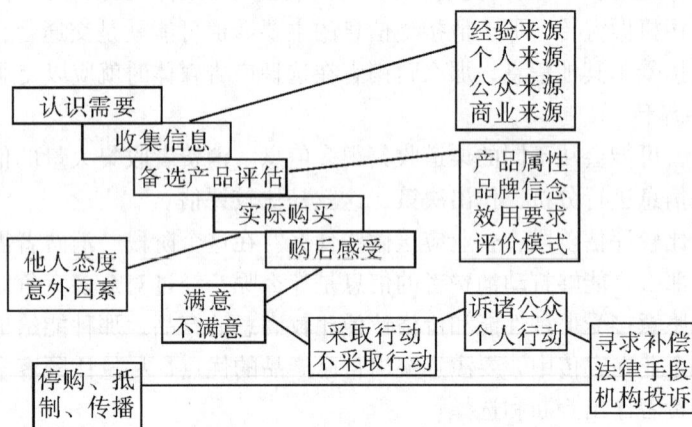

图 3-9　消费者购买决策过程

　　研究和了解消费者的需要及其购买过程，是市场营销成功的基础。市场营销人员通过了解购买者如何经历认识需要、收集信息、备选产品评估、实际购买和购后感受的全过程，就可以获得许多有助于满足消费者需要的有用线索；通过了解购买过程的各种参与者及其对购买行为的影响，就可以为其目标市场设计有效的市场营销计划。

　　企业既要追求近期感受，也要追求远期感受。如果顾客没有良好的近期感受，他可能买都不买；如果没有远期感受，他买完了之后也会后悔，甚至会做反面宣传。因此，要通过商品的质量，通过良好的售后服务体系的构建，来为顾客营造一种良好的、长期的购后感受。与此同时，也要通过良好的近期促销和恰当的促销手段，让顾客获得良好的近期感受，让顾客满意和理解，让顾客感到物有所值。

【知识要点】

　　1. 消费者的购买行为过程通常有倡议者、决策者、影响者、购买者、使用者五种角色。

　　2. 消费者类型多种多样。根据消费者性格分析划分为习惯型购买行为、理智型购买行为、经济型（价格型）购买行为、冲动型购买行为、想象型（感情型）购买行为和不定型购买行为。根据消费者行为的复杂程度和所购商品本身的差异划分可分为复杂型、和谐型、习惯型和多变型。

　　3. 消费者购买决策过程的主要步骤包括认识需要、收集信息、备选产品评估、实际购买和购后感受。

【活动一】 想方设法了解消费者的购后感受

要了解别人的想法总是不容易，尤其是消费者的购后想法。但办法总比困难多。"假如我们是某超市的经营者，我们用什么方法了解消费者的购后感受?"以小组为单位开展讨论，并把讨论结果记录下来，每组选派代表发表意见和想法。

表3-8 了解消费者购后感受的方法记录表

方法1	
方法2	
方法3	
方法4	
方法5	

【活动二】 评价他人的方法

下面是一个成功的了解消费者购后感受的案例。请评价他每一种方法的利弊。

★投诉和建议制度

以顾客为中心的组织为其顾客投诉和提建议提供方便。许多饭店和旅馆都备有不同的表格，请客人诉说他们的喜忧。有些顾客导向的公司，开设了800免费电话热线，增加了网站和电子信箱，以方便双向沟通。

利：＿＿＿＿＿＿＿＿＿＿＿＿＿＿＿＿＿＿＿＿＿＿＿＿＿＿＿＿＿＿＿

弊：＿＿＿＿＿＿＿＿＿＿＿＿＿＿＿＿＿＿＿＿＿＿＿＿＿＿＿＿＿＿＿

★顾客满意调查

研究表明，顾客每四次购买中会有一次不满意，而只有不足5%的不满意的顾客抱怨。大多数顾客会少买或转向其他供应商。所以，公司不能以抱怨水平来衡量顾客满意度。敏感的公司通过定期调查，直接测定顾客满意状况。

利：＿＿＿＿＿＿＿＿＿＿＿＿＿＿＿＿＿＿＿＿＿＿＿＿＿＿＿＿＿＿＿

弊：＿＿＿＿＿＿＿＿＿＿＿＿＿＿＿＿＿＿＿＿＿＿＿＿＿＿＿＿＿＿＿

★佯装购物者

公司可以雇一些人，装扮成潜在顾客，报告潜在购买者在购买本公司及其竞争者产品的过程中发现的优缺点。这些佯装购物者甚至可以故意提出一些问题，以测试公司的销售人员能否适当处理。

利：＿＿＿＿＿＿＿＿＿＿＿＿＿＿＿＿＿＿＿＿＿＿＿＿＿＿＿＿＿＿＿

弊：＿＿＿＿＿＿＿＿＿＿＿＿＿＿＿＿＿＿＿＿＿＿＿＿＿＿＿＿＿＿＿

★分析流失的顾客

对于那些已停止购买或转向另一个供应商的顾客，公司应该与他们接触，了解发生这种情况的原因。

利：＿＿＿＿＿＿＿＿＿＿＿＿＿＿＿＿＿＿＿＿＿＿＿＿＿＿＿＿＿＿＿

弊：＿＿＿＿＿＿＿＿＿＿＿＿＿＿＿＿＿＿＿＿＿＿＿＿＿＿＿＿＿＿＿

【思考与练习】

一、判断题

1. 消费者的需求总是一成不变的。（　　　）

2. 需求与需要的差异主要在于有无购买能力。（　　　）

3. 消费者的需求可以诱导。（　　　）

4. 顾客对某种产品从来不感兴趣或漠不关心，称为负需求。（　　　）

5. 在营销学上，把通过提高价格、减少促销和服务等方式使需求减少，称为"减缓营销"。（　　　）

6. 消费者经济状况较好，就可能产生较高层次的需求，购买较高档次的商品，享受较为高级的消费。相反，消费者经济状况较差，通常只能优先满足衣食住行等基本生活需求。（　　　）

7. 动机产生需要，消费者购买需求是消费者内在需要与外界刺激相结合使主体产生一种动力而形成的。（　　　）

8. 消费者已熟知商品特性和各主要品牌特点，并已形成品牌偏好，不需要寻找、收集有关信息，这类消费者称为和谐型消费者。（　　　）

9. 消费者的购买行为过程通常有倡议者、决策者、影响者、购买者、使用者五种角色，其中营销人员需要重点施加影响的是倡议者。（　　　）

10. "萝卜青菜，各有所爱"反映了消费者需求的多样性。（　　　）

二、选择题

1. 消费者需求是人类社会的原生需求，产业市场需求、中间商市场需求及政府市场需求是（　　　）。

A. 综合需求　　　　B. 派生需求　　　　C. 复杂需求　　　　D. 简单需求

2. 认为人的需要是有层次的，提出了"需要层次理论"，把人类的需要分为生理需要、安全需要、社交需要、尊重需要和自我实现需要五个层次，他的名字叫（　　　）。

A. 恩格尔　　　　B. 爱因斯坦　　　　C. 马克思　　　　D. 马斯洛

3. 消费者的"抢购"风潮，反映了消费需求的（　　　）特点。

A. 差异性　　　　B. 周期性　　　　C. 从众性　　　　D. 习惯性

4. 现有的产品或服务不能满足许多消费者的强烈需求，叫做（　　　）。

A. 无需求　　　　B. 负需求　　　　C. 有害需求　　　　D. 潜在需求

5. 消费者在购买商品时，注重商品的使用价值，讲究实惠、使用方便，不大强调商品的外观、花色和款式，这是（　　　）。

A. 求新动机　　　　B. 求廉动机　　　　C. 求美动机　　　　D. 求实动机

6. 具有这种购买动机的消费者，对名牌产品具有特殊的偏好，而对非名牌产品缺乏信任感。他们在选购产品时，很注重产品的名称、产地、销售地点，这是（　　　）。

A. 求新动机　　　　B. 求廉动机　　　　C. 求名动机　　　　D. 求实动机

7. 这种动机的顾客在购买商品时，十分忠诚自己的喜爱，比如对某类食品某种味道的偏好，对某商品品牌的忠诚等，这是（　　　）。

A. 偏好动机　　　　B. 求廉动机　　　　C. 求名动机　　　　D. 求实动机

8. 通常要经过一个认真考虑的过程，广泛收集各种有关信息，对可供选择的品牌反复评估，在此基础上建立起品牌信念，形成对各个品牌的态度，最后慎重地作出购买选择，这是( )消费者。

 A. 复杂型 B. 和谐型 C. 习惯型 D. 多变型

9. 特别重视价格，一心寻求经济合算的商品，并由此得到心理上的满足，这是( )购买行为。

 A. 经济型 B. 冲动型 C. 理智型 D. 想象型

10. 乔丹穿着耐克鞋驰骋在 NBA 球场上，使崇拜乔丹的球迷感觉到，穿上了耐克就离乔丹近了一步，这是( )购买行为。

 A. 想象型 B. 冲动型 C. 理智型 D. 习惯型

三、案例分析

（一）斑点苹果成奇货

有一年美国大量种植的苹果由于电、霜的交替，果皮上出现了斑痕点点，大大降低了销售量。

水果商布朗面对这种不可抗拒的天灾，关起门来，面壁苦思，终于发现了一线反败为胜的曙光。他在店门口竖立一巨大招牌。它证明：这些苹果都生长在寒冷的高山上，而唯有寒冷的高山，才能生产出这般香甜爽口、清脆多汁的苹果。请您来品尝这特殊口味的高山苹果吧！

布朗也把他的创意大量登在报上，竟然得到广大顾客的认同，不出几天就销售一空。斑点苹果遂成为独特美味苹果的代名词，有趣的是，有些果商还预约明年一定要买这种苹果呢！（摘自《海外营销趣闻》）

问题：

1. 布朗利用了推销对象（顾客）的哪种心理？

2. 布朗的成功给了我们哪些启示？

（二）中国绣花鞋畅销美国

据说，近些年来，在美国西部的一些城市风行一种以中国绣花鞋为生日礼物向女性长辈祝寿的活动，而且经久不衰，颇有风行之势。第一次用它做生日礼物的是一位名叫约翰·考必克的美国青年医师。当初，他在中国旅行，出于好奇心理将绣花鞋带回国，分别在母亲 60 岁寿辰、姑母 70 岁寿辰、外婆 80 岁寿辰的时候，各献上一双精美、漂亮的中国绣花鞋作为祝寿的礼品。没想到这三位长辈穿上这珍贵的"生日鞋"时，都感到非常舒服和惬意，他们称赞约翰·考必克为她们送来的是"长寿鞋"、"防老鞋"、"防跌鞋"。

此事不胫而走，美国西部各地的人们纷纷仿效，争相购买。于是，中国绣花鞋便神话般成为当地市场上的抢手货，绣花鞋上的花色图案，更是千姿百态，各显异彩。

现在，绣花鞋已似乎可以献给每一位女性。一些很小的孩子也常常在长辈的教诲下，将绣花鞋献给年轻的女性长辈。有一位 6 岁的美国小女孩，在她 17 岁的未婚姑姑生日时，送给姑姑一双绣花鞋，上面绣有 17 朵色彩不同的花。绣花的特殊意义，由此可见一斑。

问题：

1. 中国绣花鞋畅销美国，反映了顾客的何种需要？

2. 本案例中，顾客是在哪些动机驱使下采取购买行为的？

（三）如何把消费者的潜在需求转化为现实需求

孙先生夫妇是 40 岁左右的大学教师，现在月收入 5 000 元左右，目前一家三口住在 60 多平方米的两居室。最近他们想换一个大一点的房子，可又觉得房价太高，目前无力承受，因而一直犹豫不决。

问题：

如果你是一个房地产推销人员，你打算怎样说服他们成为你的客户？

话题四 我选择，我拥有

——市场细分与目标市场选择

【学习目标】

　　通过本章学习，掌握市场细分的概念，理解市场细分的理论依据和市场细分的作用，了解市场细分的标准，掌握市场有效细分的条件，了解细分的方法。掌握目标市场营销策略。理解市场定位的概念，掌握市场定位的依据和定位策略。

　　在营销环境分析的基础上，企业通过市场调研进一步掌握了市场需求和消费者的购买心理，接着是市场细分和目标市场选择。在买方市场的情况下，除了极个别的产品外，大多数产品对顾客而言，都有很多种的选择。同时，任何企业也不可能满足一种产品的所有市场需求，而只能满足其中一部分消费者的需要。企业要把"这一部分顾客"筛选出来，确定为自己的主攻市场即目标市场，并充分利用企业的资源，发挥企业优势，树立企业的特色，制定出有针对性的市场营销策略。

　　目标市场营销策略（即 STP 营销策略）是现代战略营销的核心，包括市场细分（Segmenting）、选择目标市场（Targeting）和定位（Positioning）三个环节。

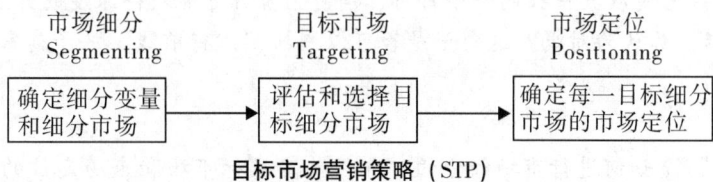

市场细分 Segmenting	目标市场 Targeting	市场定位 Positioning
确定细分变量 和细分市场	评估和选择目 标细分市场	确定每一目标细分 市场的市场定位

目标市场营销策略（STP）

任务一 市场细分

【案例】

　　你们知道位于广州烈士陵园地铁站的"流行前线"吗？去"流行前线"已经成为广州少男少女的一股时尚潮流。

　　"流行前线"营业面积 8 500 平方米，里面什么都有，时装店、奶茶店、精品店、网吧、书店、唱片铺、快餐店、金曲直播室、美容院、游戏机中心、手链作坊……这里的顾客也与别处不同，没有阿婆阿伯，没有大叔阿姨，进来的全是清一色十几二十岁的学生哥、白领族，以及染黄发、搭指甲，脚蹬"锐步"的新潮男女。

每逢周末假日，这些人便乘着地铁一车车地涌到"前线"，黑压压的人潮在场内打成了"死结"。

"麦当劳"全场爆满，付款排队，等座排队，上洗手间也排队。"快立克"开足马力，六七元一杯的台湾奶茶一天卖掉3 000多杯。某零食专卖店的龙须糖一天卖出200盒。某时装店一天做了8 000多元生意。"南梦宫"的游戏机日夜轰鸣，一次打机打掉一两千元的"发烧友"并不少见。地铁公司统计显示，由于"流行前线"的火爆，原本设计客流量并不大的烈士陵园站一跃成为仅次于体育西站、公园前站的第三大地铁站。

被认为已经榨干了的百货业市场，"前线"竟能挤出满满一大碗"汁"，这不能不在业界商家中引发一场"思维震荡"。

人们普遍将"前线"的火爆归功于地铁站那块风水宝地。而"前线"的大老板——海印集团总经理邵建明则强调，鲜明的市场目标才是"前线"成功的关键。

面面俱到，缺乏特色，什么人的生意都想做，什么人的生意都做不好，这是广州百货业的通病。"流行前线就不一样"，"流行前线"选择的目标顾客很明确。"流行前线"选择了哪一类目标顾客呢？它的经营抉择是什么？为什么"前线"不在地面而在地铁站？为什么"前线"要以手链、明星卡、塑料表这类低价高毛利商品为主？为什么"前线"的卖场设计得像个迷宫，让人难辨东西？

更要紧的是，有了特定的顾客，商店才有了个性，前卫、Update（时髦）、猎奇，"前线"商品的"性格"就如同它的买主。语音拨号手机、指甲贴、"联邦特工"的夜视镜、香水……这里的橱窗像个万花筒。王小姐想买一种在香港电视上见过的新款卡通袜，跑遍广州各大商场都没货，最后在"流行前线"才如愿以偿。"从那以后就上了瘾"，以后每周都要到"前线"几次，好像几天不去，就赶不上潮流。"流行前线"的忠诚顾客群，就是这样慢慢形成的。

"将有限的经营资源集中投向一个目标，消费力资源才能获得深度的开发。"一位零售业专家的这句话，你认为对吗？这句话是否可以概括"流行前线"给予商家的启示呢？

思考：
"流行前线"是如何进行市场细分的？如何确定目标市场和市场定位的？它的经营方式有哪些特色？

一、市场细分的概念

市场就是一块大蛋糕，每个企业就是想吃蛋糕的人，吃蛋糕前，根据不同的特点对蛋糕进行切割，可以分成奶油多的、水果多的、巧克力多的等等，切蛋糕的过程就是市场细分的过程。

市场细分是指营销者通过市场调研，依据消费者需要和欲望的差异，把某一产品的市场整体划分为若干消费者群体的市场分类过程。每一个消费者群体就是一个细分市场，每一个细分市场都是具有类似需求倾向的消费者构成的群体。

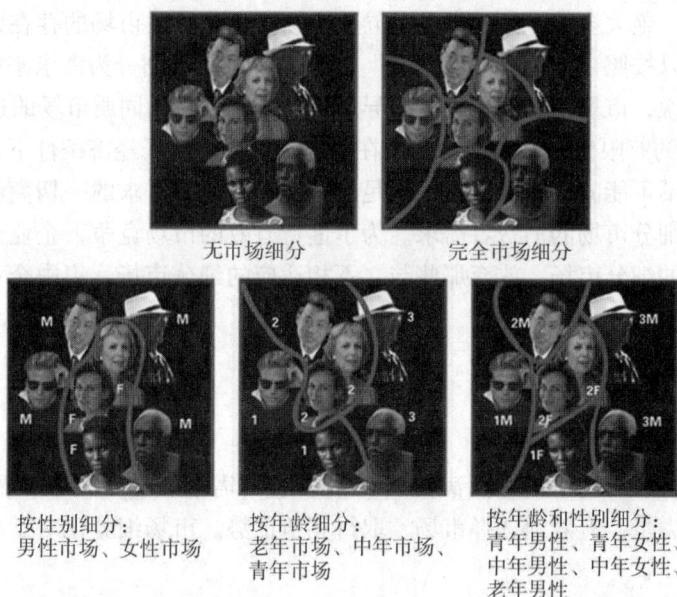

无市场细分　　　　完全市场细分

按性别细分：
男性市场、女性市场

按年龄细分：
老年市场、中年市场、
青年市场

按年龄和性别细分：
青年男性、青年女性、
中年男性、中年女性、
老年男性

图4-1　市场细分示意图

【案例】

台湾某口香糖企业在进行市场调查后发现，口香糖的消费者主要在以下场合需要口香糖：长途司机困倦时、社交场合时、运动员运动时，于是，他们针对不同场合的消费者，生产不同的口香糖，满足不同消费者的需要。

理解市场细分的概念，应把握以下要点：

（1）市场细分的实质是细分消费者的需求，而不是对自己的产品进行分类。企业进行市场细分，就是要发现不同消费者需求的差异性，然后把需求基本相同的消费者归为一类，以便更好地满足市场需求。

（2）市场细分的最终目的是为了选择和确定目标市场。在市场细分后，企业可以根据市场的需求和企业的优势，选择为之服务的细分市场，并运用各种可控因素，实现最优化组合，以达到企业市场战略目标。市场细分是目标市场营销策略的起点和基础，是企业市场营销策略的平台。

二、市场细分的客观基础

市场细分的客观基础是消费者需求的差异性和企业资源的有限性。

（1）消费者需求的差异性以及由此决定的购买者动机和购买行为的差异性是市场细分的前提条件。从消费者需求状况看，整体市场可分为同质市场和异质市场。同质市场是指消费者对某一产品的需求、购买行为、对企业市场营销组合策略的反应基本相同或相似的市场，如钢材市场、铝材市场等，只有少数产品的市场属于同质市场。异质市场是指消费者对某一产品的需求、购买行为、对市场营销组合的反应等存在差异的市场。如服装市场、化妆品市场等。绝大多数产品的市场是异质市场。正是异质市场的存在，使市场细分成为可能。企业可以按照"求大同，存小异"的原则，把市场划分为需求基本类似的子市场。从这个意义上说，市场细分就是把整体异质市场划分为小的同质市场的过程。

（2）企业资源的有限性是市场细分的内在要求。在现代市场经济条件下，企业受到资源有限性的限制，不可能向整体市场提供满足所有消费者所有需求的一切商品和服务，只能满足一个或几个细分市场的消费者需求。为了进行有效的市场竞争，企业必须选择与之相适应的有利可图的细分市场，放弃那些与之不相适应的细分市场，集中企业资源，实现企业市场营销目标。

三、市场细分的作用

在一般情况下，一个企业不可能满足所有消费者的需求，尤其是在激烈的市场竞争中，企业更应集中力量，有效地选择市场，取得竞争优势。市场细分化对于企业来讲，有以下作用：

（1）市场细分有利于发现市场机会。

如果不对市场进行细分，市场始终是一个"混沌的总体"，因为任何消费者都是集多种特征于一身的，而整个市场是所有消费者的总和，呈现高度复杂性。市场细分可以把市场丰富的内部结构一层层地抽象出来，发现其中的规律，使企业可以深入、全面地把握各类市场需求的特征。

另外，市场需求是已经出现在市场但尚未得到满足的购买力，在这些需求中有相当一部分是潜在需求，一般不易被发现。企业运用市场细分的手段往往可以了解消费者存在的需求和满足程度，从而寻找、发现市场机会。同时，企业通过分析和比较不同细分市场中竞争者的营销策略，选择那些需求尚未满意或满意程度不够，而竞争对手无力占领或不屑占领的细分市场作为自己的目标市场，结合自身条件制定出最佳的市场营销策略。

【案例】

美国天美时钟表公司在战前还是一个不大起眼的公司，因此，该公司极力想在美国市场上撕开一条口子，大干一番。当时，著名的钟表公司几乎是以生产名贵手表为目标，而且主要通过大百货商店、珠宝商店进行推销。但是，美国天美时钟表公司通过市场营销研究发现，市场还可进行划分，他们把市场上的购买者分为三类：第一类消费者希望能以尽量低的价格购买能计时的手表，他们追求的是低价位的实用品，这类消费者占23%；第二类消费者希望能以较高的价格购买计时准确、更耐用或式样好的手表。他们既重实用，又重美观，这类消费者占46%；第三类消费者想买名贵的手表，主要是作为礼物，他们占整个市场的31%。由此天美时企业发现，以往著名的钟表公司提供的产品仅是以第三类消费者为对象的。美国天美时钟表公司高兴地意识到，一个潜在的充满生机的大市场即在眼前。于是根据第一、二类消费者的需要，制造了一种叫做"天美时"的物美价廉的手表，一年内保修，而且利用新的销售渠道，广泛通过商店、超级市场、廉价商店、药房等各种类型的商店大力推销，结果很快提高了市场占有率，成为世界上最大的钟表公司之一。

（2）市场细分有利于企业制定营销组合策略。

市场营销组合策略是由产品策略、价格策略、促销策略、分销策略、权力营销策略、公共关系策略所组成的。企业通过市场细分确定自己所要满足的目标市场，找到自己资源条件和客观需求的最佳结合点，这有利于企业集中人力、物力、财力，有针对性地采取不同的营销策略，取得投入少、产出多的良好经济效益。如 A 食店是以脖子上挂着钥匙的小学生为主要对象，应树立的是"薄利多销，诚挚服务"的形象；B 大酒店是以来华经商的富豪、商家为主要对象，应树立的是"豪华排场，一流享受"的形象。企业的产品、价格、营销渠道及促销方式都必须围绕不同的形象来制定。

【案例】

前些年我国曾向欧美市场出口真丝花绸，消费者是上流社会的女性。由于我国外贸出口部门没有认真进行市场细分，没有掌握目标市场的需求特点，因而营销策略发生了较大失误：产品配色不协调，不柔和，未能赢得消费者的喜爱；低价策略与目标顾客的社会地位不相适应；销售渠道又选择了街角商店、杂货店，甚至跳蚤市场，大大降低了真丝花绸产品的"华贵"品位；广告宣传也流于一般。这个失败的营销个案，从反面说明了市场细分对于制定营销组合策略具有多么重要的作用。

（3）市场细分有利于提高企业的竞争力。

通过市场细分，企业可以更好地了解每一个细分市场上竞争者的优势和劣势，分析环境因素给行业带来的机会能否成为本企业的机会，企业在这个细分市场上只有有效开发和利用本企业的资源优势，把自己有效的资源优势集中到与自己优势相适应的某个市场上，这样企业才能形成优势，提高自身的竞争力。

【案例】

某公司出口日本的冻鸡原先主要面向消费者市场，以超级市场、专业食品商店为主要销售渠道。随着市场竞争的加剧，销售量呈下降趋势。为此，该公司对日本冻鸡市场作了进一步的调查分析，掌握了不同细分市场的需求特点。经调查发现购买者区分为三种类型：一是饮食业用户，二是团体用户，三是家庭主妇。这三个细分市场对冻鸡的品质、规格、包装和价格等要求不尽相同，比如，饮食业用户对冻鸡的品质要求较高，但对价格的敏感度低于零售市场的家庭主妇；家庭主妇则对冻鸡的品质、外观、包装均有较高的要求，还要求价格合理，购买时挑选性较强。根据这些特点，该公司重新选择了目标市场，以饮食业和团体用户为主要顾客，并据此调整了产品、销售渠道等营销组合策略，由此该公司出口量大幅度增长。

四、市场细分的要求

企业在进行市场细分时，一般来说，应把握住下面四个要求：

1. 要有明显特征

市场细分应使企业营销人员能够识别有相似需求的顾客群体，这些群体应有企业能分析的明显的特征和行为。

2. 企业可以接受

要根据企业的实力，量力而行。在进行细分时，企业应考虑划分出来的细分市场必须是企业有足够的能力去占领的子市场，在这个子市场上，能充分发挥企业的资源优势。

3. 企业有适当的赢利

在市场细分中，被企业选中的子市场还必须有一定的规模，即有充足的需求量，能够使企业有利可图，并实现预期利润目标。如果细分市场的规模过大，企业"吃不了，无法消化"，在竞争中处于弱势；如果规模过小，企业又"吃不饱"，现有的资源得不到最佳利用，利润都难以确保。因此，细分出的市场规模必须恰当，才能使企业得到合理的利润。

4. 市场要有发展潜力

市场细分应有相对的稳定性。因为，如果细分市场一旦被企业选定为目标市场，它给企业带来的利益不应仅仅是目前的，还必须能够给企业带来较长远的利益，所以，企业在进行市场细分时必须考虑市场未来发展是否有潜力。

五、市场细分的标准

企业要进行市场细分，首先就是要确定按照什么样的标准来进行细分。一般来说，凡是影响消费者需求的一切因素，都可以作为市场细分的依据。市场细分的标准必须能区分不同的需求。企业可以根据行业和自己的情况选择适当的因素作为标准（或变数）来对市场进行细分。

（一）消费者市场细分的标准

消费者市场的细分标准，因企业不同而各具特色，但是有一些标准是共同的，即地理因素、人口因素、心理因素及行为因素等四个方面，这四个方面又包括一系列的细分因素。

表 4 - 1　市场细分标准表

细分标准	具体因素
地理因素	地理气候、城市或乡村、交通运输
人口因素	年龄、性别、收入、教育、家庭人口、宗教、家庭生命周期、种族、国籍
心理因素	生活方式、个性、社会阶层
行为因素	追求利益、信赖程度、对销售因素敏感程度、使用情况

1. 地理因素

不同地理环境下的顾客，由于气候、生活习惯、经济水平等不同，对同一类产品往往会有不同的需求和偏好，以至于对企业的产品、价格、销售渠道及广告等营销措施的反应也常常存在差别。

表 4 - 2　地理因素细分表

地理因素	具体市场细分
地理区域	东北、华北、西北、华南、华东等
气候	南方、北方、热带、亚热带、寒带、温带等
人口密度	都市、城市、郊区、乡村、边远地区等
地形	山区、丘陵、平原

（1）消费者居住的地区。如我国的茶叶市场，南方消费者喜欢红茶和绿茶；华北、华东地区消费者喜欢花茶；而少数民族地区的消费者喜欢砖茶。再如食品，不同地区有不同的口味，所谓"南甜北咸东酸西辣"；南方以米饭为主食，北方以面食为主。

（2）地形气候。地形可分为山区、平原、丘陵；气候可分为热带、温带、寒带。如风扇市场，热带地区一室多扇，而寒带地区则可以常年不需风扇。

2. 人口因素

不同的年龄、性别、收入、职业、教育、宗教、种族或国籍的顾客，会有不同的价值观念、生活情趣、审美观念和消费方式，因而对同一类产品，必定会产生不同的消费需求。

表 4 - 3　人口因素细分表

人口因素	具体市场细分
年龄	婴儿、学龄前儿童、少年、青年、中年、老年等
性别	男、女
民族	汉、满、维、回、蒙、藏等
职业	职员、教师、科研人员、文艺工作者、企业管理人员、私营企业主、工人、离退休人员、学生、家庭主妇、失业者等
家庭收入（年）	高收入、中收入、低收入
家庭人口	1~2 人、3~4 人、5 人以上等
家庭生命周期	单身阶段、新婚阶段、满巢阶段（Ⅰ）（最小的小孩在 6 岁以下）、满巢阶段（Ⅱ）（最小的小孩在 6 岁以上）、满巢阶段（Ⅲ）（子女 18 岁以下）、空巢阶段（子女成年独立生活）、鳏寡阶段（老年单身）等
教育程度	小学程度以下、小学毕业程度、初中程度、高中程度、大学程度、研究生以上等
宗教	佛教、道教、基督教、天主教、伊斯兰教等
种族	白色人种、黑色人种、黄色人种、棕色人种等
国籍	中国人、美国人、英国人等

（1）年龄。人们在不同的年龄阶段，由于生理、心理等因素的不同，对商品的需求和

欲望有着很大的区别。如玩具市场，因年龄的不同，应有启蒙、智力、科技、消遣、装饰等功能不同的玩具。

【案例】

日本资生堂公司根据女性消费者的年龄，将化妆品市场分为四个子市场：

第一类：15～17 岁的女性。讲究打扮，追求时髦，但购买的化妆品价格便宜。

第二类：18～24 岁的女性。非常关心化妆品，对化妆品需求意识较强烈，需求种类较多。

第三类：25～34 岁的女性。多数已婚，化妆已成为日常习惯。只要中意，价格在所不惜。

第四类：35 岁以上的女性。习惯使用所喜爱的品牌，对化妆品需求比较单一。

（2）性别。男性和女性，在不少商品的使用上存在很大的区别。如服装市场、化妆品市场，一般可以按照性别的不同，分为女性市场和男性市场。

（3）收入。不同收入水平的顾客，在购买时对商品的要求也不同。高收入的顾客，对产品比较注重"质"的需求，购物场所习惯到百货公司和专卖店；低收入的顾客，则侧重"量"的需求，通常喜欢到廉价的货仓商场、超市及普通商店。但若以收入作为细分标准，不应忽视低收入群由于"补偿"心理或自身水平有限，也会购买高质量、高价格的产品。

（4）家庭生命周期。各家庭处在不同阶段会表现出不同的消费需求。如新婚阶段，消费者需要的是住房、家电等；而已婚且最小的孩子在 6 岁以上阶段，消费者更需要的是孩子学习用品，教育开支是整个家庭的最大支出。

（5）文化程度和职业。不同文化程度的人，他们的价值观、信念、习惯等存在较大的差异；不同职业特点的人们，购买行为上有很多差异。如工人、农民、教师、艺术家、干部、学生，对报纸、书刊的消费有明显的不同。

（6）民族。我国有 56 个民族，绝大多数民族都有自己特殊的消费习惯和爱好。

3. 心理因素

在地理环境和人口状态相同的条件下，消费者之间存在着截然不同的消费习惯和特点，这往往是由消费者的不同消费心理的差异所导致的。尤其是在比较富裕的社会中，顾客购物已不限于满足基本生活需要，还会有精神需求，因而消费心理对市场需求的影响更大。所以，消费心理也就成为市场细分的又一重要标准。

表 4-4　心理因素细分表

心理因素	具体市场细分
生活方式	平淡型、时髦型、知识型、名士型等
性格特征	外向型或内向型、理智型或冲动型、积极型或保守型、独立型或依赖型等
社会阶层	上上层、上下层、中上层、中下层、下上层、下下层等

（1）生活方式。生活方式是人们对消费、工作和娱乐的特定习惯。生活方式是人们生

活的格局和格调，表现在人们对活动、兴趣和思想的见解上，人们形成的生活方式不同，消费倾向也不一样。如深圳的高级白领很少去东门一带购物，就和他们的生活格调相关。

【案例】

美国有的服装企业，按生活方式把妇女分成三种类型：时髦型、男子气型、朴素型。时髦型妇女喜欢把自己打扮得华贵艳丽，引人注目；男子气型妇女喜欢打扮得超凡脱俗，卓尔不群；朴素型妇女购买服装讲求经济实惠，价格适中。公司根据不同类型妇女的不同偏好，有针对性地设计出不同风格的服装，使产品对各类消费者更具有吸引力。

（2）性格。人的性格一般分为内向与外向两种；追求独特与愿意依赖；乐观与悲观。不同性格的顾客对产品的要求不同。如对产品的色彩，内向的人比较喜欢冷色调，外向的人却喜欢暖色调；对产品的款式，追求独特的人喜欢标新立异，依赖的人却爱跟随大众。不少企业常常使用性格变量来细分市场，他们给自己的产品赋予品牌个性，以适合相应消费者个性。

【案例】
福特公司的"个性"细分市场

20世纪50年代末，福特与通用汽车公司就分别强调其个性的差异来促销。购买福特车的顾客有独立性、易冲动，有男子汉气概，敏于变革，有自信心；购买雪佛莱车的顾客保守、节俭、重名望，缺乏阳刚之气，恪守中庸之道。

4. 行为因素

行为因素是细分市场的重要标准，特别是在商品经济发达阶段和广大消费者的收入水平提高的条件下，这一细分标准越来越显示其重要地位。不过，这一标准比其他标准要复杂得多，而且也难掌握。

表4-5 行为因素细分表

行为因素	具体市场细分
购买时机与频率	日常购买、特别购买、节日购买、规则购买、不规则购买等
追求的利益	廉价、时髦、安全、刺激、新奇、豪华、健康等
使用者情况	从未使用者、曾经使用者、潜在使用者、初次使用者、经常使用者
使用率	很少使用者、中度使用者、大量使用者
品牌忠诚程度	完全忠诚者、适度忠诚者、低度忠诚者、无品牌忠诚者
态度	热情、肯定、无所谓、否定、敌视等

（1）购买时机与频率。即使是在地理环境、人口状态等条件相同的情况下，许多商品的购买和消费具有时间性。企业应将顾客对产品的需要、购买、使用的时机的认知作为市场细分的标准。如旅行社可为每年的几个公众长假提供专门的旅游线路和品种，为中小学

生每年的寒暑假提供专门的旅游服务。公共汽车公司根据上下班高峰期和非高峰期这一标准,把乘客市场一分为二,分别采取不同的营销策略。如在上下班高峰期加派客车,非高峰期减少客车,以降低成本,提高效益。

(2) 追求的利益。消费者购买商品所要追求的利益往往是各有侧重的,据此可以对同一市场进行细分。如钟表市场,购买手表的消费者追求的利益大致可以分为三类:一是追求价格低廉;二是侧重耐用性和产品的质量;三是注重产品品牌的声望。因此,生产钟表的企业,如果用追求的利益来细分市场,就必须了解消费者在购买某种产品时所寻求的主要利益是什么;了解寻求某种利益的消费者主要是哪些群体;了解市场上满足这种利益的有哪些品牌;哪种利益还没有得到满足。然后确定自己的产品应突出哪种特性。最大限度地吸引某一个消费者群。消费者购买商品最主要的目的,就是追求该商品能够给自己带来怎样的利益。不同的消费者群所追求的利益效用各不相同。

【案例】

美国学者 Haley 曾运用利益对牙膏市场进行细分而获得成功。他把牙膏需求者寻求的利益分为经济实惠、防治牙病、洁齿美容、口味清爽等四种。

表4-6　牙膏市场的利益细分

利益细分市场	人口统计特征	心理特征	行为特征	符合利益的品牌
经济实惠	男性	自主性强者	大量使用者	大减价的品牌
防治牙病	大家庭	忧虑保守者	大量使用者	品牌 A 和 B
洁齿美容	青年	爱好社交者	吸烟者	品牌 C
口味清爽	儿童	喜好享乐者	薄荷爱好者	品牌D 和 E

(3) 使用者情况。许多产品可以按照消费者对产品的使用情况进行分类。使用情况可以分为:"从未使用过"、"曾经使用过"、"准备使用"、"初次使用"、"经常使用"五种类型。对于不同的使用者情况,企业所施用的策略是不相同。一般而言,实力雄厚、市场占有率高的企业,特别注重吸引潜在购买者,通过他们的营销策略,把潜在购买者变为实际使用者。一些中小型的企业,主要是吸引现有的使用者,提高他们对产品的使用率和对品牌的信赖和忠诚;或让使用者从竞争者的品牌转向本企业的品牌。

(4) 品牌忠诚程度。消费者对企业和产品品牌的忠诚程度,也可以作为细分市场的依据,企业可以根据这一细分采取不同的营销对策(见表4-7)。

表4-7 顾客品牌忠诚程度细分表

品牌忠诚程度类型	购买特征	销售对策
专一品牌忠诚者	始终购买同一品牌	用俱乐部制等办法保持老顾客
多种品牌忠诚者	同时喜欢多种品牌，交替购买	分析竞争者的分布和竞争者的营销策略
转移忠诚者	不固定忠于某一品牌，一段时间忠于A，一段时间忠于B	了解营销工作的弱点
犹豫不定者	从来不忠于任何品牌	使用有力的促销手段吸引他们

（二）产业市场细分的标准

许多用来细分消费者市场的标准，同样可用于细分生产者市场。如根据地理、追求的利益和使用率等变量加以细分。不过，由于生产者与消费者在购买动机与行为上存在差别，所以，除了运用前述消费者市场细分标准外，还可用一些新的标准来细分生产者市场。

1. 用户规模

在生产者市场中，有的用户购买量很大，而另外一些用户购买量很小。以钢材市场为例，像建筑公司、造船公司、汽车制造公司对钢材需求量很大，动辄购买数万吨，而一些小的机械加工企业，一年的购买量也不过几吨或几十吨。企业应当根据用户规模大小来细分市场，并根据用户或客户规模的不同，企业的营销组合方案也应有所不同。比如，对于大客户，宜于直接联系、直接供应，在价格、信用等方面给予更多优惠；而对众多的小客户，则宜使产品进入商业渠道，由批发商或零售商去组织供应。

2. 产品的最终用途

产品的最终用途不同也是生产者市场细分标准之一。工业品用户购买产品，一般都是供再加工之用，对所购产品通常都有特定的要求。比如，同是钢材用户，有的需要圆钢，有的需要带钢；有的需要普通钢材，有的需要硅钢、钨钢或其他特种钢。企业此时可根据用户要求，将要求大体相同的用户集合成群，并据此设计出不同的营销组合策略。

3. 生产者的购买状况

根据生产者购买方式来细分市场。生产者购买的主要方式如前所述包括直接重购、修正重购及新任务购买。不同购买方式的采购程度、决策过程等不相同，因而企业可将整体市场细分为不同的小市场群。

六、市场细分的具体方法

按照选择市场细分标准的多少，市场细分可以有以下三种方法：

1. 单一变数法

单一普通数法是指只选择一个细分标准进行细分市场的方法。

例如：玩具市场，不同年龄的消费者对玩具的需求不同，可按年龄标准把市场细分为：1~3 岁玩具市场，4~5 岁玩具市场，6~7 岁玩具市场，8~12 岁玩具市场，12 岁以上玩具市场等几个细分市场。1~3 岁的玩具应该具有启蒙功能，而 12 岁以上的玩具应具有智力或科技功能。

2. 综合变数法

综合变数法是指只选择两个以上（少数几个）的细分标准进行细分市场的方法。

例如：某公司对家具市场的细分采用了三个标准（见表 4-8）。

表 4-8　某公司对家具市场的细分

细分标准	细分市场
户主年龄	65 岁以上、50~64 岁、35~49 岁、18~34 岁
家庭人口	1~2 人、3~4 人、5 人以上
收入水平	10 000 美元以下、10 000~15 000 美元、15 000 美元以上

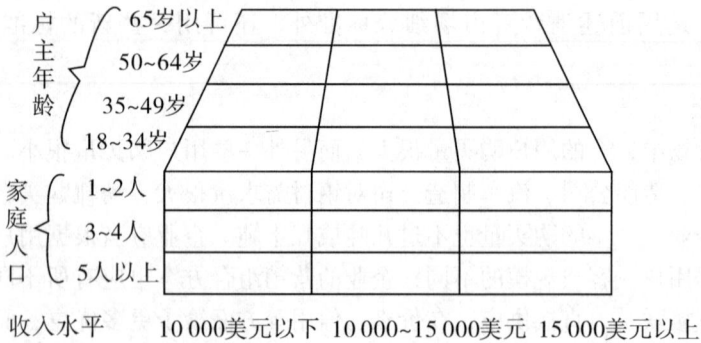

这样细分的结果，可将家具市场细分为 36 个细分市场。

3. 系列变数法（完全细分法）

系列变数法是指根据企业经营的需要，选择多个细分标准，由大到小，由粗到细进行系列细分市场的方法。

例如：某服装公司选择多标准对服装市场进行细分（见图 4-2）。

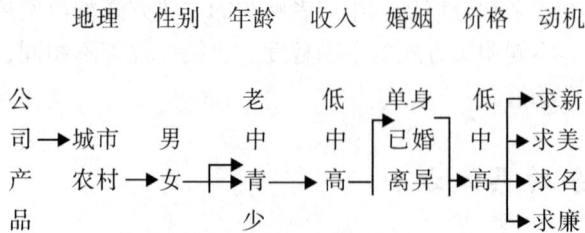

图 4-2　某服装公司对服装的市场细分

【知识要点】

目标市场营销策略就是企业在市场调查的基础上，识别不同消费群体的差别，有选择地确认若干个消费群体作为自己的目标市场，发挥自身优势，满足其需要。目标市场营销包括三个内容：市场细分（Segmenting）、目标市场选择（Targeting）、市场定位（Positioning），所以又被称为STP战略。

市场细分是20世纪50年代中期美国市场营销学家温德尔·史密斯（Wendell R. Smith）在总结西方企业市场营销实践经验的基础上提出的。主要有以下两个理论依据：其一，顾客需求的异质性；其二，企业有限的资源和为了进行有效的市场竞争。

所谓市场细分就是以顾客需求的某些特征或变量为依据，区分具有不同需求的顾客群体的过程。市场细分不是通过产品分类来细分市场的，它是按照顾客需求爱好的差别来细分市场的。

细分消费者市场所依据的因数很多，可归纳为四大类：地理因素、人口因素、心理因素和行为因素。生产者市场的细分因素主要有：用户规模、产品的最终用途和生产者的购买状况。

市场细分的方法有：单一变数法、综合变数法、系列变数法。

【活动一】　细分市场，选择合适的细分因素和细分方法

一、活动内容

选择合适的细分因素和细分方法，对以下市场进行市场细分：①皮鞋；②牙膏；③保健品；④图书；⑤彩电；⑥冬装；⑦手机；⑧饮料；⑨洗发水；⑩护肤品。

二、活动步骤与要求

1. 各小组成员抽签选择不同产品市场。

2. 各小组成员充分讨论并填写表格，选择合适的细分因素和细分方法。

3. 小组成员在小组分享自己填写的表格内容。

4. 组长根据交流讨论的结果，对细分因素和细分方法进行选择，并选派代表在全班交流分享。

5. 任课教师对各小组的分析结果作出评价和指导，并评选出优胜组。

表4-9　市场细分练习记录

问题	练习记录
市场名称	
选择的细分因素是什么（三个以上）	
细分出来的子市场有哪些	
拟采用哪种细分方法	

【活动二】为自己的模拟企业寻找市场机会

一、活动内容

各学习小组针对本组建立的模拟企业拟经营产品的特点，结合当前的市场特点，为自己的模拟企业进行市场细分，寻找市场机会。

二、活动步骤与要求

1. 小组成员运用市场细分原理，为本组模拟企业拟经营产品的市场进行细分，并从中选择市场机会，在小组交流讨论。

2. 各组组长根据本组成员讨论结果进行修订和完善，同时填写表格。

表4-10　市场机会练习记录

问题	练习记录
本企业产品的主要特点是什么	
与市场上同类产品相比较具有的优缺点是什么	
选择的市场细分因素是什么	
细分出的子市场有哪些	
从细分出的子市场中发现的市场机会是什么	

3. 各小组选派一名代表在全班交流分享讨论结果。

4. 任课教师对各小组的分析结果作出评价和指导，并评选出优胜组。

任务二　确定目标市场

【案例】

欧莱雅是全球化妆品集团的泰斗，在全球拥有44个工厂，88个分销渠道，并且连续17年始终保持两位数的增长。1996年欧莱雅进入中国，获得了巨大的成功，旗下许多品牌都在中国市场占据了领先位置。欧莱雅之所以有如此成功的业绩，归功于它的分阶层营销策略。欧莱雅在中国的品牌框架包括了高端、中端和低端三个部分。

塔尖部分：高端第一品牌是赫莲娜，无论从产品品质和价位都是旗下12个品牌中最高的，面对的消费群体的年龄也相应偏高，并具有很强的消费能力；第二品牌是兰蔻，它是全球最著名的高端化妆品牌之一，消费者年龄比赫莲娜年轻一些，也具有相当的消费能力；第三品牌是碧欧泉，它面对的是具有一定消费能力的年轻时尚消费者，欧莱雅集团希望把它塑造成大众消费者进入高端化妆品的敲门砖，价格也相对比赫莲娜和兰蔻低一些。这类高端产品主要在高档的百货商场销售。

塔中部分：中端品牌分为两大类：一类是美发产品，有卡诗和欧莱雅专业美发。卡诗在染发领域属于高档品牌，比欧莱雅专业美发高一些，它们的销售渠道都是发廊及专业美发店。还有一类是活性健康化妆品，有薇姿和理肤泉两个品牌，它们通过药房经销。欧莱雅率先把这种药房销售化妆品的理念引入了中国。

塔基部分：中国市场不同于欧美及日本市场，就在于中国市场很大而且非常多元化，消费梯度很多，尤其是塔基部分上的比例大。在大众市场，欧莱雅目前在中国一共有5个品牌。其中，巴黎欧莱雅是属于最高端的，它有护肤、彩妆、染发等产品，在全国500多个百货商场设有专柜，还在家乐福、沃尔玛等高档超市有售。欧莱雅的高档染发品已是目前中国高档染发品的第一品牌。第二品牌是羽西，羽西秉承"专为亚洲人的皮肤设计"的理念，作为一个主流品牌，在全国240多个城市的800家百货商场有售。第三品牌是美宝莲——来自美国的大众彩妆品牌，它在全球很多国家彩妆领域排名第一，在中国也毫不例外，目前已经进入了600个城市，有1.2万个柜台。第四品牌是卡尼尔，目前在中国主要是引进了染发产品，它相比欧莱雅更大众化一些，年轻时尚，在中国5 000多个销售点有售。第五品牌是小护士，它面对的是追求自然美的年轻消费者，市场认知度90%以上，目前在全国有28万个销售点，网点遍布了国内二、三级县市。

根据这个架构，欧莱雅以目标客户来选择销售渠道的策略，也就一目了然。例如，针对高端客户生产的兰蔻等产品，只有在高档的商店才可以买到；而走大众路线的美宝莲，则在普通商场及超市就可以买到。欧莱雅给美宝莲的定位是"国际化的品牌，平民化的价格，要让中国的消费者买得起，且便于购买"。

思考：

1. 请问欧莱雅集团是如何进行市场细分的？
2. 欧莱雅集团的目标市场营销策略是什么？有什么优缺点？
3. 为什么欧莱雅对每个细分市场不采取统一品牌，而是采取多品牌策略？

市场经过细分之后，摆在企业面前的是若干个细分市场，究竟哪个细分市场对本企业来说存在着市场机会，也即是哪个市场可以作为本企业的目标市场，企业可以集中自己有限的资源并发挥自己的优势为目标市场的消费者服务，同时也取得相应的经济回报。我们必须对细分市场进行分析和评价，确定本企业的目标市场。

一、目标市场的概念

目标市场是指企业准备用产品或服务以及相应的一套营销组合为之服务或从事经营活动的特定市场。目标市场可以是市场细分后的某一个细分市场，也可以是多个，甚至是所有的细分市场。

目标市场与市场细分、细分市场是有区别的，具体见表4-11。

表4-11　目标市场与市场细分、细分市场的区别

概念	区别
市场细分	是按一定的标准划分不同消费者群的过程
细分市场	是市场细分后所形成的一个个独立的消费者群
目标市场	是企业所选择的一个或几个不同的消费者群

二、评价细分市场

评价细分市场，必须确定一套具体的评价标准，评价标准主要可从细分市场本身的特性、市场结构的吸引力、本公司的目标及资源优势这些方面来考虑。

1. 细分市场本身的特性

（1）市场有没有"适当"的规模。"适当"的规模是个相对的概念，大企业一般重视销售量大的细分市场，小企业却经常会选择一些小的细分市场，但总的来说，根据企业自身的条件，衡量细分市场的规模是否值得去开发，即：开发这样的市场是否会由于规模过于小而不能给企业带来所期望的销售额和利润。

（2）市场有没有预期的发展前景。一个细分市场是否值得开发，除了应具备规模这一因素外，我们还要考察市场有没有相应的发展前景。发展前景通常是一种期望值，因为企业总是希望销售额和利润能不断上升。但要注意，竞争对手会迅速地抢占正在发展的细分市场，从而抑制本企业的盈利水平。

2. 细分市场的吸引力

有些细分市场虽然具备了企业所期望的规模和发展前景，但可能缺乏赢利能力。

3. 企业的目标和资源

某细分市场具有适合企业的规模、良好的发展前景和富有吸引力的结构，能否作为企业的目标市场，企业仍需结合自己的目标和资源进行考虑。

企业有时会放弃一些有吸引力的细分市场，因为它们不符合企业的长远目标。当细分市场符合企业的目标时，企业还必须考虑自己是否拥有足够的资源，能保证在细分市场上取得成功。即使具备了必要的能力，公司还需要发展自己的独特优势。只有当企业能够提供具有高价值的产品和服务时，才可以进入这个目标市场。

三、确定目标市场策略

企业通过对市场进行细分，发现一些潜在需求或未被满足的需求，并结合企业自身的目标和资源，分析竞争的情况，寻找到理想的市场机会，这就是目标市场的选择。企业决定选择哪些细分市场为目标市场，有三种目标策略可供选择。

1. 无差异性策略

无差异性策略是指企业把整体市场看作一个大的目标市场，不进行细分，用一种产品、统一的市场营销组合对待整体市场。在两种情况下，企业会采用无差异性策略：一是企业面对的市场是同质市场；二是企业把整个市场看成是一个无差异的整体，认定所有消费者对某种需求基本上是一样的。

企业采用无差异性策略时，实际上忽略了消费者需求之间存在的不明显的微小差异，或者企业认为没有必要进行细分。因此，企业只向市场投放单一的商品，设计一套营销组合策略，开展无差异性的营销活动。在大量生产、大量销售的产品导向时代，企业多数采用无差异性策略进行经营。又如食盐这种产品，消费者需求差异很小，企业认为没有细分的必要，可以采用大致相同的市场营销策略。

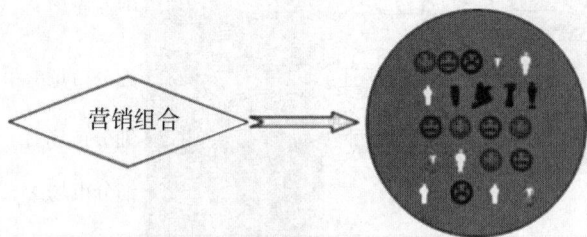

图 4 − 3 无差异性策略示意图

【案例】

可口可乐的早期目标市场策略

在 20 世纪 60 年代前的相当长一段时间内，可口可乐公司因拥有世界性的专利，仅生产一种口味、一种规格和包装的瓶装可口可乐，连广告词也只有一种。它所实施的就是无差异性市场战略，期望凭借一种可乐来满足所有消费者对饮料的需求。

采用无差异性策略的最大优点是成本低。大批量的生产销售，必然降低单位产品成本；无差异的广告宣传可以减少促销费用；不进行市场细分，相应减少了市场调研、产品研制与开发，以及制定多种市场营销策略、战术方案等带来的成本开支。

但这种策略也有其不足，首先，不能满足消费者的多种需求。因为市场上的消费者的需求是千差万别的，企业只有一种产品难以满足所有消费者的需求和欲望。其次，容易引起竞争的过度。一旦企业的这种产品销路好，能获得丰厚的利润时，必然招来许多竞争者。

正因如此，世界上一些曾长期采用这种策略的大企业也不得不改变策略，转而实行差异性策略。仍以美国可口可乐公司为例，由于软饮料竞争加剧，特别是"百事可乐"异军突起，打破了"可口可乐"垄断市场的局面，终于使得可口可乐公司放弃无差异性策略。

这一策略适用于产品初上市的情况，或产品获得专利权的情况，因为这样的场合没有竞争者或竞争者少。

2. 差异性策略

这是一种以市场细分为基础的目标市场营销策略。差异性策略是在市场细分后，从中选择两个以上乃至全部细分市场作为自己的目标市场，并针对不同的分市场，有选择性地提供不同的商品，制定不同的市场营销组合，分别进行有针对性的营销活动，以满足不同分市场的不同需求。

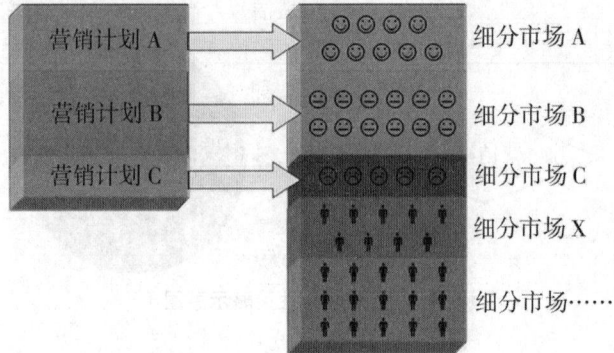

图 4 - 4　差异性策略示意图

采用差异性策略最大的优点是可以有针对性地满足不同特征顾客群的需求，提高产品的竞争能力。但是，由于产品品种、销售渠道、广告宣传的扩大化与多样化，市场营销费用也会大幅度增加。所以，无差异性策略的优势基本上成为差异性策略的劣势。同时，该策略在推动成本和销售额上升时，市场效益并不具有保证。

这一策略适应于市场规模大、实力雄厚的大企业，产品生命周期的成长期后期和成熟期。因为这一时期竞争者多，企业采取这一策略可以获取市场竞争优势，增强企业的竞争力。

3. 集中性策略

集中性营销，又称"密集性营销"，是指企业在市场细分的基础上，选择一个或几个很相似的细分市场作为目标市场，制订一套营销组合方案，实行专业化经营，以满足其中一个或几个市场的需要。主要是集中力量争取在这些分市场上占有大量份额，而不是在整个市场上占有一席之地（小份额）。

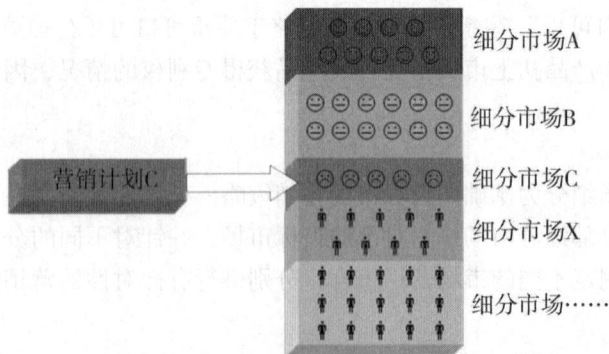

图 4 - 5　集中性策略示意图

由于企业认为自己的资源有限，企业应集中所有的力量在这一两个目标市场上，争取在这市场上获取较高的市场占有率，不断取得竞争优势，逐渐扩充自己实力。如广东省中山市小霸王电子工业公司，专门生产小学生用的电子学习机，使小霸王产品称雄于国内学习机市场。这种策略的优点是投资少、见效快。这种策略下因为企业只有一两个市场，资金的需要较少，同时由于这一两个市场是企业的命根，企业必然会竭尽全力对目标市场作深入的调查研究，及时收集顾客意见，及时反馈信息，及时按消费者的需求和欲望去改进产品，提供最佳服务，就能迅速产生销售效果。但由于企业只有这一两个市场，一旦市场发生变化，就会导致企业经营失利，使企业难以翻身，即风险大是这种策略的不足。

这一策略适应于资源薄弱的小型企业，或是处于产品生命周期衰退期的企业。

综上所述，以上三种营销策略之间是有明显差别的。总结如表4 – 12所示。

表4 – 12　目标市场策略的区分表

目标市场策略	区别	优缺点
无差异性策略	企业只推出一种产品，采用单一的市场营销组合手段，去吸引所有顾客的市场策略	优点：成本的经济性和竞争加剧 缺点：满足不了消费者的多样化需求
差异性策略	企业选择两个或两个以上的细分市场作为目标市场，分别设计不同的产品和营销方案	优点：可生产多种产品，更好地满足各个细分市场的需要 缺点：销售费用、销售成本增加，营销活动复杂化
集中性策略	企业选择一个或几个小市场作为目标市场，制订一套营销方案，集中力量争取在这些小市场上占有大份额	优点：可节省市场营销费用，增加盈利，有利于提高产品与企业的知名度 缺点：风险大，缺乏多样性，易受竞争的冲击

四、选择目标市场营销策略的依据

一般企业在选择营销策略时，主要有以下五个因素可作为综合考虑的依据。

1. 企业实力

企业实力主要是指企业的人力、财力、物力、技术能力、创新能力、竞争力、销售能力、应变能力、公关能力等等。如果企业实力雄厚，就可以采用差异性策略；反之，宜采用集中性营销策略。

2. 产品特点

生产同质性高的产品的企业，如原煤、原油、粮食等初级产品等，由于其差异较少，企业可用无差异性策略；生产同质性低的产品，如衣服、照相机、化妆品、汽车等，对于这类产品，消费者认为产品各个方面的差别较大，在购买时需要挑选比较，企业适宜采用差异性策略或集中性策略去满足不同消费者的需求。

3. 市场特点

如果各个细分市场的消费者对某种产品的需求和偏好基本一致，对市场营销刺激的反应也相似，则说明这市场是同质或相似的，这一产品的目标市场策略最好采用无差异性策略。如我国的电力，无论是北方市场或南方市场、城市市场或农村市场、沿海地区市场或内陆地区市场，其需求是一致的，都需要220V、50Hz的照明电，电力应采用无差异市场策略。如果各个细分市场的消费者对同种产品需求的差异性大，则这种产品的市场同质性低，应采用差异性策略。如洗衣机市场，城市消费者与农村消费者的需求不同，南方消费者与北方消费者的需求不同，高收入层与低收入层的需求也会不同，洗衣机应采用差异性策略。

4. 产品生命周期

产品处于生命周期的不同阶段，由于市场的环境发生变化，企业应采用不同的市场营销策略。在产品的导入期和成长期前期，由于没有或很少竞争对手，一般应采用无差异性策略；在成长期后期和成熟期，由于竞争对手多，企业应采取差异性策略，开拓新的市场。在衰退期，则可用集中性策略，集中企业有限的资源。

5. 竞争状况

首先应考虑竞争对手的数量。如果竞争对手的数目多，应采用差异性市场策略，发挥自己优势，提高竞争力；如果竞争对手少，则采用无差异性策略，去占领整体市场，增加产品的销售量。其次应考虑竞争对手采取的策略。如果竞争对手已积极进行市场细分，并已选用差异性策略时，企业应采用更有效的市场细分，并采用无差异性策略或集中性市场策略，寻找新的市场机会；如果竞争对手采用无差异性策略，企业可用差异性策略或集中性策略与之抗衡；如果竞争对手较弱，企业也可以实行无差异性策略。

总之，企业条件和市场条件是复杂的，竞争各方的情况也是多变的。因而，企业的决策者就要善于在分析对比和预计经济效益的基础上，作出目标市场营销策略的选择。

表4-13　影响目标市场策略选择因素表

抉择因素	因素细项	企业采用的目标市场营销策略
企业实力	资源雄厚	差异性策略
	资源短缺	无差异性策略或集中性策略
产品特点	同质产品	无差异性策略
	异质产品	差异性策略或集中性策略
市场特点	同质市场	无差异性策略
	异质市场	差异性策略或集中性策略
产品生命周期	导入期和成长期前期	无差异性策略或集中性策略
	成长期后期和成熟期	差异性策略
	衰退期	集中性策略
竞争状况	对手采用无差异性策略	集中性策略或差异性策略
	对手采用差异性策略	无差异性策略或集中性策略

【知识要点】

市场细分是为了选择目标市场，企业为了选择目标市场，必须对各细分市场进行评估，判断细分市场是否具备目标市场的基本条件有：①适当的市场规模和增长潜力；②有足够的市场吸引力；③符合企业的目标和资源。企业通过评估细分市场，将决定进入哪些细分市场即选择目标市场。

目标市场营销策略主要有三种：差异性营销策略、无差异性营销策略和集中性营销策略。企业选择不同的目标市场营销策略的主要依据是：①企业实力；②产品特点；③市场特点；④产品生命周期；⑤竞争状况。

【活动】为自己的模拟企业选定目标市场

一、活动内容

各小组针对本组建立的模拟企业拟经营产品的特点，结合所学内容在本项目中寻找市场机会，为自己的模拟企业选定目标市场，并修订营销方案。

二、活动步骤和要求

1. 小组成员运用目标市场原理，为本组模拟企业拟经营产品的市场选定目标市场，在小组交流讨论。

2. 各组组长根据本组成员讨论结果进行修订和完善，同时填写表格4-14。

表4-14　选定目标市场练习记录

问题	练习记录
从细分出的子市场中发现的市场机会是什么	
拟采用哪种目标市场策略，并说明理由	
选定的目标市场是什么	
根据目标市场特点，拟定营销组合，并写出要点	

3. 各小组选派一名代表在全班交流分享讨论结果。

4. 任课教师对各小组的分析结果作出评价和指导，并评选出优胜组。

任务三　目标市场定位

【案例】

香港银行的不同定位

在香港，金融业之兴旺发达，用"银行多过米铺"这句话来形容毫不过分。在这一弹丸之地，数千家各类银行散落在各个角落，竞争达到白热化程度。在这一狭小而竞争过度的市场空间中，如何才能站稳脚跟，并把自己手中的蛋糕愈做愈大，各银行使出浑身解数，走出了一条细分市场、利用定位策略、突出各自优势之路，使得香港的金融业呈现出一派百家争鸣、百花齐放的繁荣景象。

汇丰：定位于分行最多、实力最强、全港最大的银行。这是以自我为中心、实力展示式的诉求。20世纪90年代以来，为拉近与顾客的情感距离，它改变了定位策略。新的定位立足于"患难与共，伴同成长"，旨在与顾客建立同舟共济、共谋发展的亲密朋友关系。

　　恒生：定位于充满人情味的、服务态度最佳的银行。通过走感性路线赢得顾客心。突出服务这一卖点，也使它有别于其他银行。

　　渣打：定位于历史悠久的、安全可靠的英资银行。这一定位树立了渣打可信赖的"老大哥"形象，传达了让顾客放心的信息。

　　中国银行：定位于有强大后盾的中资银行。直接针对有民族情结、信赖中资的目标顾客群，同时暗示它能提供更多更新的服务。

　　廖创兴：定位在助你创业兴家的银行。以中小工商业者为目标对象，为他们排忧解难，赢得事业的成功。香港中小工商业者是一个很有潜力的市场。廖创兴敏锐地洞察到这一点，并切准他们的心理：想出人头地、大展宏图。据此，廖创兴银行将自身定位在专为这一目标顾客群服务，给予他们在其他大银行和专业银行所不能得到的支持和帮助，从而牢牢地占有了这一市场。

　　思考：
　　1. 为什么香港的各家银行分别选择了不同的定位？
　　2. 试评价上述各银行的定位。

　　渣打银行历史悠久，可谓香港金融界的"大哥大"，采取的是先入为主的定位策略，但它若一直以老大自居，无视竞争环境变化，不改变定位策略，其市场终有一天会被后来者蚕食；汇丰银行已意识到了这一点，在强调实力的同时，也强调情感定位，拉近与顾客的朋友伙伴关系；中国银行则在强调实力的同时，更注重加强民族感情，灌输这样一个概念：中国人应支持中国自己的银行；恒生银行不跟其他银行拼实力，而是抓住服务的空隙，强调以优质服务占领顾客的心；廖创兴银行虽小却自强，抓住中小工商业者这一空当大做文章，终于占有一席之地。

一、目标市场定位的概念

　　曾经有一张获奖的照片：整张照片上布满了挤得密密麻麻的牛，这上百只牛形体极其相似，唯有一只牛却异常引人注目，在其他的牛都低头觅食的时候，它却抬头回眸，瞪着一双大眼睛好奇地望着摄像机的镜头，神情有趣可爱。每个看到这张照片的人无不马上被那头牛吸引住目光，并对其留下难以磨灭的印象，而对其他牛则难以留下记忆。这说明了一个道理：有差异的、与众不同的事物才容易吸引人的注意力。在企业选定的目标市场上，往往会有其他企业的同类产品出现。因此，企业为了出奇制胜，就必须了解现有竞争者的实力、经营特色和市场地位等，从而确定本企业的产品或市场营销组合进入目标市场的相应的市场定位。

　　请同学们根据以下描述，写出产品名称：

　　真正的可乐、中国人自己的可乐、年青一代选择的可乐、非可乐、补充能量的饮料、味道有点甜的矿泉水、预防上火的饮料、喝前摇一摇的果汁。

　　答案：可口可乐、非常可乐、百事可乐、七喜汽水、红牛、农夫山泉、王老吉凉茶、农夫果园。这就是它们各自为了区别于市场上的其他产品为自己寻找的市场位置，即市场定位。

市场定位：企业根据所选定目标市场的竞争状况和自身条件，确定企业和产品在目标市场上特色、形象和位置的过程。

市场定位就是根据所选定目标市场上的竞争者产品所处的位置和企业自身条件，从各方面为企业和产品创造一定的特色，塑造并树立一定的市场形象，以求在目标顾客心目中形成一种特殊的偏爱。这种特色和形象可以通过产品实体方面体现出来，如形状、构造、成分等；也可以从消费者心理上反映出来，如舒服、典雅、豪华、朴素、时髦等；或者由两个方面共同作用而表现出来，如价廉、优质、服务周到、技术先进等。例如，佳洁士牙膏总是宣传它的防龋齿功能；奔驰汽车总是宣传自己良好的发动机性能。每种品牌都应突出一种属性，并使自己成为该属性方面的"第一"。

市场定位，实际上是在已有市场细分和目标市场选择的基础上深一层次的细分和选择，即从产品特征出发对目标市场进行进一步细分，进而在按消费者需求确定的目标市场内再选择企业的目标市场。企业需要将产品定位在目标市场消费者所偏爱的位置上，并通过一系列的营销活动向目标消费者传达这一定位信息，让消费者注意到这一品牌并感觉到它就是他们所需的，这才能真正占据消费者的心，使你所选定的目标市场真正成为你的市场。如果说市场细分和目标市场抉择是寻找"靶子"，那么市场定位就是将"箭"射向"靶子"。

市场定位是以产品为出发点的，是针对一种商品、一项服务、一家公司、一所机构、甚至一个人的⋯⋯但定位的对象不是产品，而是针对潜在顾客的思想。就是说，要为产品在潜在顾客的大脑中确定一个合适的位置。在通常情况下，现有产品在顾客心中都有一定的位置。例如，人们认为赫兹（Hertz）是世界上最大的汽车出租公司，可口可乐是世界上最大的饮料公司，苹果手机（iphone）是现在最时尚的手机。

市场定位主要指本企业产品在目标市场的地位，研究的是以怎样的姿态进入目标市场，所以又叫产品定位。同时，市场定位就是要设法建立一种竞争优势，所以，市场定位又叫竞争定位。

二、市场定位的策略

市场定位策略主要有避强定位策略、迎头定位策略和重新定位策略。企业使用上述基本策略时，应考虑企业自身资源、竞争对手的可能反应、市场的需求特征等因素。

1. 避强定位

这是一种避开强有力的竞争对手进行市场定位的模式，企业不与对手直接对抗，将自己置于某个市场"空隙"。当企业对竞争者的位置、消费者的实际需求和自己的产品属性等进行评估分析后，发现现有市场存在缝隙或者空白，这一缝隙或者空白有足够的消费者而作为一个潜在的区域而存在；并且企业发现自身的产品难以与对手正面匹敌，或者发现这一潜在区域比老区域更有潜力，在这种情况下可以发展目前市场上的特色产品，开拓新的市场领域。

【案例】

"洋"快餐为何能长驱直入广州城

广州素有"食在广州"之美誉，因而很多人并没料到洋快餐竟能在此大行其道。但只要分析洋快餐进攻广州之前餐饮市场定位图（见图4－6）就可知洋快餐的成功并非偶然。

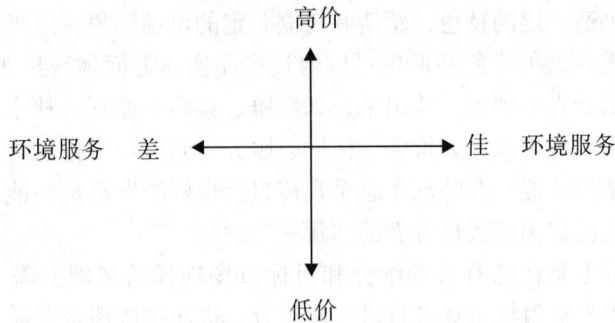

高价

环境服务　差　◄——————————►　佳　环境服务

低价

图4－6　广州餐饮市场定位图

图4－6的点主要集结在两个区域：一部分是环境、服务俱佳但价格不菲的部分是星罗棋布的高档酒楼；另一部分是低档价廉、遍布大街小巷的小食肆。由此反映出广州餐饮业主要分为两个类型：高档酒楼和低档的大排档，这两类型从业者之间的竞争相当的激烈，市场空隙甚少。虽然市场上众多饮食业竞争得不可开交，但从图上可以看出，环境、服务优良但价格适中的区域却是一片空白。若我们了解广州近年经济发展状况及市民对餐饮消费需求的变化，就很容易明白这片空白是大好机会所在。随着经济的发展，人们的收入有了很大的增长，对进餐的卫生条件、环境、服务、质量等方面的要求也提高了，因而低档小食肆已不能满足越来越多人的要求，特别是日益壮大的白领阶层，更是把在此类食肆进餐看作是有失身份的事，高档酒楼进餐只能偶然而为之，将其作为解决日常进餐问题的场所是不现实的。生活水准的提高，生活节奏的加快，都令中档快餐有着不可估量的市场潜力。洋快餐正是瞄准这一机会而进攻广州市场的。

这种定位的优点是：能够迅速在市场上站稳脚跟，并在消费者心中尽快树立起一定形象。由于这种定位方式市场风险较小，成功率较高，常常为多数企业所采用。例如，美国的 Aims 牌牙膏专门对准儿童市场这个空隙，因而能在 Crest（克蕾丝，"宝洁"公司出品）和 Colgate（高露洁）两大品牌统霸的世界牙膏市场上占有10%的市场份额。

2. 迎头定位

这是一种与在市场上居支配地位的竞争对手"对着干"的定位方式，即企业选择与竞争对手重合的市场位置，争取同样的目标顾客，彼此在产品、价格、分销、供给等方面少有差别。采用这一战略定位，企业必须比竞争对手具有明显的优势，应该了解自己是否拥有比竞争者更多的资源和更强的能力，必须提供优于对方的产品，使大多数消费者乐于接受本企业的产品，而不愿意接受竞争对手的产品。

【案例】

美国可口可乐与百事可乐是两家以生产销售碳酸型饮料为主的大型企业。可口可乐自

1886年创建以来，以其独特的味道扬名全球，"二战"后百事可乐采取了针锋相对的策略，"你是可乐，我也是可乐"，专门与可口可乐竞争，半个多世纪以来，这两家公司为争夺市场而展开了激烈竞争，而他们都以相互间的激烈竞争作为促进自身发展的动力及最好的广告宣传，百事可乐借机得到迅速发展。1988年，百事可乐荣登全美十大顶尖企业榜，成为可口可乐强有力的竞争对手。当大家对百事可乐——可口可乐之战兴趣盎然时，双方都是赢家，因为喝可乐的人越来越多，两家公司都获益匪浅。

实行迎头定位，企业必须做到知己知彼，力争比竞争对手做得更好。否则，迎头定位可能会成为一种非常危险的战术，将企业引入歧途。

3. 重新定位

重新定位通常是指对那些销路少、市场反应差的产品进行二次定位。初次定位后，随着时间的推移，新的竞争者进入市场，选择与本企业相近的市场位置，致使本企业原来的市场占有率下降；或者，由于顾客需求偏好发生转移，原来喜欢本企业产品的人转而喜欢其他企业的产品，因而市场对本企业产品的需求减少。在这些情况下，企业就需要对其产品进行重新定位。

【案例】

万宝路的重新定位

万宝路刚进入市场时，是以女性作为目标市场，它的口味也特意为女性消费者而设计：淡而柔和。它推出的口号是：像五月的天气一样温和。从产品的包装设计到广告宣传，万宝路都致力于目标消费者——女性烟民。然而，尽管当时美国吸烟人数年年都在上升，万宝路的销路却始终平平。20世纪40年代初，莫里斯公司被迫停止生产万宝路香烟。后来，广告大师李奥贝纳为该公司做广告策划时，作出一个重大的决定，万宝路的命运也随之发生了转折。李奥贝纳决定沿用万宝路品牌名对其进行重新定位。他将万宝路重新定位为男子汉香烟，并将其与最具男子汉气概的西部牛仔形象联系起来，吸引所有喜爱、欣赏和追求这种气概的消费者。通过这一重新定位，万宝路树立了自由、野性与冒险的形象，在众多的香烟品牌中脱颖而出。从20世纪80年代中期到现在，万宝路一直居世界各品牌香烟销量首位，成为全球香烟市场的领导品牌。

重新定位有时需要承担很大的风险，企业在作出重新定位决策时，一定要慎重。必须仔细分析原有定位需要改变的原因，重新认识市场，明确企业的优势，选择最具优势的定位，并通过传播不断强化新的定位。

三、市场定位的依据

每一种产品都需要一种定位策略，以期与目标市场进行沟通。市场定位的依据，主要有以下几种：

1. 根据产品属性定位

根据与产品有关的特点属性进行定位。产品属性包括：①制造产品时采用的原料、配方、技术、设备、环境条件；②产品的式样、规格、色彩、包装、质量（使用效果、耐用性能、可靠程度）、功能、价格；③与产品有关的产地历史、文化等要素。如品牌多如星数的洗发水市场上，海飞丝洗发水定位为去头屑的洗发水，这在当时是独树一帜，"头屑去无踪，秀发更出众"。因而海飞丝一推出就立即引起消费者的注意，并认定它不是普通的洗发水，而是具有去头屑功能的洗发水，当消费者需要解决头屑烦恼时，便自然第一个想到它。又如汽车市场上，各大汽车巨头的定位也各有特色，劳斯莱斯具有"货币的价值"的美誉，讲究的是豪华气派；丰田汽车侧重于经济可靠、物美价廉；沃尔沃汽车则具有结实耐用的特点。产品应强调一种属性，而这种属性往往是竞争对手没有顾及到的，这种定位方法比较容易收效。

2. 根据产品价格和质量定位

对于那些消费者对质量和价格比较关心的产品来说，选择在质量和价格上的定位也是突出本企业形象的好方法。按照这种方法，企业可以采用"优质高价"定位和"优质低价"定位。

【案例】

劳斯莱斯的优质高价定位

劳斯莱斯汽车是富豪生活的象征。90 多年来劳斯莱斯公司出产的劳斯莱斯豪华轿车总共才几十万辆，其昂贵的车价近 720 万美元。据说该车的许多部件都是手工制作，精益求精。出厂前要经过上万公里无故障测试。拥有这种车的顾客都具有以下特征：2/3 的人拥有自己的公司，或者是公司的合伙人；几乎每个人都有几处房产；每个人都拥有一辆以上的高级轿车；50% 的人有艺术收藏，40% 的人拥有游艇；平均年龄在 50 岁以上。可见，这些人买车并不是在买一种交通工具，而是在买一种豪华的标志。

3. 根据产品用途定位

企业根据产品的独特用途来进行定位。例如，"金嗓子喉宝"专门用来保护嗓子；"地奥"心血康专门用来治疗心脏疾病。

4. 根据顾客得到的利益定位

根据产品能给消费者带来的某种独特利益进行市场定位，以制造产品的差异性。产品提供给顾客的利益是顾客最能切实体验到的，定位时强调的是对使用者的利益，而不是具体的产品特性。

【案例】

1975 年，美国米勒（Miller）公司推出了一种低热量的"Lite"牌啤酒，将其定位为喝了不会发胖的啤酒，迎合了那些经常饮用啤酒而又担心发胖的人的需要。

P&G 公司的海飞丝洗发水所强调的产品利益是去头屑；潘婷洗发水所强调的是含有"维他命原 B5"，使头发更健康，加倍亮泽；飘柔洗发水所强调的是洗发护发二合一，令头发柔顺飘逸；沙宣洗发水针对短发设计，强调现代时尚。

5. 根据使用者定位

企业根据产品的不同使用者进行定位。企业常常试图把某些产品指引给适当的使用者或某个分市场，以便根据那个分市场的特点创建起恰当的形象。如各种品牌的香水，是针对各个不同分市场的，有的定位于雅致、富有、时髦的妇女；有的定位于生活方式活跃的年轻人。宝马定位于成功的时尚青年，享受驾驶的乐趣；而奔驰汽车定位于成功的中年男士，是地位和身份的象征。

6. 根据产品档次定位

产品档次包括低档、中档和高档，企业可根据自己的实际情况任选其一。例如意大利"卡地亚"时装，一件衬衣 1 900 美元；一套西装 9 800 美元；一根皮带 1 200 美元；一双皮鞋 2 300 美元。树立绝对高档名牌的服装的形象。家用汽车中定位于高档的有莱斯劳斯、奔驰、宝马等，定位于中档的有别克、本田、福特等，定位于低档的有夏利、奇瑞QQ 等。

7. 根据类别定位

依据产品的类别建立起品牌联想。类别定位力图在顾客心目中造成该品牌等同于某类产品的印象，以成为某类产品的代名词或领导品牌，当消费者有了某种特定需求时就会联想到该品牌。

【案例】

在饮料市场，"可口可乐"和"百事可乐"是市场的领导品牌，市场占有率极高，在消费者心目中的地位不可动摇。美国的"七喜"公司将其所产的柠檬饮料定位于"非可乐"，广告强调它与可乐类饮料不同，不含咖啡因，是替代可乐的清凉饮料。"非可乐"的定位使"七喜"处于与"可口"和"百事"对立的类别，成为可乐饮料之外的另一种选择。不仅避免了与两巨头的正面竞争，还巧妙地与两品牌挂钩，使自身处于和它们并列的地位。成功的类别定位使"七喜"在龙争虎斗的饮料市场中占据老三的位置。

8. 比附定位

比附定位就是攀附名牌，比拟名牌来给自己品牌定位。目的是借名牌之光来提升自己品牌的价值和知名度。甘居"第二"明确承认同类产品中另有最负盛名的品牌，自己只不过是第二而已。这种策略会给人留下一种谦虚诚恳的印象，相信其所说的是真实可靠的，因而记住了通常不易为人重视和熟记的序号。

【案例】

①美国埃维斯汽车出租公司（Avis）开展的"我们加倍努力"广告运动。它们的广告是："在租车业中，我们不过位居第二。那为什么还要租我们的车？因为我们更关注消费者的满意程度。"其实，当时的美国出租汽车公司除了 Hertz 这一巨人之外，其他公司是鱼目混珠，混作一团。但由于 Avis 采用了这样的比附定位策略，使得 Avis 从美国汽车出租业中脱颖而出，成为真正的第二大汽车出租公司。②奉行高级俱乐部策略强调自己是某个具有良好声誉的小团体的成员之一。如美国克莱斯勒公司就宣称自己是美国"三大汽车公司之一"。推出这个俱乐部的概念，一下子使自己和"巨头"们坐在一起了，很容易在顾

客心目中留下不灭的印象。

但值得引起重视的是：企业推出的差异不宜过多，否则会降低可信度，也影响了定位的明确性。定位时应注意以下问题：

（1）定位混乱。企业推出的差异过多、推出的主题太多、定位变化太频繁，使消费者对其产品或品牌只有一个混乱的印象，令人难以弄清其主要的功能及优点是什么。

（2）定位过度。企业过度鼓吹产品的功效或提供的利益，使消费者难以相信企业在产品特色、价格、功效和利益等方面的宣传，对定位的真实性产生怀疑。

（3）定位过宽。有些产品定位过宽，不能突出产品的差异性，使消费者难以真正了解产品，难以使该产品在消费者心目中树立鲜明的、独特的市场形象。

（4）定位过窄。有些产品或品牌本来可以适应更多的消费者的需要，但由于定位过窄，使消费者对其形象的认识也过于狭窄，因而不能成为企业产品的购买者。如中国的丝绸，在西方顾客心目中是一种上流社会消费的高价商品，但由于国内企业争相出口，不断压价，使其在国外市场上成为一种便宜货，致使许多人反而不买了。

【知识要点】

市场定位，也被称为产品定位或竞争性定位，是指根据竞争者现有产品在细分市场上所处的地位和顾客对产品某些属性的重视程度，塑造出本企业产品与众不同的鲜明个性或形象并传递给目标顾客，使该产品在细分市场上占有强有力的竞争位置。

市场定位策略主要有避强定位策略、迎头定位策略和重新定位策略。市场定位的依据主要有八种：根据产品属性定位、根据产品价格和质量定位、根据产品用途定位、根据顾客得到的利益定位、根据使用者定位、根据产品档次定位、根据类别定位和比附定位。企业在运用市场定位策略时要避免定位混乱、定位过度、定位过宽和定位过窄四种偏差。

【活动一】 为自己的模拟企业进行市场定位

一、活动内容

各小组针对本组建立的模拟企业拟经营产品的特点，结合所学内容为自己的模拟企业进行市场定位。

二、活动步骤和要求

1. 小组成员运用目标市场定位原理，为本组模拟企业拟经营产品进行市场定位，在小组交流讨论。

2. 各组组长根据本组成员讨论结果进行修订和完善，同时填写表格4-15。

表4-15　市场定位练习记录

问题	练习记录
本企业产品选定的目标市场是什么	
目标市场上主要的竞争产品有哪些	
目标市场上主要竞争产品是如何定位的	

（续上表）

问题	练习记录
采用避强定位策略如何为产品定位	
采用迎强定位策略如何为产品定位	
本企业产品的最终市场定位是什么，有什么理由	

3. 各小组选派一名代表在全班交流分享讨论结果。

4. 任课教师对各小组的分析结果作出评价和指导，并评选出优胜组。

【思考与练习】

一、单项选择题

1. 同一细分市场的顾客需求具有（   ）。

A. 绝对的共同性　　B. 较多的共同性　　C. 较少的共同性　　D. 较多的差异性

2. （   ）差异的存在是市场细分的客观依据。

A. 产品　　　　　　B. 价格　　　　　　C. 需求偏好　　　　D. 资源

3. 属于产业市场细分标准的是（   ）。

A. 职业　　　　　　B. 生活格调　　　　C. 收入　　　　　　D. 用户规模

4. 采用无差异性策略的最大优点是（   ）。

A. 市场占有率高　　B. 成本的经济性　　C. 市场适应性强　　D. 需求满足程度高

5. 集中性策略尤其适合于（   ）。

A. 跨国公司　　　　B. 大型企业　　　　C. 中型企业　　　　D. 小型企业

6. 手机、香烟等一般采用（   ）。

A. 无差异性策略　　　　　　　　　　　B. 差异性策略

C. 集中性策略　　　　　　　　　　　　D. 竞争性策略

7. 根据消费者对商品的忠诚程度来细分市场属于按（   ）的标准进行市场细分。

A. 人口因素　　　　　　　　　　　　　B. 经济因素

C. 心理因素　　　　　　　　　　　　　D. 购买行为

8. "金利来，男人的世界"能表达企业的（   ）观念。

A. 市场细分　　　　B. 市场定位　　　　C. 推销产品　　　　D. 树立企业形象

9. 作为麦当劳的竞争对手，肯德基的市场定位战略是（   ）。

A. 避强定位　　　　B. 迎头定位　　　　C. 竞争定位　　　　D. 重新定位

10. "客家娘酒，我们女人的酒"是根据（   ）来进行定位的。

A. 使用者　　　　　B. 产品特色　　　　C. 顾客利益　　　　D. 产品用途

二、多项选择题

1. 市场细分对企业营销具有以下利益（   ）。

A. 有利于发现市场机会　　　　　　　　B. 有利于节省成本费用

C. 有利于制定市场营销组合策略　　　　D. 有利于提高企业的竞争力

2. 细分消费者市场的标准有（   ）。

A. 地理因素　　　　B. 人口因素　　　　C. 心理因素　　　　D. 行业因素

3. 属于产业市场细分变量的有（　　　）。

A. 用户规模　　　　B. 产品的最终用途　C. 生产者的购买状况　D. 购买标准

4. 无差异性策略（　　　）。

A. 具有成本的经济性　　　　　　　　B. 不进行市场细分

C. 适用于绝大多数产品　　　　　　　D. 只强调需求共性

5. 市场定位的主要策略有（　　　）。

A. 产品定位　　　　B. 重新定位　　　　C. 避强定位　　　　D. 迎头定位

三、判断题

1. 在同类产品市场上，同一细分市场的顾客需求具有较多的共同性。（　　　）

2. 市场细分的实质是按产品的差异来细分市场。（　　　）

3. 市场细分对中小企业尤为重要。（　　　）

4. 生活方式属于行为细分因素。（　　　）

5. 信赖程度属于心理细分因素。（　　　）

6. 同质性产品适合采用集中性策略。（　　　）

7. 集中性策略适合资源薄弱的小企业。（　　　）

8. 与产品生命周期阶段相适应，新产品在引入阶段可采用无差异性策略。（　　　）

9. 市场定位与产品差异化无关。（　　　）

10. 市场定位就是决定企业的服务对象。（　　　）

话题五 我家姑娘一枝花

——产品策略

【知识目标】

通过本章的学习，使学生了解产品的整体概念、产品的生命周期理论，掌握产品组合策略、品牌策略、包装策略以及新产品的开发程序和策略。

【能力目标】

通过本章的学习，使学生能用产品整体概念及层次构成解释产品在营销中的实际问题。学会为产品策划品牌名称、品牌包装，学会为新产品市场推广编制策划方案。

任务一 认识产品和产品组合

【案例】

永远的芭比娃娃

1959年，美国马特尔公司创始人露丝·海德女士设计了一种能表达小女孩们理想愿望的3寸大的玩具娃娃，这个玩具娃娃被冠以与露丝·海德女儿相同的名字：芭比。

芭比可以说是全世界最受欢迎的洋娃娃，热销全球几十年，至今魅力不减：一个美国小姑娘平均有8~10个芭比娃娃，意大利小姑娘平均有7个，法国和德国小姑娘平均有5个；世界各国的小姑娘们都愿意向芭比娃娃倾吐自己心中的秘密。在世界140个国家中，几乎每秒钟就有3个芭比娃娃被售出；专为芭比娃娃缝制的鞋已经超过了10亿双；芭比娃娃的年营业额高达14亿美元。当年的马特尔玩具厂靠芭比娃娃成了全球最大的玩具公司之一，该公司的某些藏品现已身价数千美元。

近几十年来，芭比一路走来并不寂寞，她有男友肯尼、小妹妹凯莉和许多动物朋友，如小狗、猫、马、鹦鹉、驴子、黑猩猩、熊猫、狮子、长颈鹿、斑马等。1964年，小妹巧比首次出现，至今最新的版本是装扮成高中生模样。到目前为止，巧比可以说是芭比存在最久的妹妹！1966年，芭比的家庭出现了度蒂和陶德两个双胞胎弟弟妹妹及英国的表妹法蓝西，他们造型可爱，相当受欢迎！20世纪80年代中期，芭比又有一个表妹洁西来造访。1995年，妹妹凯莉首次出现，还有肯尼的弟弟小汤米也伴随上市。1999年，小妹妹克莉丝也加入芭比家族。2006年，公司推出最新珍藏款黄金天使芭比。

图 5 - 1　可爱的芭比娃娃

几十年来，芭比的朋友接二连三地出现，1964 年公司推出了芭比的第一个好朋友蜜琪，她虽然相貌平凡，但是身材和芭比一模一样，这让许多妈妈松了口气，不必为打理蜜琪的衣服而烦恼。她可以借芭比的衣服来穿！此外，蜜琪的男友艾伦也适时出现。芭比的英国友人史黛西和第一个黑人朋友克莉丝蒂陪她购物逛街。20 世纪 70 年代初期，马特尔公司又介绍了两位新朋友洁咪和史黛菲。到了 80 年代，芭比的圈子有了更多异国朋友，她有两个亚裔朋友，米可来自夏威夷，达那 1981 年上市，来自东方。另外一个拉丁裔的朋友泰瑞莎在 1987 年出现。90 年代的新朋友中，妮雪是从纽约来的黑人，玛莉来自法国，艾娜则是来自墨西哥的奥运游泳选手，崔儿喜是从英国一路弹唱到美国的民谣歌手，桃丽则是远从澳洲来的运动好手。2000 年，芭比又多了两位朋友，从东京来的电脑高手玛瑞和喜爱音乐的业余 DJ 伯朗尼。

另外，芭比娃娃有专属的造型师和知名服装设计师为其设计造型和服饰。每年设计师们都要为芭比设计许许多多的时尚服饰和配件，靓衣、太阳镜、项链、手袋、鞋子等应有尽有。为了使她生活得更舒适，她还有专属的卧室、客厅、浴室、厨房……里面有无数的小配件，随时为芭比和小朋友带来意外的惊喜。

20 世纪 80 年代，马特尔公司又推出了专为收藏和陈列设计的珍藏版芭比，美丽的脸部、精美的服饰和盒装掀起了芭比的收藏热，她们不仅得到了小朋友的热爱，也受到了成人收藏家的青睐。因此，当父母亲挑选芭比娃娃作为生日礼物或圣诞礼物送给自己心爱的女儿后，他们就会发现围绕着芭比娃娃，女儿有了没完没了的购买请求。

随着社会的变迁，芭比的交际圈还会不断有新朋友加入，借以反映时代的风貌。芭比邀请全世界的小女孩来体验快乐、时尚和友谊，激励她们并发挥她们的想象力和创造力。

思考：

1. 芭比娃娃能长销不衰的原因是什么？

2. 芭比娃娃产品的开发与推广对其他玩具娃娃的开发与推广有什么启示？

一、产品及产品整体概念

在现代市场营销学中，产品是指能提供给市场用于满足人们某种欲望和需要的任何事物，包括实物、服务、场所、组织、思想、创意等。可见，市场营销学中的产品是能够满足消费者需求，使其获得利益的一切有形的、无形的、物质的、精神的各种要素。

产品的概念是一个整体概念，应包括核心产品、形式产品、期望产品、延伸产品和潜在产品五个层次，它们之间的关系如图5－2所示。

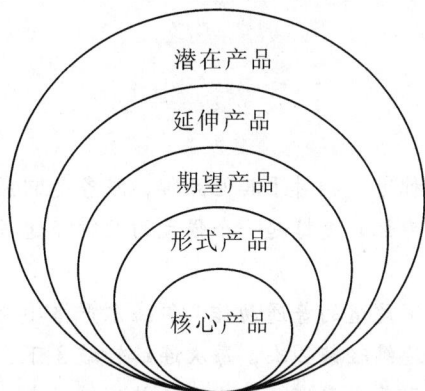

图5－2 产品概念的五个层次

1. 核心产品

核心产品即实质产品，是指顾客购买某种产品时所追求的基本利益。它是顾客真正要买的东西。消费者购买某种产品，目的就是为了获取核心产品、满足某种需要的效用或利益，并不是为了占有或获取产品本身，而是为了满足某种特定的需求。

例如，消费者购买车，主要是为了解决交通问题，满足人们快速行驶的需要，这就是汽车的核心产品，如果汽车不具备这一功能，也就失去了存在的价值。因此，企业营销人员的任务就是向顾客说明产品的核心利益和效用。

思考：
同学们使用的手机的核心产品是什么？

2. 形式产品

形式产品是指核心产品的载体，也叫形体产品，即向市场提供的实体和无形产品的形象。形式产品是通过产品的质量、款式、特色、品牌和包装等特征表现出来的。产品的基本效用必须通过某种具体形式才能得以实现，所以，市场营销人员在满足顾客所追求利益的同时，必须考虑形式产品的设计，以达到内外完美的统一。

例如，消费者购买汽车，除了要求汽车能快速行驶之外，还要求汽车有良好的安全性能、可靠的质量、精致的外观，同时还要是自己比较信赖的品牌，具备多种功能等。

思考：
同学们购买手机，除了要求能打电话、发短信之外，还会考虑哪些因素？或者说手机的形式产品是什么？

3. 期望产品

期望产品是指消费者在购买该产品时期望得到的与产品密切相关的一整套属性和条件。如旅游的客人期望得到合理的日程安排、卫生的饭菜、清洁的床位等服务。

思考：

同学们购买手机时，心目中的期望产品是什么？

4. 延伸产品

【案例】

海尔的服务一直为人所称道，相对于其他品牌，服务是它最大的优势。海尔是如何服务的？海尔的服务有什么魔力让它支撑起一个强大的品牌？通过敲门的描述我们就深深地体会到细节服务的力量。

敲门：虽然只是一个微不足道的普通动作，但海尔严格要求上门的服务工程师一丝不苟。海尔规定的标准动作为连续轻敲2次，每次连续轻敲3下，有门铃的要先按门铃。海尔要求服务工程师平时多练习养成习惯，防止连续敲不停或者敲的力量过大。

如果用户听不见，或因其他事情无法脱身或家中无人时，服务工程师就每隔30秒重复1次；5分钟后用户还不开门则电话联系，电话联系确认用户不在家后，服务工程师就在用户门上或显眼的地方贴上留言条，等用户回来后，主动与用户联系，同时通知服务中心。

延伸产品即附加产品，是指顾客购买企业产品时所获得的全部附加服务和附加利益。如提供信贷、免费送货、保证、售后服务、维修等。现代市场竞争不仅在于生产和销售什么产品，而且在于提供什么样的附加服务和利益。美国著名管理学家西奥多·李维特（Levitt）曾指出，新的竞争不在于工厂里制造出来的产品，而在于工厂外能否给产品加上包装、服务、广告、咨询、融资、送货、保管或顾客认为有价值的其他东西。

例如，消费者购买汽车，希望生产者或销售商为自己送货，为自己提供贷款，并有尽可能长的保修期等，这样才能使他买得放心，买得满意。

思考：

同学们购买手机时，除了核心产品和形式产品之外，还会受哪些因素的影响？

5. 潜在产品

潜在产品是指现有产品包括所有附加产品在内的可能发展成为未来最终产品的潜在状态的产品。该层次产品指出了现有产品的可能演变趋势和前景，如旅馆中开社交旅馆、书斋旅馆等。

思考：

同学们认为现有的手机还有哪些待开发的功能？

产品的五层次整体概念，清晰地体现了以顾客为中心的现代营销观念，因此，只有深刻理解了产品的整体概念，才能真正贯彻现代营销观念。

讨论题： 如此以知识换金钱可以么？

有心人会发现，大学校园里"代考"、"寻枪"的广告突然间多了起来。一位在校大学生举报，说有"枪手"公司公然在学校公告栏"招兵买马"……当记者带着这个问题与一些大学生聊天时，有同学就坦言有这样的经历，并且宣称：现在进入知识经济时代，为了钱去替别人考试也可以算是用自己的知识获得报酬，没什么不对，而且一个愿出钱，一个愿出力，何乐而不为呢？

二、产品的分类

在市场营销中要根据不同的产品制定不同的营销策略，制定科学有效的营销策略，就必须对产品进行分类。

1. 按产品的用途划分

可划分为消费品和工业品两大类。消费品是直接用于满足最终消费者生活需要的产品，工业品则由企业或组织购买后用于生产其他产品。消费品与工业品两者在购买目的、购买方式及购买数量等方面均有较大的差异。因此，对于这两类不同的产品，企业的营销策略必须进行区别对待。

2. 按消费品的使用时间长短划分

（1）耐用品。该类产品的最大特点在于使用时间长，且价格比较昂贵或者体积较大。所以，消费者在购买时都很谨慎，重视产品的质量以及品牌，对产品的附加利益要求较高。企业在生产此类产品时，应注重产品的质量、销售服务和销售保证等方面，同时选择有一定信誉的有名的大型零售商进行产品的销售。

（2）半耐用品。如大部分纺织品、服装、鞋帽、一般家具等。这类产品的特点在于能使用一般时间，因此，消费者不需经常购买，但购买时，对产品的适用性、样式、色彩、质量、价格等基本方面会进行有针对性的比较、挑选。

（3）非耐用品。其特点是一次性消耗或使用时间很短，因此，消费者需要经常购买且希望能方便及时地购买。这类产品企业应在人群集中、交通方便的地区设置零售网点。

3. 按产品之间的销售关系划分

（1）独立产品。即产品的销售不受其他产品销售的影响而影响。比如钢笔与手表、电视机与电冰箱等都互为独立产品。

（2）互补产品。即产品与相关产品的销售相互依存相互补充。一种产品销售的增加（或减少）就会引起相关产品销售的增加（或减少）。比如牙膏和牙刷、手电筒和电池都为互补产品。

（3）替代产品。即两种产品之间销售存在着竞争关系。也就是说一种产品销售量的增加会减少另外一种产品潜在的销售量。如苹果和香蕉、汽车和摩托车等都为替代产品。

思考：

个人购买电脑作为学习、娱乐之用，这台电脑是消费品还是工业品？如果一家企业购买电脑用于生产控制、日常办公、产品销售等，这台电脑是消费品还是工业品？

三、产品组合及其策略

【案例】

可口可乐公司和百事可乐公司的产品组合策略

可口可乐公司一改"给世界一罐可口可乐"的风格，正在向所有可饮用产品领域进军。由于可口可乐的旗舰产品难有再多的起色，公司不再将精力集中在充气苏打水上，而是致力于扩大饮料的品种。进入中国市场 20 年以来，可口可乐从推出单一品牌"可口可乐"，到拥有"雪碧"、"芬达"等国际品牌和"天与地"、"醒目"、"津美乐"等中国本土品牌，其发展非常迅猛。其三种主要产品可口可乐、雪碧、芬达的销售额分别约占公司总销售额的 20%、20%、10%。但可口可乐并没有实施多元化战略，因为可口可乐过去在发展饮料之余，也曾做过酒厂，开过种植场，甚至涉足电影业，但都遭遇了失败。因此可口可乐公司总部规定，公司可以涉足茶、减肥饮料、八宝粥在内的所有饮料行业，但不能搞多元化。专注于饮料业的可口可乐把主业做得精益求精。它在发展任何一种饮品的时候都可以利用原有的销售渠道，使新产品迅速打开市场，同时也大大节约了成本。

百事可乐公司是世界第二大软饮料生产商，公司生产的软饮料包括百事可乐、激浪、斯里塞等世界著名品牌。1980 年公司销售额 150 亿美元。百事可乐的国际开拓落后于可口可乐公司。百事可乐公司还涉足餐馆和小吃食品。1986 年百事可乐公司收购了肯德基，当年销售额在美国为 30 亿美元，在海外达 23 亿美元，遍布 57 个国家。1977 年百事可乐公司收购了必胜客，其年销售额达 33 亿美元，在国际餐馆业中发展迅速，已经进入 27 个国家。太坎贝尔 1986 年被百事可乐收购，它是美国最大的墨西哥食品快餐店，年销售额达 20 亿美元。美国的小吃食品包括糖果、薯片、甜饼和饼干，Frito - Lay 公司是行业主导者，其市场份额达 40%，1965 年百事可乐公司兼并了 Frito - Lay 公司，在 1989 年 Frito - Lay 公司成为其盈利最多的子公司，销售额和利润分别占到公司的 35% 和 40%。

思考：

分别分析可口可乐公司和百事可乐公司的产品组合的宽度、长度和关联度（密度）。你认为哪家公司的产品组合策略比较好？为什么？

现代企业为了满足目标市场的需要，扩大销售，分散风险，增加利润，往往生产经营多种产品。但是，企业所生产经营的产品并非多多益善，而是需要对产品组合进行认真的研究和选择。

（一）相关基本概念

【案例】

广州宝洁公司的产品组合

表5-1　宝洁公司产品组合示意表

	产品组合的宽度						
	洗发、护发	沐浴露	护肤用品	妇婴卫生用品	洗衣粉	个人清洁用品	食品
产品组合的长度	PANTENE 潘婷	舒肤佳	SK-II SK-II	护舒宝 护舒宝	碧浪	Crest 佳洁士	品客
	飘柔 飘柔	OLAY OLAY	OLAY OLAY	Pampers 帮宝适	Tide 汰渍	Gillette 吉列	
	海飞丝 海飞丝						
	VS 沙宣						

（1）产品组合。是指企业生产或销售的全部产品的各类产品项目组合，即企业的业务经营范围，它是由产品线和产品项目构成的。产品组合不恰当可能会造成产品的滞销积压，甚至引起企业亏损。表5-1所示的是广州宝洁公司的产品组合。

（2）产品线。又称产品系列或产品种类，是指在功能上、结构上密切相关，能够满足同类需求的一组产品。每条产品线内包含若干个产品项目。如表5-1所示广州宝洁公司的产品组合中洗发水、沐浴露、护肤用品等就是产品线。

（3）产品项目。是指一类产品中品牌、规格、式样、价格所不同的每一个具体产品。如表5-1中的潘婷、飘柔、海飞丝、沙宣等就是产品项目。

（4）产品组合的宽度。又称为产品组合的广度，指一个企业生产经营的产品系列的多少，即拥有产品线的多少。如广州宝洁公司的产品组合的宽度是7。

（5）产品组合的长度。是指产品组合中全部产品线中所包含的产品项目总和。如广州宝洁公司产品组合中一共有 15 个产品品种，也就是总长度为 15，那么产品线的平均长度就是总长度除以产品线数：15 / 7 = 2，这就是说，广州宝洁公司每条产品线上平均拥有 2 个品种。

（6）产品组合的深度。是指每条产品线中，每一产品所包含的不同花色、规格、尺码、型号、功能和配方等产品项目的数量。如广州宝洁公司的飘柔洗发水有 3 种规格，4 种功能，则飘柔洗发水的深度是 12。

（7）产品组合的关联性。指一个企业的各个产品线在最终使用、生产条件、分销渠道和其他方面相互关联的程度。产品组合的相近程度越大，其相关度也就越高；反之，则越低。如广州宝洁公司生产的洗发水、沐浴露、护肤用品、妇婴卫生用品、洗衣粉、个人清洁用品、食品等，产品组合的关联性较小。

（二）产品组合策略

1. 拓展产品组合

企业可以充分利用资源，发展优势，分散企业的市场风险，增强竞争力。拓展产品组合的渠道主要是扩大产品组合的宽度和加深产品组合的深度，即增加一条或多条生产线，拓宽产品经营领域和在原生产线的基础上增加新的产品项目。

但是一个品牌取得成功的过程，就是消费者对企业所塑造的这一品牌的特定功用、质量等特性产生的特定的心理定位的过程。企业把强势品牌延伸到和原市场不相容或者毫不相干的产品上时，就有悖于消费者的心理定位。这种不当的品牌延伸，不但没有什么成效，而且还会影响原有强势品牌在消费者心目中的特定心理定位，从而稀释原品牌资产。

【案例】

三九集团以"999"胃泰起家，品牌经营非常成功，后延伸至"999"啤酒，顾客顿感"莫名其妙"和"不伦不类"。

2. 缩减产品组合

与拓展产品组合策略相反，企业为了减少不必要的投资，降低成本，增加利润，必须发展一些获利较多的产品线和产品项目。该策略的主要特点是集中企业优势发展利好产品，降低成本，但这样也增加了企业的市场风险。

【案例】

20 世纪 70 年代，美国最大的生活日用品制造商强生公司针对老年人的发质特点，推出一种新型的洗发香波，然而没过多长时间，公司发现销售情况极为不佳，在有些地区甚至一瓶也未售出。为此，公司做了一次市场调查，结果发现中老年人都在试图掩藏他们的真实年龄而不愿购买一种会把自己定位在老年人圈子里的产品。对此，强生公司最后只好停止生产该产品，退出市场。

3. 产品延伸

产品线延伸策略。总体来看，每一企业的产品线只占所属行业整体范围的一部分，每一产品都有特定的市场定位。当一个企业把自己的产品线长度延伸超过现有范围时，我们称之为产品线延伸。产品线延伸具体有向下延伸、向上延伸和双向延伸三种实现方式。

（1）向下延伸。是在高档产品线中增加低档产品项目。如原来只生产高档车的奔驰，也开始了中档车的生产销售。实行这一决策的主要目的是：利用高档名牌产品的声誉，吸引购买力水平较低的顾客慕名购买此产品线中的廉价产品。实行这种策略也有一定的风险，如处理不慎，会影响企业原有产品特别是名牌产品的市场形象，而且也有可能激发更激烈的竞争对抗。

【案例】

美国"派克"钢笔以其质优价昂闻名于世，被誉为"钢笔之王"，然而该企业1982年上任的总经理为扩大销售额，决定进军低档笔市场，将"派克"品牌用在仅售3美元的低档笔上，结果品牌形象声誉大受影响，非但没有在低档笔市场上站住脚，高档市场也被竞争对手夺去很大一部分份额。

（2）向上延伸。是在原有的产品线内增加高档产品项目。如原来生产卡车的企业，在原有的基础上，也增加了对高级轿车的生产。实行这一策略需要具备以下重要任务之一：高档产品市场具有较大的潜在成长率和较高利润率的吸引；企业的技术设备和营销能力已具备加入高档产品市场的条件；企业要重新进行产品线定位。采用这一策略也要承担一定的风险，要改变产品在顾客心目中的地位是相当困难的，如果处理不慎，还会影响原有产品的市场声誉。

【案例】

河北"小洋人"起初的产品为酸奶饮料，主要面向三、四级消费市场。由于牛奶市场需求的快速增长，"小洋人"的产品线不再停留在含乳饮料上，而是积极向酸奶、功能性牛奶、UHT奶等方面扩展。

（3）双向延伸。即原定位于中档产品市场的企业掌握了市场优势以后，向产品线的上下两个方向延伸。如原来生产中档车的企业，同时增加了高档车和低档车的生产。

【案例】

哈尔滨某服装公司，前些年生产200元左右的低档西装，占领市场后又生产500元以上，甚至千元以上的西装，同时该公司还生产200元以下的低档西装，由于公司产品规格、品种、档次齐全，因此适应了市场的不同需要，销售势头一直看好，公司发展很快。

思考：

有些小百货商店在原来经营日用百货的基础上，现在开始经营收录机、电视机、微波炉等产品，这属于什么产品策略？这种策略合适吗？

【知识要点】

凡是提供给市场的、能满足消费者某种需要或欲望的任何有形体的实物或无形体的服务均为产品，而核心产品、形式产品、期望产品、延伸产品和潜在产品作为产品的五个层次是不可分割、紧密相连的，它们共同构成了产品整体概念。这一概念充分体现了以消费者为中心的现代营销观念的要求。

产品组合是指一个企业向市场提供的全部产品的构成。它是由产品线、产品项目构成的。产品组合策略的正确运用则是确保企业产品组合功能得到充分发挥的途径。

【活动一】为自己的模拟企业的产品进行层次结构设计

一、活动内容

各组针对本组建立的模拟企业拟经营的产品，进行层次结构设计，指出该产品的五个层次，并说明理由。

二、活动步骤和要求

1. 各小组运用整体产品原理为本组模拟企业拟经营的产品进行层次结构设计，并填写表格5－2。

表5－2　确定产品组合练习记录

设计要点	分析结果（要点）
核心产品	
形式产品	
期望产品	
延伸产品	
潜在产品	

2. 各组派代表在全班交流分享本组的设计。

3. 任课教师对各组的交流结果作出评价和指导，并评选出优胜组。

【活动二】对海尔产品组合进行市场调查

一、活动内容

通过调研，各小组统计出海尔产品项目并绘制出图表，指出其产品组合的宽度、长度、深度和关联性。

二、活动步骤和要求

1. 各小组对海尔产品进行市场调查后填写表5－3。

2. 每组派一名代表在全班交流分享调查结果。

3. 任课教师对各组的交流结果作出评价和指导，并评选出优胜组。

表5-3 海尔的产品组合表

产品线一	产品线二	产品线三	产品线四	产品线五

任务二 设计品牌和包装

【案例】

品牌营销助农夫山泉崛起

2000年左右，中国水市场竞争格局基本上已经成为定势。以娃哈哈、乐百氏为主导的全国性品牌基本上已经实现了对中国市场的瓜分与蚕食！同时，很多区域性品牌也在对水市场不断进行冲击，但是往往很难有重大突破。当时，比较有代表性的水产品有深圳景田太空水、广州怡宝、大峡谷等，还有一些处于高端的水品牌，如屈臣氏、康师傅等。但是，中国水市场竞争主导与主流位置并没有改变。正是在此时，海南养生堂开始进入水市场，农夫山泉的出现改变了中国水市场竞争格局，形成了中国水市场强劲的后起之秀品牌，并且，随着市场竞争加剧，农夫山泉在一定意义上逐渐取代了乐百氏成为中国市场第二大品牌，从而创造了弱势资源品牌打败强势资源品牌的著名战例。在具体的操作过程中，首先，农夫山泉买断了千岛湖50年水质独家开采权，在这期间，任何一家水企业都不可以使用千岛湖水进行水产品开发，农夫山泉不仅在瓶盖上创新，利用独特的开瓶声来塑造差异，而且打出"甜"的概念，"农夫山泉有点甜"成了差异化的卖点；其次，为了进一步获得发展和清理行业门户，农夫山泉宣称将不再生产纯净水，而仅仅生产更加健康、更加营养的农夫山泉天然水，并且做了"水仙花对比"实验，分别将三株植物放在纯净水、天然水与污染水之中，我们会发现，放在纯净水与污染水中的植物生长明显不如放在天然水中的生长速度，由此，农夫山泉得出一个结论，天然水才是营养水。其"天然水比纯净水健康"的观点通过学者、孩子之口不断传播，因而赢得了影响力。农夫山泉一气呵成，牢牢占据瓶装水市场前三甲的位置。

农夫山泉的成功，在于其策划与造势，一方面对卖点不断提炼，从瓶盖的开盖声音到有点甜，从有点甜到如今的pH值测试，宣称农夫山泉水的弱酸弱碱性；另一方面它善于炒作和造势，通过对比来形成差异，进而提升自己。

思考：

1. 农夫山泉的品牌是如何创出来的？

2. 从该案例中谈谈你的感受。

一、品牌与品牌策略

（一）品牌的概念和特征

1. 品牌的概念

品牌与商标都是产品整体观念的重要组成部分。品牌又称为产品的牌子，它是制造商或经销商加在产品上的标志，是指用来识别卖者的产品或劳动的名称、符号、象征、设计或它们的组合所构成，用来区别本企业与同行业其他企业同类产品的商业名称。

品牌是一个集合概念，它包含品牌名称、品牌标志等概念。

品牌名称：指品牌中可以用语言来称呼和表达的部分。如联想、海尔、长虹等。

品牌标志：指品牌中可被识别而不能用语言表达的特定标志。包括专门设计的符号、图案、色彩、文字等。如宝马中间的蓝白相间图案，代表蓝天、白云和旋转不停的螺旋桨，喻示宝马公司渊源悠久的历史，象征公司一贯的宗旨和目标：在广阔的时空中，以先进的精湛技术、最新的观念，满足顾客的最大愿望。

2. 商标的概念

商标是一个专门的法律术语，品牌或品牌的一部分在政府有关部门依法注册登记后，获得专用权，受到法律保护的，称为商标。经注册登记的商标有"R"标记或"注册商标"字样。

3. 商标的特征

（1）商标是商品或服务的标志。非商品上的图案、符号、标记都不是商标。

（2）商标是受到法律保护的产权标志，是经商标局核准注册而取得的特殊权利，具有独占性，不容他人或其他企业侵犯。

（3）商标是生产者或经营者的标志，区别于其他商品，它是企业声誉和评价的象征。

4. 商标与品牌的区别与联系

（1）两者的联系：商标的实质是品牌，两者都是产品的标记。

（2）区别：并非所有的品牌都是商标，品牌与商标可以相同也可以不同；商标必须办理注册登记，品牌则无须办理；商标是受法律保护的品牌，具有专门的使用权。

（二）品牌策略

企业如何合理地使用品牌，发挥品牌的积极作用。具体有以下策略：

1. 有品牌或无品牌策略

采用品牌对大部分产品来说可以起积极作用，但是并不是所有产品都必须采用品牌。

建立品牌必须付出相应的费用（包括设计费、制作费、注册登记费、广告费等），增加企业经营的总成本；而当品牌不受顾客欢迎时，企业还要承担相应风险。因此，如果有些产品使用品牌对促进销售的积极意义不大时也可以不使用品牌，而只注明产地或生产厂家名称。这样可以在很大程度上降低成本，有利于形成产品的价格竞争优势。

【案例】

无品牌在美国早在20世纪70年代就已经出现并被一些企业成功地运用，其中最著名的就是美国的两家大零售商"W－MART"和"K－MART"。另外，如今我们只要走进一家大型超市，就会发现数不胜数的"无品牌"商品。其实这些商品并不是没有任何品牌，而是没有生产商的品牌，只是零售商的品牌。这些都是"无品牌"商品，这些产品的特点是价格低廉，质量有保障，因此受到平民百姓的青睐。

2. 制造商品牌或经销商品牌策略

制造商品牌是指制造商为自己生产制造的产品设计的品牌。制造商是该品牌的所有者。像我们平常非常熟悉的一些品牌，如可口可乐、IBM等都是制造商品牌。

经销商品牌是经销商根据自身的需求，对市场的了解，结合企业发展需要创立的品牌。经销商品牌如"西尔斯"，百货店如"王府井"等。

3. 统一品牌或个别品牌策略

统一品牌，即企业对其全部产品使用同一个品牌。这种策略的优点是节省品牌的设计费用，有利于消除消费者的不信任感，壮大企业的声誉。但采用这种策略应注意以下几点：一是这种品牌在市场上已有较好的声誉；二是各种产品应具有相同的质量水平；三是产品属于同一细分市场，否则会造成损害企业的信誉和品牌的错位。

个别品牌策略是指企业对各种不同产品，分别采用不同的品牌营销策略。个别品牌策略是一个企业针对不同产品而采用的不同品牌的策略。个别品牌策略的优点在于：便于区分高、中、低档各类型产品，以适应市场上不同顾客的需求；使企业的声誉与众多产品品牌相联系，以提高企业整体的市场竞争中的安全感；每一种产品采用一个品牌，能激励企业内部各产品之间争创优质名牌的竞争；可以扩大企业的产品阵容，从而可提高企业的声誉。

【案例】

康师傅不同品类的产品使用的都是康师傅这个主品牌加产品品类或康师傅主品牌加产品副品牌的单一品牌策略。如康师傅主品牌加产品品类的有：康师傅冰红茶、冰绿茶等；康师傅主品牌加产品副品牌的有：康师傅"3＋2"，康师傅"鲜の每日C"，康师傅"食面八方"等。

4. 多重品牌策略

多重品牌策略指企业在同类产品中同时使用两种或两种以上品牌。这种策略可以给企业带来以下几方面的利益：①可以增加品牌的陈列面积，增加零售商对产品的依赖性；②可以吸引喜好新牌子的消费者；③使组织内部直接产生竞争，有利于提高企业的工作效率和管理准备效率；④可以满足不同的细分市场的需要，为提高总销售量创造条件。其存在的风险：使用的品牌量过多，导致每种产品的市场份额很小，使企业资源分散，而不能集中到少数几个获利水平较高的品牌。

【案例】

宝洁公司是多品牌战略成功的典范，其旗下小品牌数百个、独立大品牌 80 多个，产品覆盖洗发护发、美容护肤、个人清洁、妇女保健、婴儿护理、家居护理等诸多领域。宝洁旗下洗发水品牌有潘婷、海飞丝、飘柔、沙宣等；洗衣粉有汰渍、碧浪等；牙膏有佳洁士；香皂有舒肤佳；卫生贴有护舒宝；化妆品有 SK－Ⅱ、玉兰油、威娜、伊卡璐、妮维雅等；另外还有吉列、博朗、锋速 3、品客、金霸王等。目前，宝洁有 9 大类、16 个品牌进入中国大陆市场。

（三）品牌的命名和设计

一个好的品牌名称是品牌被消费者认知、接受、满意乃至忠诚的前提，品牌的名称在很大程度上影响品牌联想，并对产品的销售产生直接的影响。因此企业在一开始就要确定一个有利于传达品牌定位方向且利于传播的名称。尽管品牌命名没有固定的标准，但我们从国内外知名品牌的成功经验或有些品牌失败的教训中，可总结出品牌命名和设计的一些基本原则。

1. 易读、易记原则

易读、易记的品牌才能高效地发挥它的识别功能和传播功能。这就要企业和生产商家在为品牌取名时做到：

（1）简洁。名称单纯、简洁明快，易于传播。

（2）独特。名称应具备独特的个性，避免与其他品牌名称混淆。

（3）新颖。这是指名称要有新鲜感，赶时代潮流，创造新概念。如"动感地带"。

（4）响亮。这是指品牌名称要易于上口，难发音或音韵不好的字，都不宜作为品牌名称。

（5）高气魄。这是指品牌名称要有气魄，以及浓厚的感情色彩，给人以震撼感。

2. 暗示产品属性原则

品牌名称还应暗示产品某种性能和用途，品牌定位是确立品牌个性的谋略。

3. 启发品牌联想原则

品牌名称也应包含与产品或企业相关的寓意，让消费者能从中得到有关企业或产品的愉快联想，进而对品牌产生认知或偏好。

4. 与标志组合原则

品牌 LOGO（可识别部分）是指品牌中无法用语言表达但可被识别的部分，当品牌名称与标识物相得益彰、相映生辉时，品牌的整体效果会更加突出。

5. 适应市场环境原则

不同国家或地区消费者因民族文化、宗教信仰、风俗习惯、语言文字等的差异，使得消费者对同一品牌名称的认知和联想截然不同。因此品牌名称要适应目标市场的文化价值观念。在品牌全球化的趋势下，品牌名称应具有世界性。企业应特别注意目标市场的文化、宗教、风俗习惯及语言文字等特征，以免品牌名称在消费者中产生不利的联想。

6. 受法律保护原则

品牌名称受到法律保护是品牌被保护的根本。品牌名称的选定首先要考虑该品牌名称是否有侵权行为，查询是否已有相同或相近的品牌被注册，如果有，则必须重新命名；其次，要注意该品牌名称是否在允许注册的范围以内。有的品牌名称虽然不构成侵权行为，但仍无法注册，难以得到法律的有效保护。

【案例】

"金利来"品牌的由来

早年曾宪梓先生以制造领带起家，最初品牌命名为"金狮（GoldLion）"，怎么也打不开销路，曾先生很是纳闷：我的领带质地、款式都不比那些世界级知名品牌差，价格也不高，可为什么就是卖不出去呢？一日，亲友点拨：金狮，金狮，多不吉利，又尸又失的，这种领带谁还敢戴？

广东话里，"狮"与"尸"谐音；普通话里，"狮"与"失"谐音。后来曾宪梓先生保留了"金"字，又把英文 Lion 改为音译"利来"，遂销量猛增、销路大开，成就了今日之中国名牌：金利来。

二、包装与包装的作用

【案例】

早些年我国出口英国十八头莲花茶具，原包装是瓦楞纸盒，既不美观，又使人不知道里面装的是什么，结果茶具无人问津。但伦敦一家百货商店出售这些茶具时加制了一个精美的包装，上面印有茶具彩色图案，套在原包装外面，销价一下由我国出口价的 1.7 英镑提高到 8.99 英镑，消费者纷纷抢购。可见，良好的包装是一个沉默的推销员。

思考：

为什么说良好的包装是一个"沉默的推销员"？

（一）包装的概念

包装是指产品的容器或外部包装物，是产品策略的重要内容，有着识别、便利、美化、增值和促销等功能，是产品整体概念的重要组成部分。产品包装是一项技术性和艺术性很强的工作，通过对产品的包装可以达到多种效果。包装设计应适应消费者心理，显示产品的特色和风格，包装形状和大小应以便于运输、携带、保管和使用为宜。

（二）包装的作用

作为商品生产的最后一道工序和产品的外衣，包装的作用主要体现在以下几方面：

（1）保护商品。即保护商品质量安全和数量的完好无损，是商品包装的最原始、最基本的目的。商品在从生产领域向消费领域转移过程中，要经过多次运输和储存的环节。其中会出现震动、挤压、碰撞、日晒、变质等情况，造成一些不必要的损失。

（2）便于运输、携带和储存。产品的物质形态有气态、液态、固态、胶态等，它们的理化性也各异，有的可能是有毒、有腐蚀性的或易挥发、易燃、易爆物品。外形上可能有棱角、刃口等危及人身安全的形状，对商品进行合理的包装，可便于商品的运输，从而节省流通时间及降低运输费用。经过合理包装的产品，便于储存和点检，有利于仓库作业，合理堆砌，保护商品品质，同时便于计数，有利于管理。

（3）便于使用。适当的包装可以起到便于使用和指导消费者的作用。

（4）美化商品，促进销售。产品经过包装后，首先进入消费者视野的往往不是产品本身，而是包装。能否引起消费者的兴趣和激发购买动机，在一定程度上取决于产品的包装，因而包装就成了"无声推销员"。产品经过包装，尤其是加上装潢后，商品会更加美化，一个好的包装还可以增加产品的价值，引起或刺激消费者的兴趣，从而促进产品的销售。

（5）增强竞争力。不同产品采用不同包装，或同类产品不同厂家、不同品牌，采用不同的包装，可以使消费者易于识别。同时，通过产品包装，企业可以与竞争者的同类产品有所不同，不易仿制和伪造，有利于维护企业信誉，增强企业竞争力，提高经济效益。

（6）增收节支。首先，在运输过程中，包装能减少损坏、变质等情况，减少损耗，从而减少支出，增加利润；其次，在销售中，由于可以刺激消费者的消费，使销售量增加，进而也增加利润。

【趣味讨论】

成语"买椟还珠"是说：楚国有人到郑国卖珠宝，用上好的木料做了一只盒子，还给盒子熏上桂椒的芳香，缀上珠玉、翡翠，画上鲜艳的玫瑰。结果有人出高价买了盒子，而将盒子里的珍珠还给了卖珠宝的人。人们常用"买椟还珠"这个成语比喻那些舍本逐末、取舍失当的人。

请你运用市场营销学原理，谈谈你的看法。

三、包装的策略

（一）类似包装策略

类似包装，亦称产品线包装，即指企业所生产的各种不同产品，在包装上采用共同或相似的图案、形状或其他共同的特征，使消费者容易发现是同一家企业的产品。类似包装具有和采用统一品牌策略的好处，可以节省包装设计的成本，有利于提高企业的整体声誉，壮大企业声誉，特别是新产品进入市场时，采用此策略比较容易进入市场。如"益达"木糖醇不同口味产品都采用类似包装策略，但如果企业产品品质相差太大，就不宜采用这种策略。

（二）等级包装策略

即按照产品的价值、品质将商品分成若干等级，并采取不同的包装，使包装与产品的价值相称。比如优质包装与普通包装，豪华包装与简易包装等，有利于消费者辨别产品的档次差别和品质的优劣。该策略适用于产品相关性不大，产品档次、品质比较悬殊的企业，其优点是能实现产品的特点，并与产品质量协调一致；缺点是增加包装设计成本。

【案例】

杭州一家月饼生产企业，将月饼包装分为三个不同的等级，低档月饼只是用一张印有商标的纸将月饼裹成筒状，月饼价格低廉，便于一般消费者购买后拆去简易包装后就可直接食用；而中档的月饼包装是印刷精美盒装月饼并配有手提袋，也可作为走亲访友的馈送礼品；而高档月饼包装则是使用制作精致、印刷精美的金色衬垫，更显华贵，价格不菲，而有的消费者就冲着这种高档包装月饼前来购买，将其作为一种高级的节日礼品在消费市场已是十分普遍。采用较为灵活不同等级的包装，满足各层次消费者的需求，无疑能起着促销的作用。

（三）组合包装策略

指把使用时相互关联的多种商品纳入一个包装容器中，同时出售。比如家用药箱、针线包、工具包等。这种策略不仅有利于充分利用包装容器的空间，而且有利于同时满足同一消费者的多种需要，扩大销售。

（四）复用包装策略

指在原包装的产品使用完后，其包装物还可以作其他用途。这样可以利用消费者一物多用的心理，使他们得到额外的使用价值；同时，包装物在使用过程中，也可起到广告宣传的作用，诱发消费者购买或引起重复购买。如小型拎桶式洗衣粉包装，在洗衣粉使用完后，这种小型拎桶可以盛装其他物品，也可以当提桶使用。

（五）附赠品包装策略

指在商品包装物内附赠给购买者一定的物品或奖券。如广东汾煌食品厂生产儿童系列食品，每包内附赠一小塑料玩具，因此很受小朋友的喜爱。

（六）更换包装策略

指对原商品包装进行改进或更换，重新投入市场以吸引消费者；或者当原商品声誉不是太好，销售量下降时，通过更换包装，重塑形象，保持市场占有率的策略。重塑产品在消费者心中的形象，可以改变产品一些不良影响，但对于优质名牌产品，不宜采用这种策略。

【案例】

2007 年 9 月，百事（中国）投资有限公司宣布，将改变其标志性的"蓝色主义"，而换用代表中国的红色包装。据介绍，百事可乐的此次"换装"只会在中国市场推广，是"百事敢为中国红"等一系列支持中国队的活动。

【知识要点】

所谓品牌，就是生产经营者给本企业产品所规定的商业名称，它包括品牌名称和品牌标志。由于品牌在经营中具有十分重大的作用，因此，加强对品牌策略运用的研究分析就显得至关重要。品牌策略有有品牌或无品牌策略、制造商品牌或经销商品牌策略、统一品牌或个别品牌策略和多重品牌策略。品牌的设计也非常重要，在设计时要遵循易读、易记原则，暗示产品属性原则，启发品牌联想原则，与标志组合原则，适应市场环境原则和受法律保护原则。

人们把包装比喻为"沉默的推销员"就充分说明了包装在现代市场营销活动中的重要作用，产品包装已成为企业开展市场营销时，刺激消费需要、开展市场竞争的重要手段。因此，加强对包装策略运用的研究分析就显得至关重要。包装策略有类似包装、等级包装、组合包装、复用包装、附赠品包装和更换包装等策略。

【活动一】分析"可口可乐"成为知名商标的原因和包装设计的特点

一、活动内容

开展市场调研活动，收集可口可乐产品的各种包装，并分析其之所以成为知名商标的原因，其包装设计有什么特点？

二、活动步骤和要求

1. 各小组展开对可口可乐公司产品包装调查并收集相关资料。

2. 调查结束后统计出可口可乐公司产品的各种包装，进行分析找出受欢迎的原因后填写表 5－4。

3. 每组派一名代表在全班交流分享调查结果。

4. 任课教师对各组的交流结果作出评价和指导，并评选出优胜组。

表 5－4　可口可乐包装分析记录

包装	描述	特点
包装 1		
包装 2		
包装 3		
包装 4		
包装 5		

【活动二】为自己模拟的企业产品设计品牌

一、活动内容

各小组针对本组所模拟企业拟经营的产品特点，设计出品牌。

二、活动步骤和要求

1. 各小组展开对市场上销售的方便面进行调查。

2. 汇集每个同学的意见后进行设计并填写表5-5。

3. 每组派一名代表在全班交流分享调查结果。

4. 任课教师对各组的交流结果作出评价和指导，并评选出优胜组。

表5-5　产品品牌设计练习记录

策划要点	分析结果
产品特点	
品牌名称设计	
品牌标志设计	
品牌含义	

任务三　了解产品生命周期

【案例】

大班冰皮月饼产品生命周期管理

月饼是中秋佳节的传统食品，但近年来其主要用途已由家庭消费变为人情消费，成为中秋送礼之首选。高额的利润驱动着厂家拼命生产，结果每年月饼大战过后便是月饼过剩，造成巨大浪费。究其原因，在各式或豪华或精美的包装之下的这些月饼本身几无差异，试想如此众多的雷同产品一齐供应短暂的时令市场，怎能不造成积压呢？

一、市场环境

1993年香港月饼市场已不如从前那么具有吸引力，由于业内同行生产企业越来越多，而生产成本由于种种原因还在上升，同时产品的差异性越来越小，故整个市场竞争非常激烈。众多厂商纷纷以品牌或价格作为竞争的主要手段，有的甚至兼打两张牌进行促销。但"大班"决定采取不同的策略，推出全新的冰皮月饼，以差异化对抗同质化。

二、产品推广

开发新产品是有风险的，但大班制作冰皮月饼有其依据：市场调查的结果告诉他们，人们已经厌倦了月饼甜、腻的传统口味，转而渴望清爽、清淡的口感。大班冰皮月饼采用进口原料制作，未经烘制，故而毫不油腻，月饼的颜色也一反传统的金黄而呈清冷的白色。细看一个个月饼冰清玉洁、晶莹剔透，微微显出里边绿豆沙的馅——连这馅也是与众不同的！大班的冰皮月饼从里到外都与众不同，如新月般悄然出场。

对冰皮月饼这一概念的测试表明，人们愿意接受这一新产品，对月饼的独特颜色也不排斥，白色令人们联想更多的是"纯洁"而不是"不吉利"，无疑是对大班产品创新的肯定。在 1991 年和 1992 年两届香港食品博览会上，大班连续对其冰皮月饼进行市场测试，结果显示，该产品对 25~40 岁年龄阶段的人们更具吸引力，而他们正是中秋月饼的购买主力，这就大大鼓舞了大班。于是，大规模的市场推广活动在 1993 年全面展开。

大班冰皮月饼市场推广活动的营销目标有两个：在市场份额方面希望获得 5 个百分点的提高；在品牌方面期望形成联想，让消费者一想到冰皮月饼就想到大班，从而提升大班富于创新精神的品牌形象。

此次活动主要针对"潮流领先者"这一细分市场，鼓励他们尝试购买。产品生命周期理论告诉我们，这类人正是新产品引入期的主要消费群体，他们乐于接受新产品、新概念，愿意成为某种潮流的首创者，继而充当这方面的舆论领袖。只要这部分人接受、认可了冰皮月饼，他们的舆论领袖影响将会带来更多人的购买，礼品市场也会迅速跟进，从而实现打开市场的目的。

基于上述营销目标及目标市场的特点，大班制定并实施了如下营销策略：

产品：以与众不同的清爽口味为其定位，以精美包装衬其独特、高贵的形象。大班冰皮月饼的定位清晰、准确，针对潜在顾客的心理，牢牢把握他们对清淡口味的渴望，其独有的特点迅速深入人心。

价格：高价格通常意味着高质量。大班对其冰皮月饼采取了高出一般水平的定价，以与其高质量、高档次的形象相衬。作为一种意欲树立良好形象的高档产品，大班在产品设计、定价、包装、促销等各个环节都必须协调相衬，任何一方面的疏漏都可能破坏整体的理想效果。大班在这方面考虑得很周到，冰皮月饼高价高质量的形象在高档月饼中显得非常突出。

促销：配合高价策略，大班冰皮月饼采取了高水平促销。高价高促销有利于建立品牌偏好，同时亦向消费者说明该产品定价虽高，但物有所值。月饼是时令性产品，在竞争激烈的市场上推出高价位的新品种，就必须尽快实现市场渗透，高水平促销则有助于加快这种渗透进程。大班在该年的食品博览会以及大班的专卖店中提供免费品尝，对先期购买的顾客，则给予折扣，优惠售价每盒不到 100 元港币，尝过冰皮月饼美味的人们无不心动，纷纷解囊购买。

渠道：大班冰皮月饼只在大班专卖店中销售，不经过任何中间商。这种专卖的形式一方面有助于大班严格控制其服务水平，对产品销售进行有效管理；另一方面也再次体现了大班冰皮月饼的"高贵矜持"，非同一般的月饼。结果人们果然为觅"新月"慕名而来，又都满载而归。除零售之外，大班也不忘集团消费是另一块巨大的市场，他们特别指定了30家机构，专门服务于团体购买。大班冰皮月饼尽量吸引人们的购买力，却不失"新月"优雅的风度。毕竟，冰皮月饼不是哪儿都能买到的。

广告：大班冰皮月饼的电视广告颇具新意，虽然少不了反映传统的一面，但整体风格显得轻松、有朝气、充满活力。电台的广告也秉承这一特色，并强化这种风格。此外，广泛散发的产品宣传册和传单也不断传达着冰皮月饼独具特色的信息。

三、活动成效

大班以全新的冰皮月饼上市，精心策划的推广活动得以准确施行而大获成功。清爽味淡的冰皮月饼在市场上大受欢迎，简直供不应求，在中秋节前几天就销售一空，销售收入超过预期50%，业内戏称大班冰皮月饼的成功为"新月传奇"。

思考：

1. 分析大班冰皮月饼所处的行业生命周期阶段及其特点。
2. 全面评价大班冰皮月饼从产品导入期迅速进入成长期的成功之处。
3. 进入成长期的大班冰皮月饼的营销策略应作哪些调整？

一、产品市场生命周期的含义

所谓产品生命周期，就是指产品从试制成功、投放市场开始，直到被市场淘汰退出市场的全过程。它是指产品在市场上的存在时间，存在时间的长短受消费者需求变化、产品更新换代的速度等多种因素的影响。产品市场生命与产品的使用寿命概念不同，市场营销学所研究的是产品市场生命周期。

产品一般的生命周期主要经历四个阶段，即导入期、成长期、成熟期、衰退期。如图5-3所示。

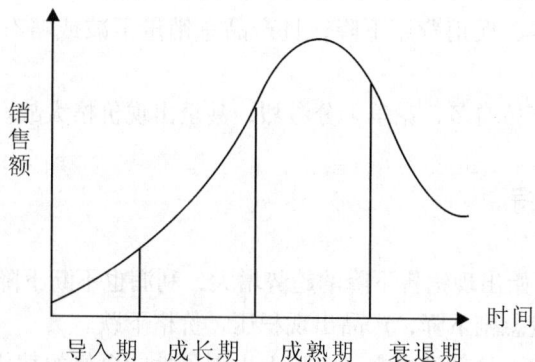

图5-3　产品市场生命周期示意图

二、产品市场生命周期各阶段特点

（一）导入期的特点

导入期是指产品引入市场，销售缓慢成长的时期。在这一阶段因为产品引入市场所支付的巨额费用，企业几乎没有利润，甚至有较大的亏损。其特点是：

（1）消费者对产品不理解。

（2）广告费用和其他营销费用开支大。

（3）尚未建立理想的营销渠道，还没有高效率的分销模式，价格也难以确定。

（4）产品技术、性能不够完善。

（5）竞争者一般不在此时加入竞争，同行竞争少，垄断市场的可能性较大。

（二）成长期的特点

成长期是产品进入市场以后销售额快速上升阶段，是产品经营的黄金时期。其特点是：

（1）消费者对产品已经比较熟悉，消费的欲望逐渐增加，销售量增加很快。

（2）建立了比较理想的营销渠道，市场价格趋于下降和稳定。

（3）产品技术性能逐步完善，单位产品成本下降，利润增加，促销费用水平稳定。

（4）大规模的生产和丰厚的利润，吸引了大批竞争者纷纷介入，竞争比较激烈。

（三）成熟期的特点

成熟期是指产品已被大多数的潜在购买者所接受，销售增长缓慢，在这个时期企业可以获得稳定的利润。其特点是：

（1）产品销售量虽然有所增长，但增长率常呈递减趋势。

（2）由于生产成本、促销费用下降，且产品总销量不减或略有下降，使企业利润丰厚、稳定。

（3）市场上同类产品增多，竞争十分激烈，甚至出现价格大战。

（四）衰退期的特点

衰退期是指产品开始出现销售下降的趋势增大，利润也不断下降。其特点是：

（1）产品销售总量急剧下降，产品出现积压，价格下跌。

（2）产品的弱点和不足已经显露，市场上出现了性能更好的替代品。

（3）竞争者相继退出市场。

（4）经过成熟期的竞争，产品价格已降至最低水平。

表5-6　产品生命周期特点总结

	导入期	成长期	成熟期	衰退期
销售量	低	剧增	最大	衰退
销售速度	缓慢	快速	减慢	负增长
成本	高	一般	低	下跌
价格	高	回落	稳定	回升
利润	亏损	提升	最大	减少
顾客	创新者	早期使用者	中间多数	落伍者
竞争	很少	增多	稳中有降	减少
营销目标	建立知名度，鼓励试用	最大限度地占有市场	保护市场，争取最大利润	压缩开支，榨取最后价值

三、产品市场生命周期各阶段的营销策略

（一）导入期的营销策略

对进入导入期的产品，企业总的策略思想应该是迅速扩大销售量，提高赢利，缩短导入期，尽量更快地进入成长期。其主要策略有以下几种：

（1）促销活动的重点是向消费者宣传介绍产品的性能、用途、质量，使消费者尝试使用新产品。

（2）价格上可采取低价渗透策略，迅速扩大销售量占有一定的市场，以及高价撤脂策略提高赢利。

（3）根据市场具体情况，把促销与价格组合运用和选择相应的策略：①迅速掠取策略指以高价格和高促销水平推出新产品的策略。②缓慢掠取策略指高价格和低促销水平推出新产品的策略。③迅速渗透策略指用低价格和高促销水平推出新产品的策略。④缓慢渗透策略指用低价格和低促销水平推出新产品的策略。

【案例】

哈药六厂在导入期的大投入广告战略

在2000年所有的广告类型中，药品广告丰富多彩，而"盖中盖"口服溶液的群星广告尤为引人注目。在这一年中，哈药集团投入11亿元广告费，取得了80亿元的销售佳绩，获利达2 000万元。而在2001年，哈药集团又投入5个亿的公益广告费用，约占全年广告费用的一半。

哈药集团采取的广告宣传策略犹如一磅定时炸弹，在市场营销领域和广告实务界产生

了巨大反响。有人惊呼这简直是近乎疯狂的举动,一次商业的冒险行为,"秦池"、"爱多"迅速崛起也迅速消亡就是很好的教训。尽管哈药集团老总刘存周一再表示,这是他们品牌战略的一部分,但是这一非常举动也确实留给人们更多的思考空间。

目前,中国的保健品市场竞争达到白热化程度,各种名目繁多的保健药品充斥着整个市场,大有中国的老百姓都缺钙、缺锌之势,都需要来补一补,这种推销"概念"的方式也确实产生了比较大的冲击波。一时间,巨人脑白金、巨能钙、盖中盖、葡萄糖三精口服液等各个厂家为了扩大市场份额,击败自己的竞争对手,都使出浑身解数,不亚于当年"群雄逐鹿中原"。作为哈药主打产品之一的"盖中盖"口服溶液如何打响自己的品牌,在保健品市场中独占鳌头已经很迫切的摆在面前。他们最后得出结论,在产品的导入期采用异乎寻常的广告宣传策略,以最快的速度使产品达到高峰,打一场漂亮的市场闪电战。这一策略确实在当时使得其他厂家无法招架,中国的老百姓也很快便知道"盖中盖"品牌。哈药的广告宣传出手不凡,它的成功之处在于以下三个方面的原因:

(1)产品导入期广告的大投入。哈药集团全年的广告投放高达11亿元,这在当今的中国很难找到第二例。一些成功的例子都说明了要打响一个品牌,没有高额的广告投放做后盾是很难实现的。

(2)利用消费者对大腕明星的崇拜及情感认同心理。他们请出濮存昕、巩俐、丛姗等在观众心目中颇有好感的影视明星拍广告,以期提升产品的知名度。

(3)巧用媒介时间,地毯式轮番轰炸。哈药在电视频道的各时间段,主要是黄金段推出他们的明星广告片,使得消费者无处遁逃,从而提高产品注目率。

(二)成长期的营销策略

产品进入该时期,其销售额和利润都呈现出迅速增长的势头,故企业的策略思想尽可能延长成长期时间,并保持旺销的活力,其主要策略有以下几方面:

(1)为适应市场需求,集中企业必要的人财物资源,改进和完善生产工艺,改进产品质量,增加花色品种,扩大产品批量。

(2)进一步细分市场,扩大目标市场。

(3)改变广告宣传目标,由导入期提高知名度为中心转为树立企业和产品形象,为产品争创名牌。

(4)建立高绩效的分销渠道体系。

【案例】
诺基亚"5110色彩随心换"广告

这则手机广告人们一定不会陌生。该广告的诉求是:"诺基亚5110色彩随心换。"我们知道,手机产品是一个非常理性的产品,由于市场的高速成长,产品概念已经不是独一的利益,为了给品牌赋予更多的内容,很多品牌产品都注意产品概念和品牌概念的结合。这则广告的表现和诉求能让我们看出这一点。

"色彩随心换"广告说明这款手机更注重产品的时尚性,注重消费者的心理感受和消费者的时代性。这些内容对品牌概念特征的丰富和塑造都是很有帮助的。

该手机产品突出其产品的外在包装可以随意地更换，同时对产品的表现是这个产品阶段的主要工作。从推广产品角度上看说明得也是很具体明确的。

该广告没有强调品牌和着力说明品牌的好处，但从表现产品同时又能对品牌给消费者带来其他的利益结果上看，该广告在产品的这个市场阶段的表现还是很到位的。

（三）成熟期的营销策略

产品进入该时期，销售额和利润达到最高点。由于生产能力过剩，市场竞争加剧，销售增长速度缓慢甚至出现下降趋势，而此时期企业营销思想应尽量延长生命周期，使已处于停滞状态的销售增长率和利润率重新得以回升，其主要策略有以下几种：

1. 市场改革策略

即开发新的目标市场，寻求新顾客。其方式有：①发展产品的新用途，即不改变产品质量、功能而发掘产品新用途，用于其他领域，从而延长产品的生命周期；②寻求新市场，相对于产品原市场而言，原市场在本地区、本省或本国，则其他地区、外省或外国就是新市场。

2. 产品改革策略

即通过对产品自身作某种改进，来满足消费者不同需要，从而为消费者寻求新用途，使销量获得回升。可以从产品的特性、质量、式样和附加产品等方面进行改革。

3. 市场营销组合改革策略

即对产品、定价、分销渠道和促销这四个因素加以改革，以刺激销售额的回升，通常做法有降价、增加广告、改善销售，以及提供更多的售后服务等渠道。

【案例】

群豪服饰公司在男装市场中属于营销出色的企业，他们生产的金利衬衣的市场占有率达30%。此时，另一家公司推出了一种新款男式衬衣，其质量不比金利衬衣差，而每件的价格却比金利低50元。按照惯例，群豪公司面前有三条对策可用：

第一，降价50元，以保住市场占有率。

第二，维持原价，通过增加广告费用和推销支出与竞争对手竞争。

第三，维持原价，听任市场占有率降低。

但是，该公司的市场人员经过深思熟虑后，却采取了让人意想不到的第四种策略。那就是，将金利衬衣的价格再提高50元，同时推出一种与竞争对手的新款衬衣价格一样的时尚衬衣和另一种价格更低的休闲衬衣。

（四）衰退期的营销策略

该时期产品的销售和利润直线下降。其主要策略有以下三种：

1. 立刻改革策略

对于企业已准备好替代的新产品，或者该产品的资金可能迅速转移，或者该产品的存在危害企业有发展前途的产品，应当机立断，放弃经营。

2. 逐步放弃策略

如果企业立刻放弃该产品将会造成更大损失，则应采取逐步放弃的策略。

3. 自然淘汰策略

企业不主动放弃该产品，继续沿用以往的营销策略，保持原有的目标市场销售渠道，直到产品完全退出市场为止。其中可以采用把企业人财物集中到最有利的细分市场获取利润的集中策略，以及对目标市场作出调整的转移策略。

总之，如何放弃衰退期产品是企业最难作出的决策问题，首先企业必须能正确判断产品是否已进入衰退期；其次选择淘汰产品的最佳方式。而解决好这些问题的基础就是有健全的商情分析制度和确切的市场信息资料。

事实上，各种产品生命周期的曲线形状是有差异的。有的产品一进入市场就快速成长，迅速跳过导入期；有的产品则可能越过成长期而直接进入成熟期；还有的产品可能经历了成熟期以后，进入第二个快速成长期。

【案例】

可口可乐在其品牌的建立和完善过程中，历经了无数次区域性阶段性的市场衰退期，正是可口可乐公司及时作出策略调整，才使可口可乐一次次焕发青春。可口可乐百年广告史，蔚为大观，足以写成一部巨著。自1886年至今，变换主题30多次，用过近百条广告口号。这些口号，有过强调美味、有身份的人喝的、饮用时机、场合以及气氛情境等不同角度的着眼点，每次变换都是一次广告再造运动。

【知识要点】

所谓产品生命周期，就是指产品从试制成功、投放市场开始，直到被市场淘汰退出市场的全过程。产品生命周期分为导入期、成长期、成熟期和衰退期四个阶段。掌握产品生命周期各阶段的特点：一是可以采取相应的营销策略；二是可以寻找延长产品生命周期的方法。

【活动一】 分析某企业产品的生命周期

一、活动内容

以小组为单位对某MP3/MP4产品的生命周期进行调查，讨论并分析MP3/MP4产品各处于生命周期的什么阶段？有何特点？企业在这个时期的营销重点是什么？

二、活动步骤和要求

①各小组展开对市场上销售的MP3/MP4产品进行调查。

②汇总每个同学的意见后进行设计并填写表5-7。

③每组派一名代表在全班交流分享调查结果。

④任课教师对各组的交流结果作出评价和指导，并评选出优胜组。

表5-7　MP3/MP4产品调查情况表

MP3		MP4	
所处生命周期阶段		所处生命周期阶段	
有何特点		有何特点	
采取何种营销策略		采取何种营销策略	

【活动二】

一、活动内容

对以下商品的生命周期进行调查并判断处于产品生命周期的哪一个阶段。

家用汽车　汽车电话　家用电脑　微波炉　电视机　卡式录音机　教育培训

二、活动步骤和要求

1. 每组派一名代表在全班交流分享调查结果。

2. 任课教师对各组的交流结果作出评价和指导，并评选出优胜组。

任务四　进行新产品开发

【案例】

娃哈哈的新产品开发战略

娃哈哈以保健食品起家。20世纪80年代末到90年代初，活跃在市场上的那只"喝了娃哈哈，吃饭就是香"的产品——娃哈哈儿童营养液是创牌产品。1992年，娃哈哈集团公司开始推出第一只饮料产品——娃哈哈果奶。这一含乳饮料产品不断更新换代，由单一口味变为六种口味，又变成添加了维生素A、维生素D和钙质的"AD钙奶"；1998年成功添加了复合双歧因子及牛磺酸，推出"第二代AD钙奶"。1996年公司开始推出的娃哈哈纯净水获得巨大成功，当年成为全国市场占有率第一的产品，至今稳居瓶装饮用水市场占有率榜首，且优势明显。1998年6月份推出了"娃哈哈非常可乐"，接着，陆续推出了冰红茶、冰绿茶、有机绿茶、花草茶等新产品，从而进一步打开了市场。

创立于1987年的杭州娃哈哈集团，能在短短的十几年内由一家校办工厂发展成为中国最大的食品饮料企业，与其十几年间不断推出新产品密不可分。

严格地说，娃哈哈集团推出的大部分产品都是跟进模仿的，节省了大量的前期费用，减少了市场风险，提高了新产品推出的成功率。其成功要素有三：一是在模仿中创新，不做第一创新者，但紧跟并超越第一创新者。娃哈哈开发的第一个产品是儿童营养液，当时国内做营养液的企业虽已多达30多个，但没有一种是针对儿童这一目标消费群的。娃哈哈抓住了这一细分市场，并挖掘出"吃饭香"这一卖点，采用"喝了娃哈哈，吃饭就是香"这样的感性诉求，同时引发大人和儿童的互动。AD钙奶是乐百氏先推出的，娃哈哈跟进时加上了"吸收"的概念。娃哈哈做茶是跟进康师傅和统一的，但先行者只是宣传这类产品的共性，娃哈哈推出时省略了共性宣传，强调其个性"天堂水，龙井茶"。娃哈哈

"非常"系列中，非常可乐跟进可口可乐和百事可乐，针对的是男性市场，非常柠檬模仿雪碧，针对的是女性市场，非常橙汁模仿芬达，针对的是儿童市场。且"非常"系列在市场推广初期避开了可口可乐公司的核心市场——城市市场，走"农村路线"，这是一种"柔道战略"。二是掌握投放时机，在规模化市场形成的时候投放。三是讲究速度。可口可乐公司自认在市场推进速度方面比不过娃哈哈，这得益于娃哈哈的网络优势和统一、集中的组织构架与决策机制。有了这个基础，才能在快速推出的同时，迅速形成规模优势，进而转化为成本优势和竞争优势。

思考：
1. 娃哈哈集团是如何创设新产品的？
2. 娃哈哈集团创设的新产品采用了哪些营销策略？

一、新产品的概念

市场营销意义上的新产品含义很广，除包含因科学技术在某一领域的重大发现所产生的科技新产品外，还有在生产销售方面，只要在功能或形态上比老产品有明显改进，或者是采用新技术原理、新的设计构思，从而显著提高产品性能或扩大使用功能的产品，甚至只是产品从原有市场进入新的市场，都可视为新产品。

现代市场营销观念下的新产品概念是指凡是在产品整体概念中的任何一个部分有所创新、改革和改变，能够给消费者带来新的利益和满足的产品，都是新产品。

二、新产品的分类

1. 全新产品

所谓全新产品，是指应用科技成果，运用新技术、新工艺和新材料制造的市场上前所未有的产品。同时，它往往要求顾客培养新的消费观、新的消费方式。如电话、汽车、飞机、计算机、激光唱片等产品刚投入市场时都属于全新产品。这类产品开发难度最大，成功率低，据调查，新产品中全新产品只占10%。

2. 换代新产品

所谓换代新产品，是指对市场上已经出现的产品在结构和性能上进行局部改变而形成的产品，它会使原有产品的性能得到改善和提高。如计算机问世以后，经过了电子管、晶体管、集成电路、大规模集成电路等多次换代。随着科技的迅速发展，产品更新换代的速度正在加快。

3. 改进新产品

所谓改进新产品，是指对现有产品的质量、性能、材料、款式、包装等方面进行改良之后生产出来的产品。如新款式的服装、不同型号的自行车，由单一用途的收音机、录音机发展而成的集收、录、放多用途为一体的收音机等。

4. 仿制新产品

仿制新产品，是指企业仿照市场上已有的产品生产的新产品。如市场上出现的新牌号的电视机、手机等大都是模仿已有的产品生产的；各种时装，用途上没有改变，但在面料、款式、颜色上作了少许改变。

5. 重新定位产品

重新定位产品是指对现有产品开发出新的用途，或者为现有产品寻找到新的消费群，使其畅销起来。

【趣味讨论】

一家酒厂把相同的酒灌进新设计的包装瓶里，售价有所提高。这是不是新产品？

三、新产品开发的意义

企业要想不断发展壮大，必须具备两个方面的能力，一是开拓新市场；二是开发新产品。从市场营销角度来说，开发新产品对企业有如下意义：

（1）满足需要。人们的生活需要不仅是多方面的，而且是不断发展和变化的，为了适应人们多样化的消费需求，必须不断开发新产品。

（2）提高经济效益。为了减少现有产品进入衰退期给企业造成的损失，巩固市场份额，保持或提高企业的赢利水平，企业必须未雨绸缪，开发新产品。

（3）充分利用资源。开发新产品是充分利用企业现有资源的最有效方法。

（4）增强竞争实力。随着科学技术不断发展和人民生活水平的提高，产品生命周期有日趋缩短的趋势。只有不断开发、创新、改进，增强企业的技术储备，才能提高企业的适应能力，成为竞争的强者。

四、新产品开发的程序

不同企业的生产条件与产品项目不同，新产品开发程序也不尽相同。但一般企业新产品的开发程序大致包括：

1. 新产品构思

新产品构思就是开发新产品的设想或创意。新产品构思的主要来源有：消费者、销售人员、科技情报资料、竞争产品、中间商、科学家、企业职工等。据统计，新产品构思来自企业外部的约占60%，出自企业内部的约占40%。为了集思广益，广开思路，应鼓励人们把各种设想、联想，乃至空想、幻想都及时地、无保留地发表出来，以便从中发现闪光之处。

2. 筛选

企业在广泛收集新产品构思的基础上，接着就是对大量的新产品构思进行分类、整理、归纳、总结，以选择有价值构思的筛选过程。可从以下几方面进行分析和筛选：①市场成功的条件。如产品的潜在市场，产品的竞争程度及前途估计，经济效益估计等。②企业内部条件。如企业的人、财、物以及企业科研人员和工人的技术素质能否与这种产品的开发相适应等。③销售条件。如企业现有的销售人员和销售组织结构能否适合这种产品的销售要求。④利润收益条件。如产品的获利水平如何，对企业原有产品的影响等。

在筛选阶段，既要防止误舍，即删减了有价值的产品构思，因为草率地剔除构思，会使企业失去发展机会；也要防止误用，即错误评估某一不良的构思方案并付诸实施。这两种情况都会给企业造成重大损失。

3. 新产品概念的形成

所谓新产品概念，就是指已经成型的产品构思，即将产品构思以文字、图案或模型描绘出来，形成一个比较具体、清晰、明确的产品概念。

4. 经济分析

所谓经济分析，就是指从财务方面对新产品的开发进行分析，看其能否给企业带来经济效益。经济分析主要从预计销售量、成本、利润、投资收益率等方面展开分析。

5. 新产品的研制与鉴定

在经济分析的基础上，如果认为产品构思可行，这时就必须将新产品概念转化成实体产品，也就是说要进行新产品的研制。研制出的新产品样品，还必须经过一系列的功能测试和专家鉴定，当这些测试和鉴定都通过以后，经过有关部门的批准，新产品这时才可进行试销。

6. 试销

所谓试销，就是将产品投放到有代表性的市场进行销售，以了解消费者对新产品的反应和意见，如新产品的目标市场情况，新产品在设计、包装方面给消费者的感觉，新产品的营销方案是否合理，新产品的销售趋势如何等。当发现新产品具有严重缺陷时可及时中止开发，避免企业可能遭受更大损失。

7. 批量上市

如果新产品试销成功，即可进行批量生产，投入市场。这时，需着重考虑以下四个问题：何时推出新产品、何地推出新产品、向谁推出新产品、如何推出新产品。

五、新产品开发的策略

1. 挖掘产品功能策略

所谓挖掘产品功能策略，就是通过赋予老产品新的功能、新的用途，使老产品获得新生而重占市场。

2. 挖掘顾客需求策略

顾客需求主要有两种，一种是眼前的现实需求，另一种是潜在的需求。企业在开发新产品时，应该把力量放在捕捉、挖掘顾客潜在需求方面，并能善于以生产促消费，主动为自己创造新市场。

【案例】

"白加黑"是盖天力制药厂于20世纪90年代中期开发的产品，在国内第一次采用日夜分开给药的方法，产品上市时，广告语"白天吃白片，不瞌睡；晚上吃黑片，睡得香"家喻户晓，被称为"白加黑"震撼，形成了巨大的市场冲击，仅半年就分割了全国15%的感冒药市场，在几乎是合资品牌垄断的感冒药市场上取得了一席之地。

3. 开发边缘产品策略

所谓开发边缘产品策略，就是开发跨行业的多功能产品的策略，如以纸代替布的纸桌布、既可书写又可计时的电子笔等。

4. 利用别人优势的开发策略

所谓利用别人优势的开发策略，就是善于利用别人的优势（花钱买），为发展本企业的新产品服务。

5. 满足好奇心的开发策略

所谓满足好奇心的开发策略，就是针对一般人都有好奇心的特点，开发既能满足人们的好奇心理又具有一定使用价值的产品的方法。

【知识要点】

所谓新产品是指在产品整体概念中的任何一个部分有所创新、改革和改变，是能够给消费者带来新的利益和满足的产品。新产品包括全新产品、换代新产品、改进新产品、仿制新产品和重新定位产品。掌握了新产品的开发程序及开发策略，可以满足更多的消费需求。

【活动一】 选择一知名企业，调研其新产品开发策略

一、活动内容

任意选择一家知名企业，对其近几年的新产品开发情况进行调研，总结出其新产品开发策略。

二、活动步骤和要求

1. 各小组展开调查，汇集每个同学的意见后填写表5-8。

2. 每组派一名代表在全班交流分享调查结果。

3. 任课教师对各组的交流结果作出评价和指导，并评选出优胜组。

表5-8　新产品开发情况调研表

调研内容	调研结果
近几年开发的新产品	
新产品开发策略	

【活动二】 为自己模拟的企业进行新产品调研

一、活动内容

分小组针对本组模拟的企业进行访谈或研究，对新产品开发的情况，提出建议与意见。

二、活动步骤和要求

1. 各小组展开调查，汇集每个同学的意见后填写表5-9。

2. 每组派一名代表在全班交流分享调查结果。

3. 任课教师对各组的交流结果作出评价和指导，并评选出优胜组。

表 5 - 9　新产品调研情况记录表

讨论项目	讨论记录
市场现状调查	
新产品开发建议与意见	

【思考与练习】

一、判断题

1. 市场营销学上的产品是指人们从事生产经营活动的直接而有效的物质成果。（　　）

2. 市场上的产品按用途划分，可分为生产资料和消费资料。（　　）

3. 进入衰退期的产品在特定的条件下还有可能进入新的成长期。（　　）

4. 创名牌的根本措施是确保产品的高质量。（　　）

5. 产品可以分为核心产品和延伸产品这两个层次。（　　）

6. 电视机、汽车属于非耐用品，而家具、房屋等则属于耐用品。（　　）

7. 刚上市的新产品属于非寻觅品。（　　）

8. 产品延伸策略包括向下延伸和向上延伸这两种策略。（　　）

9. 服务可以划分为服务产品和服务功能。（　　）

10. 延伸产品是指产品的外观形状和特色。（　　）

二、单项选择题

1. 企业所拥有的不同产品线的数目是产品组合的（　　）。

A. 深度　　　　　B. 长度　　　　　C. 宽度　　　　　D. 相关性

2. 用料与设计精美的酒瓶，酒在消费之后酒瓶可用作花瓶或凉水瓶，这种包装策略是（　　）。

A. 配套包装　　　B. 附赠品包装　　C. 分档包装　　　D. 再使用包装

3. 在产品生命周期中，丰厚的利润一般在（　　）阶段开始出现。

A. 引入期　　　　B. 成长期　　　　C. 成熟期　　　　D. 衰退期

4. 产品的有形部分所组成的是产品的（　　）。

A. 实质层　　　　B. 实体层　　　　C. 延伸层　　　　D. 服务

5. 我们通常所说的一个企业经营着多少产品种类，指的就是产品组合的（　　）。

A. 宽度　　　　　B. 深度　　　　　C. 长度　　　　　D. 相关性

6. 某种产品在市场上销售迅速增长，利润显著上升，该产品这时正处在其市场生命周期的（　　）阶段。

A. 导入期　　　　B. 成长期　　　　C. 成熟期　　　　D. 衰退期

7. 新产品开发的第一个阶段是（　　）。

A. 提出目标，搜集构想　　　　　　B. 形成产品概念

C. 营业分析　　　　　　　　　　　D. 评核与筛选

8. 药物牙膏属于哪种类型的新产品？（　　）

A. 全新产品　　　B. 换代产品　　　C. 改进产品　　　D. 新牌子产品

9. 新产品对于企业经营是十分重要的，因为其（ ）。

A. 不总是要求长期贷款

B. 可以利用副产品

C. 帮助企业在销售和利润方面保持长时间的增长

D. 将在单一生产过程中增加独立性

10. 当某种产品已被大多数潜在购买者接受，其销售量达到顶峰，销售增长速度放慢，则该产品已进入其经济生命周期的（ ）阶段。

A. 试销   B. 畅销   C. 饱和   D. 滞销

11. 产品在畅销阶段时，企业的营销目标是（ ）。

A. 产品尽快投入上市   B. 提高市场占有率

C. 建立知名度，争取试用   D. 保持市场占有率

12. 产品整体概念中最基本最主要的部分是（ ）。

A. 核心产品   B. 有形产品   C. 附加产品   D. 延伸产品

13. 扩展产品组合的宽度和加强产品组合的深度的决策叫做（ ）。

A. 产品延伸   B. 产品大类现代化   C. 扩大产品组合   D. 缩减产品组合

14. 企业原来生产高档产品，后来决定增加低档产品，叫做（ ）。

A. 产品延伸   B. 向下延伸   C. 向上延伸   D. 双向延伸

15. 对于大型企业来说，可以使企业的资源技术得到充分利用，提高经营效益的是增加产品组合的（ ）。

A. 长度   B. 宽度   C. 深度   D. 关联性

三、多项选择题

1. 产品线的划分依据是（ ）。

A. 产品功能上相似   B. 消费上具有连带性

C. 供给相同的顾客群   D. 有相同的分销渠道

E. 属于同一价格范围

2. 一般来说，（ ）的产品成熟期较长，衰退过程也较缓慢。

A. 高科技产品   B. 消费者偏好相对稳定

C. 技术相对稳定   D. 新潮产品

E. 科技发展快，消费者偏好经常变化

3. 在产品的畅销阶段，企业应着重研究（ ）在人口统计、心理状态和传播媒介等方面的特征，把他们作为新产品的促销对象。

A. 最早采用者   B. 早期采用者   C. 中期采用者

D. 晚期采用者   E. 最晚采用者

4. 包装的作用表现在（ ）。

A. 便于识别商品   B. 保护产品   C. 方便使用

D. 传递产品信息   E. 增加产品的实用性

5. 指出下列哪些产品可采用无商标策略（ ）。

A. 电力   B. 煤气   C. 服装   D. 自来水   E. 沙石

6. 市场营销人员眼中的产品，不仅是产品的实体部分，而且也包含了（　　）。

A. 产品生产的保证体系 　　　　　　B. 产品的分销渠道

D. 产品形象，保证措施 　　　　　　D. 售后服务

E. 顾客所要购买的实质性东西

7. 产品的延伸层是指（　　）。

A. 免费产品 　　　　B. 核心利益或服务 C. 包装

D. 保养 　　　　　　E. 售后服务

8. 新产品营销者应着重研究（　　）在人口统计、心理状态和传播媒介等方面的特征，把他们作为新产品的促销对象。

A. 最早采用者 　　　B. 早期采用者 　　　C. 中期采用者

D. 晚期采用者 　　　E. 最晚采用者

9. 新产品构想的来源主要有（　　）等方面。

A. 企业内部的技术人员和业务人员 　　B. 购买者

C. 竞争者报纸杂志、高校和科研机构 　　D. 分销商和供应者

10. 对处在饱和阶段的产品应主要采取以下策略（　　）。

A. 改善企业外部环境 　　　　　　B. 增加产品系列

C. 稳定目标市场 　　　　　　　　D. 重点宣传企业的信誉

E. 改革企业组织机构

话题六 一个便宜三个爱

——价格策略

【知识目标】

通过本章的学习，使学生了解影响定价的因素、企业定价的目标，掌握企业定价的方法和企业定价策略。

【能力目标】

通过本章的学习，使学生能根据所学内容解决营销中的实际问题，学会为产品制定合适的价格，并根据市场情况制定产品的价格策略。

任务一 了解影响定价的因素

【案例】

武汉市金皇珠宝有限公司是中国人民银行批准的国内首家黄金首饰生产、加工、批发企业，2005 年金皇珠宝被评为中国名牌产品。由于该公司一直做批发生意，虽然在行业内部有较高知名度，但在一般消费者群体中却鲜为人知。在当时的珠宝零售市场，新金首饰、金兰珠宝等具有较高的知名度，金皇珠宝要进入零售市场，难度是相当大的。

经过市场策划，金皇珠宝决定使用价格手段进入零售市场，即以低于市场价 10% 的价格出售黄金首饰，并根据市场上钻石首饰普遍以打折方式促销的弊病，提出黄金首饰"明码实价"的销售模式。该公司黄金珠宝价格测算以上海黄金交易所收盘价为基础，具体为：

金饰品零售价＝上海金交所交易时价＋加工成本＋检验证书费＋税金＋杂费

价格是市场营销组合中最活跃的因素，从经济学的角度看，价格是商品价值的货币表现，价格是严肃的，它与实现企业利润密切相关，定价是一门科学；而从市场营销学的角度看，价格随着市场供求、竞争情况的变化而变化，价格是活跃的。价格的变化直接影响着消费者的购买行为，也关系到生产经营者盈利目标的实现，因此，定价又是一门艺术。在市场营销环境不断变化的条件下，迫使企业必须重视定价策略。

一、商品价格的构成

价格构成指构成价格的各个要素，一般包括生产成本、流通费用、税金、利润等。

1. 生产成本

商品生产中，必须支出物质消耗和劳动报酬。在正常情况下，每个企业在出售商品时应该收回这两部分支出，否则企业的再生产就会发生困难。

2. 流通费用

指商品在流通过程中所使用的各种费用，包括商品从产地到销售地之间的运输费用，商品在流通过程中的保管、挑选、整理、分类、包装以及由商品购销活动和管理核算业务活动所引起的一系列开支。

3. 税金

国家按照税法规定，向经济单位和个人无偿征收预算缴款，纳入国家财政收入。

4. 利润

利润是生产者为社会劳动所创造价值一部分的货币表现。就一般而论，利润是商品价格与生产成本、流通费用和税金之间的差额。

从市场营销的角度来看，商品价格的具体构成为：

产品成本＋税金＋生产企业利润＝出厂价格

出厂价格＋批发流通费用＋批发企业的利税＝批发价格

批发价格＋零售部门的费用＋零售部门的利税＝零售价格

二、企业定价目标

定价目标是企业在对其生产或经营的产品制定价格时，有意识地要求达到的目的和标准，它是指导企业进行价格决策的主要因素。定价目标取决于企业的总体目标。不同行业的企业或者同一行业的不同企业，甚至是同一企业在不同的时期不同的市场条件下，都可能有不同的定价目标。

1. 以获取利润为目标

获取利润是企业从事生产经营活动的最终目标，具体可通过产品定价来实现。获取利润目标一般分为以下三种。

（1）以获取投资收益为定价目标。

投资收益定价目标是指使企业实现在一定时期内能够收回投资并能获取预期的投资报酬的一种定价目标。采用这种定价目标的企业，一般是根据投资额规定的收益率，计算出单位产品的利润额，加上产品成本作为销售价格。但必须注意两个问题：第一，要确定适度的投资收益率。一般来说，投资收益率应该高于同期的银行存款利息率，但不可过高，否则消费者难以接受。第二，企业生产经营的必须是畅销产品，与竞争对手相比，产品应具有明显的优势。

（2）以获取合理利润为定价目标。

合理利润定价目标是指企业为避免不必要的价格竞争，以适中、稳定的价格获得长期利润的一种定价目标。采用这种定价目标的企业，往往是为了减少风险，保护自己；或限于自身力量不足，只能在补偿正常情况下的平均成本的基础上，加上适度利润作为产品价格。条件是企业必须拥有充分的后备资源，并打算长期经营。

（3）以获取最大利润为定价目标。

最大利润定价目标是指企业追求在一定时期内获得最高利润额的一种定价目标。利润额的最大化取决于合理价格所推动的销售规模，因而追求最大利润的定价目标并不意味着企业要制定最高单价。最大利润既有长期和短期之分，又有企业全部产品和单个产品之别。有远见的企业经营者，都着眼于追求长期利润的最大化，当然并不排除在某种特定时期及情况下，对其产品制定高价以获取短期最大利润。还有一些多品种经营的企业，经常使用组合定价策略，即有些产品的价格定得比较低，有时甚至低于成本以招徕顾客，借以带动其他产品的销售，从而促使企业利润最大化。

2. 以提高市场占有率为目标

以提高市场占有率为定价目标也称市场份额目标，即把保持和提高企业的市场占有率（或市场份额）作为一定时期的定价目标。市场占有率是一个企业经营状况和企业产品在市场上竞争能力的直接反映，关系到企业的兴衰存亡。较高的市场占有率，可以保证企业产品的销路，巩固企业的市场地位，从而使企业的利润稳步增长。

无论大中小企业，都希望用较长时间的低价策略来扩充目标市场，尽量提高企业的市场占有率。以提高市场占有率为目标定价，企业通常有以下两种做法：

（1）定价由低到高。

定价由低到高，就是在保证产品质量和降低成本的前提下，企业入市产品的定价低于市场上主要竞争者的价格，以低价争取消费者，打开产品销路，挤占市场，从而提高企业产品的市场占有率。待占领市场后，企业再通过增加产品的某些功能，或提高产品的质量等措施来逐步提高产品的价格，旨在维持一定市场占有率的同时获取更多的利润。

（2）定价由高到低。

定价由高到低，就是企业对一些竞争尚未激烈的产品，入市时定价可高于竞争者的价格，利用消费者的求新心理，在短期内获取较高利润。待竞争激烈时，企业可适当调低价格，赢得主动，扩大销量，提高市场占有率。

3. 以应付和防止竞争为目标

企业对竞争者的行为都十分敏感，尤其是对价格的变动状况更甚。在市场竞争日趋激烈的形势下，企业在实际定价前，都要广泛收集资料，仔细研究竞争对手的产品价格情况，通过自己的定价目标去对付竞争对手。根据企业的不同条件，一般有以下决策目标可供选择：

（1）稳定价格目标。

以保持价格相对稳定，避免正面价格竞争为目标的定价。当企业准备在一个行业中长期经营时，或某行业经常发生市场供求变化与价格波动需要有一个稳定的价格来稳定市场时，该行业中的大企业或占主导地位的企业率先制定一个较长期的稳定价格，其他企业的价格与之保持一定的比例。这样，对大企业是稳妥的，同时，中小企业也避免遭受由于大企业的随时随意调价而带来的打击。

（2）追随定价目标。

企业有意识地通过给产品定价主动应付和避免市场竞争。企业价格的制定，主要以对市场价格有影响的竞争者的价格为依据，根据具体产品的情况稍高或稍低于竞争者。竞争者的价格不变，实行此目标的企业也维持原价；竞争者的价格或涨或落，此类企业也相应地参照调整价格。一般情况下，中小企业的产品价格定得略低于行业中占主导地位的企业的价格。

（3）挑战定价目标。

如果企业具备强大的实力和特殊优越的条件，可以主动出击，挑战竞争对手，从而获取更大的市场份额。一般常用的策略目标有以下几种。

打击定价。实力较强的企业主动挑战竞争对手，扩大市场占有率，可采用低于竞争者的价格出售产品。

特色定价。实力雄厚并拥有特殊技术或产品品质优良或能为消费者提供更多服务的企业，可采用高于竞争者的价格出售产品。

阻截定价。为了防止其他竞争者加入同类产品的竞争行列，在一定条件下，往往采用低价入市，迫使弱小企业无利可图而退出市场或阻止竞争对手进入市场。

三、影响企业定价的因素

产品价值是价格形成的基础，价格是产品价值的货币表现。从理论上来讲，产品价值和货币价值会影响产品价格的变动，但从市场营销组合的角度来分析影响定价的因素时，短期内我们可以将产品价值和货币价值视为不变。这时，影响产品定价的因素主要包括定价目标、成本费用、市场需求状况、市场竞争状况、竞争者的价格策略以及其他因素。

1. 定价目标

定价目标是指企业通过制定及实施价格策略所希望达到的目的。任何企业制定价格，都必须按照企业的目标市场战略及市场定位战略的要求来进行。定价目标必须在整体营销策略目标的指导下确定，二者之间不能相互冲突。由于定价应考虑的因素较多，定价目标也多种多样，不同企业可能有不同的定价目标，同一企业在不同时期也可能有不同的定价目标，企业应当权衡各个目标的依据及利弊，谨慎加以选择。

2. 成本费用

产品的价格主要由成本、税金和利润构成，因此产品的最低价格取决于生产这种产品的成本费用。从长远看，任何产品的销售价格都必须高于成本费用，这样才能以销售收入来抵偿生产成本和经营费用，否则企业就无法经营。所以说产品成本是企业定价的底线，以成本为导向的定价方法至今仍被很多企业采用。

3. 市场需求状况

市场需求对企业产品的定价有着重要的影响，不同企业生产的不同产品在投放市场时，面临的一个共同问题就是需要关注价格对消费者需求的影响。经济学原理告诉我们，如果其他因素保持不变，消费者对某一商品需求量的变化与这一商品价格变化的方向相反，一般来说，如果商品的价格下跌，需求量就会上升，而商品的价格上涨时，需求量相应就会下降。供求失衡造成农产品价格飞涨。

4. 市场竞争状况

企业定价的"自由程度"，首先取决于市场竞争格局。处于不同类型市场的企业，在定价时所考虑的因素总是不同的，每一种类型市场的性质都直接影响该市场中企业的定价决策。

5. 竞争者的价格策略

在竞争性的市场中，几乎每种产品都有或多或少的竞争者，企业在定价决策时，必须考虑竞争者的营销策略。竞争者的营销策略包括竞争者提供的产品及服务、价格策略及其变动、促销手段等诸多内容，无论哪一项发生变化都会对企业的定价策略产生影响。企业必须采取适当的方式，了解竞争者的实力以及它所提供产品的质量、价格等信息。

6. 其他因素

企业的定价策略除受成本、需求以及竞争状况的影响外，还受到其他多种因素的影响。这些因素包括政府或行业组织的干预、消费者的心理和习惯、企业或产品的形象等。

（1）政府或行业组织的干预。

政府为了维护经济秩序，可能通过立法或其他途径对企业的价格策略进行干预。政府的干预包括规定毛利率，规定最高、最低限价，限制价格的浮动幅度，规定价格变动的审批手续，实行价格补贴等。例如，我国某些地方为反暴利对商业毛利率的限制等。一些贸易协会或行业性垄断组织也会对企业的价格策略进行干预。

（2）消费者的心理和习惯。

价格的制定和变动在消费者心理上的反映也是价格策略必须考虑的因素。在现实生活中，很多消费者存在"一分钱一分货"的观念。面对不太熟悉的商品，消费者常常从价格上判断商品的好坏，从经验上把价格同商品的使用价值挂钩。消费者心理和习惯上的反应是很复杂的，某些情况下会出现完全相反的反应。例如，在一般情况下，涨价会减少购买，但有时涨价会引起抢购，反而会增加购买。因此，在研究消费者心理对定价的影响时，要持谨慎态度，要仔细了解消费者的心理及其变化规律。

（3）企业或产品的形象。

有时企业根据企业理念和企业形象设计的要求，需要对产品价格作出限制。例如，企业为了树立热心公益事业的形象，会将某些有关公益事业的产品价格定得较低；为了形成高贵的企业形象，企业也会将某些产品价格定得较高等。

【知识要点】

价格是市场营销组合中最活跃的因素，商品的价格构成一般包括生产成本、流通费用、税金、利润四个要素。企业定价目标通常有以获取利润为目标、以提高市场占有率为目标、以应付和防止竞争为目标。影响企业定价的因素通常有定价目标、成本费用、市场需求状况、市场竞争状况、竞争者的价格策略以及其他因素。

【活动一】分析格兰仕微波炉的定价特点

一、活动内容

开展市场调研活动，收集格兰仕微波炉及其主要竞争对手美的等品牌微波炉的相关信息，并分析其定价的根据所在。

二、活动步骤和要求

1. 各小组展开对格兰仕微波炉及其主要竞争对手美的等品牌微波炉的价格调查并收集信息。

2. 调查结束后统计出各品牌产品线的价格政策，并填写表6－1。

3. 每组派出一名代表在全班交流分享调查结果。

4. 任课教师对各组的交流结果作出评价和指导，并评选出优胜组。

表6－1　格兰仕及其竞争对手的微波炉价格调查表

品牌	价格	特点
产品1		
产品2		
产品3		
产品4		
产品5		

【活动二】

一、活动内容

各小组针对本组所模拟企业拟经营的产品，谈谈其定价将受什么因素的影响。

二、活动步骤和要求

1. 各小组对本组所模拟企业拟经营的产品所在行业进行深入了解。

2. 汇集每个同学的意见。

3. 每组派出一名代表在全班交流分享调查结果。

4. 任课教师对各组的交流结果作出评价和指导，并评选出优胜组。

任务二　选择定价方法

【案例】

北京路有一家服装店，店租及水电、人工等费用每月2万元，服装每件进货价100元，每月销量大约1 000件，请问店主定价多少元才能保本呢？假如遇到短期销售不好，又不想放弃经营的话，能否以110元的价格进行薄利多销？

企业在确定定价目标、掌握了有关影响因素的信息后，就要开始具体的定价活动。这是一项十分复杂而又难以准确掌握的工作。由于影响定价的三个最基本的因素是产品成本、市场需求和市场竞争，因此企业定价的基本方法也可分为三类：成本导向定价法、需求导向定价法和竞争导向定价法。

一、成本导向定价法

成本导向定价法是以产品单位成本为基本依据，再加上预期利润来确定产品价格的一种定价法，是最常用、最基本的定价方法。成本是企业生产经营过程中所投入的实际耗费，客观上要求通过商品的销售而得到补偿，并且要获得大于其支出的收入，超出的部分表现为企业利润。成本导向定价法又衍生出了总成本加成定价法、变动成本加成定价法、目标收益定价法、盈亏平衡定价法等几种具体的定价方法。

1. 总成本加成定价法

在这种定价方法下，把所有为生产某种产品而发生的耗费均计入成本的范围内，计算单位产品的变动成本，合理分摊相应的固定成本，再按一定的目标利润率来决定价格。其计算公式为：单位产品价格 = 单位产品总成本 × （1 + 加成率）。

例如，某电视机厂生产 2 000 台彩色电视机，每年总固定成本 60 万元，每台彩电的变动成本为 1 000 元，确定目标利润率为 30%。则采用总成本加成定价法确定价格的过程如下：单位产品固定成本为 600 000/2 000 = 300 元，单位产品变动成本 1 000 元，单位产品总成本 1 300 元，单位产品价格 1 300 × （1 + 30%） = 1 690 元。

采用成本加成定价法，确定合理的成本利润率是一个关键问题，而成本利润率的确定，必须考虑市场环境、行业特点等多种因素。某一行业的某一产品在特定市场以相同的价格出售时，成本低的企业能够获得较高的利润，并且在价格竞争时可以拥有更大的回旋空间。在用成本加成方式计算价格时，对成本的确定是在假设销售量达到某一水平的基础上进行的。因此，若产品销售出现困难，则预期利润很难实现，甚至成本补偿也会变得不现实。但是，这种方法也有一些优点：首先，这种方法简化了定价工作，便于企业开展经济核算；其次，若某个行业的所有企业都使用这种定价方法，他们的价格就会趋于相似，因而价格竞争就会减到最少；再次，在成本加成的基础上制定出来的价格对买方和卖方来说都比较公平，卖方能得到正常的利润，买方也不会觉得受到了额外的剥削。成本加成定价法一般在租赁业、建筑业、服务业、科研项目投资以及批发零售企业中得到广泛的应用。即使不采用这种方法定价，许多企业也多把用此法制定的价格作为参考价格。

2. 变动成本加成定价法

变动成本加成定价法又称为边际成本定价法。边际成本是指每增加或减少单位产品所引起的总成本的变化量。变动成本定价法是以单位产品变动成本作为定价依据和可接受价格的最低界限，即在定价时只计算变动成本，而不计算固定成本，在变动成本的基础上加上预期的边际贡献。在价格高于变动成本的情况下，企业出售产品的收入除完全补偿变动成本外，尚可用来补偿一部分固定成本，甚至可能提供利润。其公式为：

单位产品价格 = 单位产品变动成本 + 单位产品边际贡献

其中单位产品边际贡献是指企业增加一个单位的销售，所获得的收入减去边际成本的数值。边际贡献 = 销售收入 - 变动成本，若边际贡献大于固定成本，企业就会盈利；若边际贡献小于固定成本，企业就会亏本；若边际贡献等于固定成本，企业盈亏平衡。只要边际贡献大于 0，企业就可以考虑生产。

这种定价方法一般在竞争激烈时采用。因为此时如果采取总成本加成定价法，必然会因为价格太高影响销售，出现产品积压。采用变动成本加成定价法，一般价格要低于总成本加成法，这样容易迅速扩大市场。这种定价方法，在产品必须降价出售时特别重要，因为只要售价不低于变动成本，就说明生产可以维持；如果售价低于变动成本，就是生产越多亏本越多。另外，这种定价方法也适合于企业生产能力过剩的情况。

3. 目标收益定价法

目标收益定价法又称投资收益率定价法，是根据企业的投资总额、预期销量和投资回收期等因素来确定价格。它是根据估计的销售总收入和估计的产量来制定价格的一种方法。其公式为：

单位产品价格 = （总成本 + 目标收益额）/预期销量

例如，某企业预计产品的销量为 10 万件，总成本为 740 万元，决定目标利润为 160 万元，求单位产品的价格是多少？

单位产品价格 = （740 + 160）/10 = 90 元

成本导向定价法的优点：①计算方法简便易行。尤其在企业生产多种产品时，成本加成法可以迅速地解决价格的计算。②可避免或减少同行业之间的竞争。同行业也都采用成本加成法，在成本和加成比例接近的情况下，价格也大致相同，这样可以避免或减少同行业之间的价格竞争。③成本加成法对消费者和购买者都比较公平。成本加成法也存在明显的缺点：只考虑了产品本身的成本和预期利润，忽视了市场需求和竞争等因素，不利于根据市场的变化来变更价格。

二、需求导向定价法

需求导向定价法是指企业在定价时不再以成本为基础，而是以消费者对产品价值的理解和需求强度为依据。这一定价方法主要包括感受价值定价法和需求差异定价法。

1. 感受价值定价法

该方法是以消费者对商品价值的感受及理解程度作为定价的基本依据。把买方的价值判断与卖方的成本费用相比较，定价时更侧重考虑前者。因为消费者购买商品时总会在同类商品之间进行比较，选购那些既能满足其消费需要，又符合其支付标准的商品。消费者对商品价值的理解不同，会形成不同的价格限度。这个限度就是消费者宁愿付款而不愿失去这次购买机会的价格。如果价格刚好定在这一限度内，消费者就会顺利购买。

为了加深消费者对商品价值的理解程度，提高其愿意支付的价格限度，零售店定价时首先要搞好商品的市场定位，拉开本企业商品与市场上同类商品的差距，突出商品的特征，并综合运用各种营销手段，加深消费者对商品的印象，使消费者感到购买这些商品能获得更多的相对利益，从而提高他们接受价格的限度。零售店则据此提出一个可销价格，进而估算在此价格水平下商品的销量、成本及盈利状况，最后确定实际价格。

2. 需求差异定价法

此方法以不同时间、地点、商品及不同消费者的消费需求强度差异为定价的基本依据，针对每种差异决定其在基础价格上是加价还是减价。

三、竞争导向定价法

竞争导向定价法以市场上相互竞争的同类商品价格为定价基本依据，以随竞争状况的变化确定和调整价格水平为特征，主要有随行就市定价法、投标定价法、拍卖定价法等。

1. 随行就市定价法

随行就市定价法，是以本行业的平均价格水平为标准的定价方法，是竞争导向定价方法中广为流行的一种。其原则是使本企业产品的价格与竞争产品的平均价格保持一致。

在垄断竞争和完全竞争的市场结构条件下，任何一家企业都无法凭借自己的实力而在市场上取得绝对的优势。为了避免竞争特别是价格竞争带来的损失，大多数企业都采用随行就市定价法，即将本企业某产品价格保持在市场平均价格水平上，利用这样的价格来获得平均报酬。此外，采用随行就市定价法，企业就不必再去全面了解消费者对不同价差的反应，也不会引起价格波动。

一般来说，在产品成本预测比较困难，竞争对手不确定，以及企业希望得到一种公平的报酬和不愿打乱市场现有正常秩序的情况下，这种定价方法较为行之有效。在竞争激烈而产品弹性较小或供需基本平衡的市场上，这是一种比较稳妥的定价方法。

2. 投标定价法

投标定价法，即在投标交易中，投标方根据招标方的规定和要求进行报价的方法。主要适用于提供成套设备、承包建筑工程、设计工程项目、开发矿产资源或大宗商品订货等。

企业的投标价格必须是招标单位所愿意接受的价格。在竞争投标的条件下，投标价格的确定，首先要根据企业的主客观条件，正确地估算完成指标任务所需要的成本；其次要对竞争对手的可能报价水平进行分析预测，判断本企业中标的机会，即中标概率。企业中标的可能性或概率大小取决于参与投标竞争企业的报价状况。报价高，中标概率小；报价低，则中标概率大；报价过低，虽概率极大，但利润可能很少甚至亏损，对企业并非有利。因此，如要使报价容易中标且有利可图，企业就要以投标最高期望利润为标准来确定报价水平。所谓投标期望利润，就是企业投标报价预期可获得利润与该报价水平中标概率的乘积。例如，某企业准备参加某项工程的招标，在确定投标报价时，企业须根据同行业竞争对手的数量、实力及其可能采取的投标策略，预测分析本企业的报价、成本水平、预期利润、中标概率和期望利润等情况，从而选择最佳报价。

3. 拍卖定价法

拍卖定价法是由卖方预先发布公告，展示拍卖物品，买方预先看货，在规定时间公开拍卖，由买方公开叫价，不再有人竞争的最高价格即为成交价格，卖方按此价格拍板成交的方法。拍卖定价法越来越被广泛地使用，主要有两种拍卖形式。

（1）英国式拍卖：一个卖方多个买方，是一种加价拍卖方式。卖方出示一个商品，买方不断加价竞标，直到达到最高价格。

（2）荷兰式拍卖：一个卖方多个买方，或者一个买方多个卖方，是一种降价拍卖方式。在一个卖方多个买方情况下，拍卖人宣布一个最高的价格然后逐渐降低价格直至出价人接受为止；在一个买方多个卖方情况下，买方宣布他想买的商品，多个卖方不断压低价格以寻求最后中标。每个卖方都能看到当前最低价格，从而决定是否继续降价。

【知识要点】

由于影响定价的三个最基本的因素是产品成本、市场需求和市场竞争，因此企业定价的基本方法也可分为三类：成本导向定价法、需求导向定价法和竞争导向定价法。

【活动一】进行现场拍卖

一、活动内容

拍卖闲置物品。

二、活动步骤和要求

1. 各小组拿出自己的闲置物品进行拍卖。

2. 所得款项可以作为班费或公益善款。

【活动二】投标

一、活动内容

针对本组建立的模拟企业需要采购 100 台电脑，对各供应商进行招标。

二、活动步骤和要求

1. 各小组展开对市场上的电脑进行价格调查。

2. 各小组制定各自的投标价格。

3. 开标，看看谁能中标，利润有多少？模拟企业是否得到了满意的采购价？

4. 任课教师对各组的交流结果作出评价和指导，并评选出优胜组。

【活动三】感受商品价值

一、活动内容：

对以下商品感受其价值：服装、手机、电视机（同学们可以再增加项目）。

二、活动步骤和要求

1. 各小组展开对市场上销售的以上产品进行价格调查。

2. 让其他小组估测以上产品的价格。

3. 最接近产品真实价格的小组加一分。

4. 任课教师对各组的交流结果作出评价和指导，并评选出优胜组。

任务三　制定定价策略

【案例】

1945 年美国雷诺公司从阿根廷购进圆珠笔专利，迅速制成大批成品，并趁第一颗原子弹在日本爆炸的新闻热潮，将圆珠笔取名原子笔。由于圆珠笔使用方便，免去使用墨水的诸多不便和烦恼，短期内无竞争者能模仿，该公司每支笔制造成本才 0.5 美元，却以 20

美元的零售价投放市场。半年时间，雷诺公司生产原子笔投入2.6万美元，竟获得15.6万美元的丰厚利润。以后竞争者见原子笔获利甚丰，蜂拥而至，原子笔价格不断下降，雷诺公司把每支笔价格降至0.7美元，给竞争者有力一击。

在确定企业定价目标、定价方法，得出产品的基本价格之后，企业还要根据市场环境、产品特点等采用不同的定价策略。企业定价策略是指企业为实现企业定价目标，根据市场中影响产品价格的不同因素，在制定价格时灵活采取的各种定价手段和定价技巧。企业定价策略主要有三种：新产品定价策略、产品组合定价策略和折扣定价策略。除此以外还有其他几种定价策略：心理定价策略、差别定价策略、地理定价策略、调整定价策略。

一、新产品定价策略

新产品的定价关系到新产品能否顺利进入市场，企业能否站稳脚跟，取得较大的经济效益。常见的新产品定价策略主要有三种，即撇脂定价策略、渗透定价策略和满意定价策略。

1. 撇脂定价策略

撇脂定价策略，指新产品在上市之初，将其价格定得较高，以便在短期内获取厚利，迅速收回投资，减少经营风险，待竞争者进入市场，再按正常价格水平定价。这一定价策略犹如从鲜奶中撇取其中所含的奶油一样，取其精华，所以称为撇脂定价策略。

一般而言，对于全新的、受专利保护的、需求的价格弹性小的产品，流行产品或是未来市场形势难以测定的产品等，都可以采用撇脂定价策略。该策略的优点表现为：

（1）新产品上市之初，顾客对其尚无理性认识，此时的购买动机多属于求新求奇。利用较高价格可以提高产品身份，适应顾客求新心理，创造高价、优质、名牌的印象，有助于开拓市场。

（2）主动性大，先制定较高的价格，在其新产品进入成熟期后可以拥有较大的调价余地，不仅可以通过逐步降价保持企业的竞争力，而且可以从现有的目标市场上吸引潜在需求者，甚至可以争取到低收入阶层和对价格比较敏感的顾客。

（3）在新产品开发之初，由于资金、技术、资源、人力等条件的限制，企业很难以现有的规模满足所有的需求，利用高价可以限制需求的过快增长，缓解产品供不应求的状况；并且可以利用高价获取的高额利润进行投资，逐步扩大生产规模，使之与需求状况相适应。

（4）在短期内可以收回大量资金，用作新的投资。

撇脂定价策略也存在着以下缺点：

（1）高价产品的需求规模毕竟有限，过高的价格不利于市场开拓、增加销量。

（2）不利于占领和稳定市场，容易导致新产品开发失败。

（3）高价高利容易引来大量的竞争者，仿制品、替代品迅速出现，从而迫使产品价格急剧下降。此时若无其他有效策略相配合，企业苦心营造的高价优质形象则可能会受到损害，从而失去一部分消费者。

（4）价格远远高于价值，在某种程度上损害了消费者利益，容易招致消费者的反对和抵制，甚至会被当作暴利来加以取缔，诱发公共关系问题。

　　2. 渗透定价策略

　　这是与撇脂定价相反的一种定价策略，即企业在新产品上市之初将其价格定得较低，吸引大量的购买者，借以打开产品销路，扩大市场占有率，谋求较长时期的市场领先地位。当新产品没有显著特色，竞争激烈，需求弹性较大时宜采用渗透定价法。

　　【案例】

　　惠普公司就曾经上演了一出巧妙运用渗透定价进入市场的典范之作。

　　其时，惠普公司一项打印机新技术研发成功，此技术使得新型的打印机能够获得更佳的打印质量，大大提高了打印机的性能。这时，惠普公司面临定价的选择：究竟是凭借新技术优势制定高价格入市，还是保持原价不变，抑或是适当提价，又提价多少呢？

　　当时，惠普公司高层这样分析，目前市场上竞争对手的同类型打印机的售价在 150 美元，如果惠普新型打印机倚仗新技术而制定高价格，例如定价到 250 美元的话，惠普公司就可以赚到 100 美元，产品的毛利率就形成了翻番的暴利局面。

　　虽然这样做惠普公司会获得短期的暴利，但是这样的价格体系必然会吸引大批的追随者加入。因为巨大的利润空间必然使得这些企业敢于花费研发成本而进入市场，并以略低于惠普打印机的价格销售，以获得利润。而其后进入市场的厂家又会以低于上一家的价格销售，最后的结局可能就是各厂家一窝蜂，相互杀价，最后打垮惠普。

　　那么惠普是怎样定价的呢？惠普决定将价位定在 185 美元，摊上研发成本后的惠普公司虽然只能赚到 25 美元/台，但是却可以有效地阻止追随者进入市场。当追随者花费研发成本和时间成本意欲加入竞争时，惠普的新产品已经收回成本或已经开始赢利了。一旦新对手加入竞争，惠普立即可以将价格调到 160 美元至 175 美元之间，新对手将无法以如此的低价格分摊成本，赢利也就微乎其微了。

　　渗透定价策略的优点表现为：

　　（1）低价可以使新产品迅速为市场所接受，并借助大批量销售来降低成本，获得长期稳定的市场地位。

　　（2）微利可以阻止竞争对手进入市场，减缓竞争，获得一定的市场优势。其缺点表现为：投资回收期较长，见效慢，风险大。

　　利用渗透定价的前提条件有：新产品的需求价格弹性较大、新产品存在着规模经济效益。对于企业来说，无论采取撇脂定价还是渗透定价，都需要综合考虑市场需求、竞争、供给、市场潜力、价格弹性、产品特性、企业发展战略等因素。

　　3. 满意定价策略

　　满意定价策略，又称为适中定价策略，是一种介于撇脂定价与渗透定价之间的定价策略。它以获取社会平均利润为目标尽量降低价格在营销手段中的地位，重视其他在产品市场中更有效的营销手段，是一种较为公平、正常的定价策略。但此种策略过于关注多方利益，反而缺乏开拓市场的勇气，仅适用于产销较为稳定的产品，而不适应需求多变、竞争激烈的市场环境。

二、产品组合定价策略

当产品只是某产品组合的一部分时，企业必须对定价方法进行调整。这时候，企业要研究出一系列价格，使整个产品组合的利润实现最大化。因为各种产品之间存在需求和成本的相互联系，而且会带来不同程度的竞争，所以定价十分困难。

产品组合定价是指企业为了实现整个产品组合（或整体）利润最大化，在充分考虑不同产品之间的关系，以及个别产品定价高低对企业总利润的影响等因素基础上，系统地调整产品组合中相关产品的价格。主要的策略有：产品线定价、分级定价、互补产品定价、产品捆绑定价。

1. 产品线定价

通常企业开发出来的是产品大类，即产品线，而不是单一产品。当企业生产的系列产品存在需求和成本的内在关联性时，为了充分发挥这种内在关联性的积极效应，需要采用产品线定价策略。在定价时，首先，确定某种产品价格为最低价格，它在产品线中充当招徕价格，吸引消费者购买产品线中的其他产品；其次，确定产品线中某种产品为最高价格，它在产品线中充当品牌质量象征和收回投资的角色；再次，产品线中的其他产品也分别依据其在产品线中的角色不同而制定不同的价格。如果是由多家企业生产经营时，则共同协商确定互补品价格。选用互补定价策略时，企业应根据市场状况，合理组合互补品价格，使系列产品有利销售，以发挥企业多种产品的整体组合效应。

2. 分级定价

分级定价策略又称分档定价心理策略，是指在制定价格时，把同类产品分成几个等级，不同等级的产品价格有所不同，便于顾客按质选择、比较，满足不同类型消费者的需求，从而使顾客感到产品按质论价、货真价实。

3. 互补产品定价

互补产品是指两种或两种以上功能互相依赖、需要配合使用的商品，如打印机与墨盒墨水、剃须刀与刀片、净水机与滤芯等。此种定价法的具体做法是：把价值高而购买频率低的主件价格定得相对低些，对与之配合使用的价值低而购买频率高的易耗品价格适当定得相对高些。如将打印机的价格定得相对低些，墨水墨盒的价格可适当提高。

4. 产品捆绑定价

产品捆绑定价又称组合产品定价。企业经常将一些产品组合在一起定价销售。完全捆绑是指公司仅仅把它的产品捆绑在一起。在一个组合捆绑中，卖方经常比单件出售要少收很多钱，以此来推动顾客购买。如对于成套设备、服务性产品等，为鼓励顾客成套购买，以扩大企业销售，加快资金周转，可以使成套购买的价格低于单独购买其中每一产品的费用总和。

三、折扣定价策略

大多数企业为了增加淡季销售量，或是为了鼓励顾客大量购买其产品，还常常需酌情给顾客一定的优惠，这种价格的调整叫做价格折扣或折让。折扣定价是指对产品的基本价格作出一定的让步，直接或间接降低价格，以争取顾客，扩大销量。其中，直接折扣的形式有数量折扣、现金折扣、功能折扣、季节折扣；间接折扣的形式有回扣和价格折让。

1. 数量折扣

数量折扣指按购买数量的多少，分别给予不同的折扣，购买数量愈多，折扣愈大。其目的是企业给那些大量购买某种产品的顾客优惠，鼓励他们大量购买或集中向本企业购买。数量折扣包括累计数量折扣和一次性数量折扣两种形式。

（1）累计数量折扣。这是对一定时期内累计购买超过规定数量或金额给予的价格优惠，目的在于鼓励顾客与卖方建立长期固定的关系，有利于稳定顾客，鼓励顾客经常购买和长期购买。

（2）一次性数量折扣。它又称非累计性数量折扣，是对一次购买超过规定数量或金额给予的价格优惠，目的在于鼓励顾客增大每份订单购买量，不仅可以鼓励顾客大批量购买，而且有利于节省销售、储存和运输费用，促进产品多销、快销。

2. 现金折扣

现金折扣是给予在规定的时间内提前付款或用现金付款者的一种价格折扣，其目的是鼓励顾客尽早付款，加速资金周转，降低销售费用，减少财务风险。采用现金折扣一般要考虑三个因素：折扣比例、给予折扣的时间限制与付清全部货款的期限。例如，A 公司向 B 公司出售商品 30 000 元，付款条件为 2/10，N/60，如果 B 公司在 10 日内付款，只需付 29 400 元，如果在 60 天内付款，则须付全额 30 000 元。许多行业习惯采用此法以加速资金周转，减少收账费用和坏账。

3. 功能折扣

功能折扣，也叫贸易折扣或交易折扣，是指中间商在产品分销过程中由于所处的环节不同，其所承担的功能、责任和风险也不同，企业据此给予不同的折扣，即制造商给某些批发商或零售商的一种额外折扣，促使他们执行某种市场营销功能，如推销、储存、服务等。其目的是鼓励中间商大批量订货，扩大销售，争取顾客，并促使中间商与生产企业建立长期、稳定、良好的合作关系；对中间商经营的有关产品的成本和费用进行补偿，并让中间商有一定的赢利。功能折扣的比例，主要考虑中间商在分销渠道中的地位、对生产企业产品销售的重要性、购买批量、完成的促销功能、承担的风险、服务水平、履行的商业责任，以及产品在分销中所经历的层次和在市场上的最终售价等。

4. 季节折扣

季节折扣是企业鼓励顾客淡季购买的一种减让，以使企业的生产和销售一年四季能保持相对稳定。有些商品的生产是连续的，但产品的消费却具有明显的季节性。为了调节供需矛盾，生产企业对在淡季购买商品的顾客给予一定的优惠，使企业的生产和销售在一年四季都能保持相对稳定。例如，啤酒生产厂家对在冬季进货的商业单位给予大幅度让利，羽绒服生产企业则为夏季购买其产品的客户提供折扣，旅馆和航空公司在经营淡季期间也提供优惠。季节折扣比例的确定应考虑成本、储存费用、基价和资金利息等因素。季节折扣有利于减少库存，加速商品流通，迅速收回资金，促进企业均衡生产，充分发挥生产和销售潜力，避免因季节需求变化所带来的市场风险。

5. 回扣

回扣是指卖方从买方支付的商品款项中按一定比例返还给买方的价款。按照是否采取账外暗中返还的方式，回扣可以简单分为两种，即账内明示的回扣和账外暗中的回扣。此处所讲的回扣与《反不正当竞争法》中规定的回扣不同，该法中所讲的是指账外暗中的回扣，也就是商业贿赂的典型行为方式。

回扣与折扣的区别，实际上是灰色营销与正常营销中价格行为的区别。折扣一般是明码标价，回扣则大多对外人有所遮掩；折扣要明码标价，所以折扣百分比一般都是事先定好的，而回扣百分比则非常灵活。

6. 价格折让

价格折让就是根据价目表给顾客以价格折扣的另一种类型，是减价的一种形式。例如，新产品试销折让，如商品标价 115 元，去掉零头，减价 5 元，顾客只付 110 元；再如以旧换新折让，当顾客买了一台彩电时，可交还旧电视机，根据国家的惠民补贴可以在价格上给予最高 400 元的折让。

四、心理定价策略

心理定价是根据消费者不同的消费心理而制定相应的产品价格，以引导和刺激购买的价格策略。常用的心理定价策略有尾数定价、声望定价、招徕定价、习惯定价等。

1. 尾数定价

尾数定价策略，又称零数定价、奇数定价、非整数定价，指企业利用消费者求廉的心理，制定非整数价格，而且常常以零数作尾数。例如某种产品价格定为 9.99 元而不是 10 元。使用尾数定价，可以使所定的产品价格在消费者心中产生三种特殊的效应：便宜、精确、中意，此法一般适用于日常消费品等价格低廉的产品。

与尾数定价相反，整数定价针对的是消费者的求名、自豪心理，将产品价格有意定为整数。对于那些无法明确显示其内在质量的商品，消费者往往通过价格的高低来判断其质量的好坏。整数定价常常以偶数，特别是"0"作尾数。整数定价策略适用于需求的价格弹性小、价格高低不会对需求产生较大影响的中高档产品，如流行品、时尚品、奢侈品等。整数定价的好处：可以满足购买者显示地位、崇尚名牌、炫耀富有、购买精品的虚荣心；利用高价效应，在顾客心目中树立高档、高价、优质的产品形象。

吉祥数字定价策略。由于民族习惯、社会风俗、文化传统和价值观念的影响，某些数字常常会被赋予一些独特的含义，企业在定价时如能加以巧用，则其产品将因之而得到消费者的偏爱。当然，某些为消费者所忌讳的数字，如西方国家忌讳的"13"、日本忌讳的"4"，企业在定价时则应有意识地避开，以免引起消费者的反感。

2. 声望定价

声望定价策略指根据产品在顾客心目中的声望、信任度和社会地位来确定价格的一种定价策略。例如一些名牌产品，企业往往可以利用消费者仰慕名牌的心理而制定大大高于其他同类产品的价格，国际著名的欧米茄手表，在我国市场上的销价从一万元到几十万元不等。消费者在购买这些名牌产品时，特别关注其品牌标价所体现出的炫耀价值，目的是通过消费获得极大的心理满足。声望定价的目的：可以满足某些顾客的特殊欲望，如地位、身份、财富、名望和自我形象，这样产品可以通过高价显示出名贵优质。声望定价策略适用于一些知名度高、具有较大市场影响、深受市场欢迎的驰名商标的产品。

3. 招徕定价

招徕定价又称特价商品定价，是指企业将某几种产品的价格定得非常之低，在引起顾客的好奇心理和观望行为之后，带动其他产品的销售，加速资金周转。这一定价策略常为综合性百货商店、超级市场，甚至高档商品的专卖店所采用。

4. 习惯定价

习惯定价策略是指根据消费市场长期形成的习惯性价格定价的策略。对于经常性、重复性购买的商品，尤其是家庭生活日常用品，在消费者心理上已经"定格"，其价格已成为习惯性价格，并且消费者只愿付出这么大的代价。有些商品，消费者在长期的消费中，已在头脑中形成了一个参考价格水准，个别企业难于改变。降价易引起消费者对品质的怀疑，涨价则可能受到消费者的抵制。企业定价时常常要迎合消费者的这种习惯心理。

五、差别定价策略

由于市场上存在着不同的顾客群体、不同的消费需求和偏好，企业为了适应在顾客、产品、地理等方面的差异，常常采用差别定价策略。所谓差别定价（歧视定价）是指企业以两种或两种以上不同反映成本费用的比例差异的价格来销售一种产品或服务，即价格的不同并不是基于成本的不同，而是企业为满足不同消费层次的要求而构建的价格结构。差别定价有以下几种形式：以顾客为基础的差别定价策略、以产品为基础的差别定价策略、以地点为基础的差别定价策略和以时间为基础的差别定价策略。

1. 顾客差别定价

企业把同一种商品或服务按照不同的价格卖给不同的顾客。例如，公园、旅游景点、博物馆将顾客分为学生、年长者和一般顾客，对学生和年长者收取较低的费用；铁路公司对学生、军人售票的价格往往低于一般乘客；自来水公司根据需要把用水分为生活用水、生产用水，并收取不同的费用；电力公司将电分为居民用电、商业用电、工业用电，对不同的用电用途收取不同的电费。

2. 产品差别定价

企业根据产品的不同型号、不同式样，制定不同的价格，但并不与各自的成本成比例。如：33 寸彩电比 29 寸彩电的价格高出一大截，可其成本差额远没有这么大；一件裙子 70 元，成本 50 元，可是在裙子上绣一组花，追加成本 5 元，但价格却可能定到 100 元。一般来说，新式样产品的价格会高一些。

3. 地点差别定价

地点差别定价指对处于不同地点或场所的产品或服务制定不同的价格，即使每个地点的产品或服务的成本是相同的。例如影剧院不同座位的成本费用都一样，却按不同的座位收取不同的价格，因为消费者对座位的偏好不同；火车卧铺从上铺到中铺、下铺，价格逐渐增高。

4. 时间差别定价

产品或服务的价格因季节、时期或钟点的变化而变化。一些公用事业公司，对于用户按一天的不同时间、周末和平常日子的不同标准来收费。长途电信公司制定的晚上、清晨的电话费用可能只有白天的一半；航空公司或旅游公司在淡季的价格便宜，而一到旺季价格就立即上涨。这样可以促使消费需求均匀化，避免企业资源的闲置或超负荷运转。

企业采取差别定价策略的前提条件是：①市场必须是可以细分的，而且各个细分市场表现出的需求程度不同；②细分市场间不会因价格差异而发生转手或转销行为，且各销售区域的市场秩序不会受到破坏；③市场细分与控制的费用不应超过价格差别所带来的额外收益；④在以较高价销售的细分市场中，竞争者不可能低价竞销；⑤推行这种定价法不会招致顾客的反感、不满和抵触。

六、地理定价策略

地理定价策略指由企业承担部分或全部运输费用的定价策略。它包含着公司如何针对国内不同地方和各国之间的顾客决定其产品定价。当市场竞争激烈或企业急于打开新的市场时常采取这种做法。通常一个企业的产品不仅在本地销售，同时还要销往其他地区，而产品从产地运到销售地要花费一定的运输、仓储等费用。那么应如何合理分摊这些费用？不同地区的价格应如何制定，就是地理定价策略所要解决的问题。该策略具体有五种方法：

1. 产地定价

顾客（买方）以产地价格或出厂价格为交货价格，企业（卖方）只负责将这种产品运到产地某种运输工具（如卡车、火车等）上交货，运杂费和运输风险全部由买方承担。这种做法适用于销路好、市场紧俏的商品，但不利于吸引路途较远的买家。

2. 统一交货定价

统一交货定价法也称邮资定价法。它和前者相反，是企业对不同地区的顾客实行统一的价格，即按出厂价加平均运费制定统一交货价。这种方法简便易行，但实际上是由近处的顾客承担了部分远方顾客的运费，对近处的顾客不利，而比较受远方顾客的欢迎。

3. 分区定价

分区定价介于前两者之间，该方法是企业把销售市场划分为远近不同的区域，各区域因运输距离的差异而实行不同的价格，同一区域内实行统一价格。分区定价类似于邮政包裹、长途电话的收费。对企业来讲，该方法可以较为简便地协调不同地理位置用户的运费负担，但对处于分界线两侧的顾客而言，还会存在一定的矛盾。

4. 基点定价

企业在产品销售的地理范围内选择某些城市作为定价基点，然后按照出厂价加上基点城市到顾客所在地的运费来定价。这种情况下，运杂费等费用是以各基点城市为界由买卖双方分担的。该策略适用于体积大、运输费占成本比重较高、销售范围广、需求弹性小的产品。有些公司为了提高灵活性，选定许多个基点城市，按照顾客最近的基点计算运费。

5. 津贴运费定价

津贴运费定价又称为减免运费定价，指由企业承担部分或全部运输费用的定价策略。有些企业因为急于和某些地区做生意，负担全部或部分实际运费。这些卖主认为，如果生意扩大，其平均成本就会降低，因此足以抵偿这些费用开支。此种定价方法有利于企业加深市场渗透。当市场竞争激烈，或企业急于打开新的市场时常采取这种做法。

七、调整定价策略

企业在产品价格确定后，由于客观环境和市场情况的变化，往往会对现行价格进行修改和调整。企业产品价格调整的动力既可能来自于内部，也可能来自于外部。倘若企业利用自身的产品或成本优势，主动地对价格予以调整，将价格作为竞争的利器，这称为主动调整价格。有时，价格的调整出于应付竞争的需要，即竞争对手主动调整价格，而企业也相应地被动调整价格。无论是主动调整，还是被动调整，其形式不外乎是削价和提价两种。

1. 调整定价

企业常面临是否需要降低或提高价格的问题。

（1）企业提价。

企业提价一般会遭到消费者和经销商反对，在以下情况下企业可能会提价：

①产品已经改进。

②应付产品成本增加，减少成本压力。

③适应通货膨胀，物价普遍上涨，企业生产成本必然增加，为保证利润，减少企业损失，不得不提价。

④当产品供不应求，为遏制过度消费。一方面买方之间展开激烈竞争，争夺货源，为企业创造有利条件；另一方面也可以抑制需求增长过快，保持供求平衡。

⑤利用顾客心理，创造优质高价效应。

⑥政府或行业协会的影响。

（2）企业降价。

这是定价者面临的最严峻且具有持续威胁力量的问题。企业在以下情况须考虑降价：

①生产能力过剩，产品供过于求，急需回笼资金，企业用降价来刺激市场需求。

②市场份额下降，企业通过降价来开拓新市场。

③决策者决定排斥现有市场的竞争者。

④由于技术的进步而使行业生产成本大大降低，费用减少，使企业降价成为可能，并预期降价会扩大销售。

⑤政治、法律环境及经济形势的变化，迫使企业降价。

2. 价格变动的反应

任何价格变化都将受到购买者、竞争者、分销商、供应商甚至政府的注意。

（1）顾客对价格变动的反应。

不同市场的消费者对价格变动的反应是不同的，即使处在同一市场的消费者对价格变动的反应也可能不同。顾客对提价的反应可能有：产品很畅销，不赶快买就买不到了；产品很有价值；卖主想赚取更多利润。顾客对降价可能有以下看法：产品样式老了，将被新产品代替；产品有某些缺点，销售不畅；企业财务困难，难以继续经营；价格还要进一步下跌；产品质量下降了。

购买者对价值不同的产品价格的反应也有所不同，对于价值高，经常购买的产品的价格变动较为敏感；而对于价值低，不经常购买的产品，即使单位价格高，购买者也不大在意。此外，购买者通常更关心取得、使用和维修产品的总费用，因此卖方可以把产品的价格定得比竞争者高，取得较多利润。

（2）竞争者对价格变动的反应。

虽然透彻地了解竞争者对价格变动的反应几乎不可能，但为了保证调价策略的成功，主动调价的企业又必须考虑竞争者的价格反应。没有估计竞争者反应的调价，往往难以成功，至少不会取得预期效果。

在实践中，为了减少因无法确知竞争者对价格变化的反应而带来的风险，企业在主动调价之前必须明确回答以下问题：本行业产品有何特点？本企业在行业中处于何种地位？主要竞争者是谁？竞争对手会怎样理解我方的价格调整？针对本企业的价格调整，竞争者会采取什么对策？这些对策是价格性的还是非价格性的？竞争者是否会联合作出反应？针对竞争者可能的反应，企业的对策又是什么？有无几种可行的应对方案？在细致分析的基础上，企业方可确定价格调整的幅度和时机。

竞争者对调价的反应有以下三种类型：

①相向式反应。你提价，他涨价；你降价，他也降价。这样一致的行为，对企业影响不太大，不会导致严重后果。企业坚持合理营销策略，不会失掉市场和减少市场份额。

②逆向式反应。你提价，他降价或维持原价不变；你降价，他提价或维持原价不变。这种相互冲突的行为，影响很严重，竞争者的目的也十分清楚，就是乘机争夺市场。对此，企业要进行调查分析：首先摸清竞争者的具体目的，其次要估计竞争者的实力，再次要了解市场的竞争格局。

③交叉式反应。众多竞争者对企业调价反应不一，有相向的，有逆向的，有不变的，情况错综复杂。企业在不得不进行价格调整时应注意提高产品质量，加强广告宣传，保持分销渠道畅通等。

3. 对价格变动的应对

竞争对手在实施价格调整策略之前，一般都要经过长时间的深思熟虑，仔细权衡调价的利害，但是，一旦调价成为现实，这个过程则相当迅速，并且在调价之前大多要采取保密措施，以保证发动价格竞争的突然性。企业在作出反应时，首先必须分析：竞争者调价的目的是什么？竞争者的调价是暂时的，还是长期的？竞争者的调价能否持久？企业面临竞争者应权衡得失：是否应作出反应？如何反应？另外还必须分析价格的需求弹性，产品成本和销售量之间的关系等复杂问题。企业要作出迅速反应，最好事先制定反应程序，到时按程序处理，提高反应的灵活性和有效性，如下图所示。

一般说来，在同质产品市场上，如果竞争者降价，企业必随之降价，否则企业会失去大部分顾客。但面对竞争者的提价，本企业既可跟进，也可以暂且观望。如果大多数企业都维持原价，则最终迫使竞争者把价格降低，从而使竞争者涨价失败。

在异质产品市场，由于每个企业的产品质量、品牌、服务和消费者偏好等方面有着明显的不同，因而面对竞争者的调价策略，企业有较大的选择余地，具体如下：

①价格不变，任其自然。

②价格不变，加强非价格竞争如广告、售后服务、销售网点等。

③部分或完全跟随竞争者的价格变动。

④以优越于竞争者的价格跟进并结合非价格手段进行反击，如采取比竞争者更大的幅

度降价或更小的幅度提价。

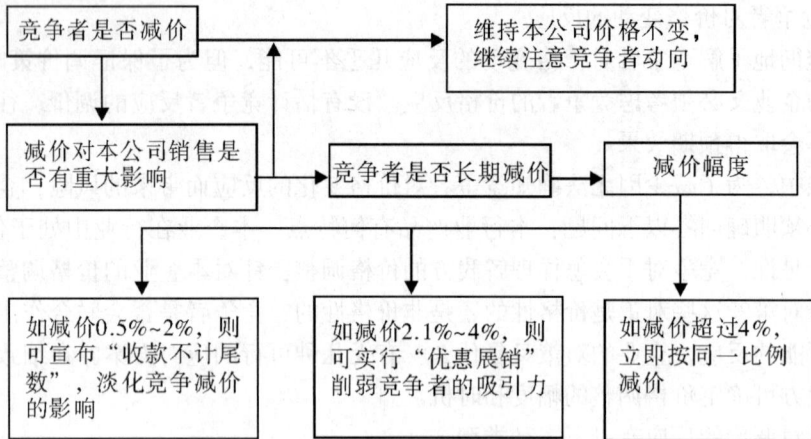

图 6 - 1　某企业对竞争者调价的估计和反应

【知识要点】

企业定价策略是指企业为实现企业定价目标，根据市场中影响产品价格的不同因素，在制定价格时灵活采取的各种定价手段和定价技巧。主要有三种定价策略：新产品定价策略、产品组合定价策略和折扣定价策略。除此以外，还有其他几种定价策略：心理定价策略、差别定价策略、地理定价策略、调整定价策略。

【活动一】　为自己的模拟企业的新产品进行定价

一、活动内容

各组针对本组建立的模拟企业拟经营的新产品进行分析，选择哪种新产品定价策略并说明理由。

二、活动步骤和要求

1. 各小组深入了解新产品及所在行业特点。

2. 每组派一名代表阐述自己的定价策略并说明理由。

3. 任课教师对各组的交流结果作出评价和指导，并评选出优胜组。

【活动二】　应对竞争对手的调价策略

一、活动内容

选择某些知名竞争企业（如格力与美的、爱仕达与苏泊尔、立邦与多乐士、帮宝适与好有、妈咪宝贝等），研讨调价策略。

二、活动步骤和要求

1. 每两个小组各选择一家知名企业形成竞争关系，深入了解该行业特点。

2. 其中一家进行调价，另外一家应该作出什么反应？每组派一名代表在全班交流分享调查结果。

3. 任课教师对各组的交流结果作出评价和指导，并评选出优胜组。

【思考与练习】

一、判断题

1. 在实际生活中，商品价格上升，消费者一定会减少购买。（   ）

2. 一般情况下，若需求增加，产品价格就会上升，而价格上升又将导致需求的减少。（   ）

3. 非累计数量折扣的目的是鼓励买方一次性多买。（   ）

4. 对于项链，可标价为 9 999.8 元的尾数定价策略，以产生这是经过精确计算的最低价格的心理。（   ）

5. 单位产品价格越高，越能实现企业利润最大化。（   ）

6. 采用变动成本定价法，单价一定不能低于总成本。（   ）

7. 在垄断的市场条件下，企业对产品的定价自由度较大。（   ）

8. 随行就市定价法适用于同质性强的产品。（   ）

9. 投标定价法，一般由买方公开招标，卖方竞标，密封定价，出价高者易中标。（   ）

10. 撇脂定价就是在产品投放市场时，制定较低的价格，以便迅速占领市场。（   ）

二、选择题

1. 下列定价方法中允许将价格定在成本以下的是（   ）。

A. 成本加成定价法　B. 目标收益定价法　C. 边际贡献定价法　D. 声望定价法

2. 属于竞争导向定价的是（   ）。

A. 随行就市定价　　B. 感受价值定价　　C. 拍卖定价　　　　D. 投标定价

3. 凡在某日之前一次性付清全部货款的经销商，可享受2%的价格折扣，这种价格折扣属于（   ）。

A. 季节折扣　　　　B. 现金折扣　　　　C. 数量折扣　　　　D. 交易折扣

4. 以下情况下，新产品可采取撇脂定价策略（   ）。

A. 产品需求的价格弹性小

B. 生产和分销成本有可能随产量和销量的扩大而降低

C. 新产品无明显特色，且市场已被他人占领

D. 欲迅速占领市场

5. 企业把新产品的价格定得较低，以吸引大量顾客，提高市场占有率，这种定价策略叫做（   ）。

A. 撇脂定价　　　　B. 渗透定价　　　　C. 目标定价　　　　D. 加成定价

6. 吉列公司在剃须刀架上定价较低，但与之配套的刀片定价较高，这是（   ）定价。

A. 撇脂　　　　　　B. 必需附带品　　　C. 招徕　　　　　　D. 折扣

7. 好又多超市经常会推出一些低于成本价格出售的商品，以带动其他产品的销售，这种定价方法属于（   ）。

A. 差别定价法　　　B. 整数定价法　　　C. 招徕定价法　　　D. 尾数定价法

8. 中国服装设计师李艳萍设计的女士服装以典雅、高贵享誉中外，在国际市场上，

一件"李艳萍"牌中式旗袍售价高达 1 千美元,这种定价策略属于 (　　) 策略。

    A. 声望定价　　　　B. 地区定价　　　　C. 招徕定价　　　　D. 需求导向定价

    9. 影响产品需求价格弹性的因素很多,在以下哪种情况下产品的需求价格弹性小?
(　　)

    A. 与生活关系密切的必需品

    B. 缺少替代品且竞争产品也少的产品

    C. 知名度高的名牌产品

    D. 与生活关系不十分密切且竞争产品多的非必需品

    10. 贵阳"信阳"奶场卖给贵阳市零售奶点的奶价是出厂价 (1.00 元/袋 + 运费 0.02 元/袋),遵义市、安顺市、凯里市的奶价是出厂价 (1.00 元/袋 + 运费 0.10 元/袋),铜仁市、兴义市的奶价是出厂价 (1.00 元/袋 + 运费 0.12 元/袋),这种定价方法属于 (　　)。

    A. 分区运送价格　　B. 产地交货价格　　C. 目的地交货价格　　D. 统一运送价格

话题七　酒香也怕巷子深

——渠道策略

【知识目标】

　　通过本章的学习，让学生了解分销渠道的概念、模式和类型，了解影响分销渠道选择的因素和分销渠道策略；了解中间商的类型和直销的含义。

【能力目标】

　　通过本章的学习，培养和提高学生在特定业务中分析问题与决策设计的能力，能为产品策划分销渠道并编制产品分销渠道策划书。

任务一　了解分销渠道的类型

【案例】

格力空调：离开国美，走自己的路

　　珠海格力集团公司是珠海市目前规模最大、实力最强的企业之一。集团拥有的"格力"、"罗西尼"两大品牌于1999年1月和2004年2月被国家工商总局认定为中国驰名商标。2003年，格力集团共实现营业收入198.42亿元，位列中国企业500强第88名。经过多年的发展，格力空调已奠定了国内空调市场的领导者地位，格力品牌在消费者中享有较高的声誉。据国家轻工业局、央视调查中心的统计数据，从1996年起，格力空调连续数年产销量、市场占有率均居行业第一。现在，格力空调产品覆盖全国并远销世界100多个国家和地区。

　　多年以来，格力空调一直采取的是厂家—经销商/代理商—零售商的渠道策略，并在这种渠道模式下取得了较高的市场占有率。然而近年来，一批优秀的渠道商经过多年发展，已经成长为市场上的一支非常重要的力量。其中尤以北京国美、山东三联、南京苏宁为代表的大型专业家电连锁企业的表现最为抢眼。这些超级终端浮出水面，甚至公开和制造企业"叫板"。自2000年以来，这些大型专业连锁企业开始在全国各大中城市攻城略地，在整个家电市场中的销量份额大幅度提高，公司地位也直线上升。2004年2月，成都国美为启动淡季空调市场，在相关媒体上刊发广告，把格力两款畅销空调的价格大幅度下降，零售价原为 1 680 元的 1 匹挂机被降为 1 000 元，零售价原为 3 650 元的 2 匹柜机被降为 2 650 元。格力认为国美电器在未经自己同意的情况下擅自降低了格力空调的价格，破坏了格力空调在市场中长期稳定、统一的价格体系，导致其他众多经销商的强烈不满，并有损其一线品牌的良好形象，因此要求国美立即终止低价销售行为。格力在交涉未果后，决定正式停止向国美供货，并要求国美电器给个说法。

2004 年 3 月 10 日，四川格力开始将产品全线撤出成都国美 6 大卖场。四川格力表示，这是一次全国统一行动，格力在全国有 20 多家销售分公司，其中有 5 家公司与国美有合作，产品直接在国美销售，导致这次撤柜的主要原因是与国美在 2004 年度的空调销售政策上未能达成共识。3 月 11 日，国美北京总部向全国分公司下达通知，要求各门店清理格力空调库存。通知称，格力代理商模式、价格等已经不能满足国美的市场经营需求，要求国美各地分公司做好将格力空调撤场的准备。

面对国美的"封杀令"，格力的态度并没有退让。格力电器公司总经理董明珠接受《广州日报》记者采访时表示，格力只与国美的少数分店有合作，此事对格力空调的销售几乎没有什么影响，自己的销售方式也不会为此作出改变。对一个企业来说，对任何经销商都应该是一个态度，不能以大欺小，格力对不同的经销商价格都是一样的。格力在各地设立自己的销售公司主要是为了在各个区域进行市场规范管理，保持自己的品牌形象，而销售公司靠服务取得合理利润，价格一直贴近市场，格力空调去年 500 万台的销量就证明了这一点，因此格力不会改变这种销售方式。对于今后能否与国美继续合作，格力坚持厂商之间的合作必须建立在平等公正的基础上，违背这种合作原则只能一拍两散。

事实上，在国美、苏宁等全国性专业连锁企业势力逐渐强盛的今天，格力电器依然坚持以依靠自身经销网点为主要销售渠道。格力是从 2001 年下半年才开始进入国美、苏宁等大型家电卖场中的。与一些家电企业完全或很大程度地依赖家电卖场渠道不同的是，格力只是把这些卖场当作自己的普通经销网点，对其他众多经销商一视同仁，因此在对国美的供货价格上也与其他经销商一样，这是格力电器在全国的推广模式，也是保障各级经销商利益的方式。以北京地区为例，格力拥有着 1 200 多家经销商。2003 年度格力在北京的总销售额为 3 亿元，而通过国美等大卖场的销售额不过 10%。由于零售业市场格局的变化，格力的确已经意识到原来单纯依靠自己的经销网络已经不适应市场的发展，因此从 2001 年开始进入大卖场，但格力以自有营销网络作为主体的战略并没有改变。

而在国美方面，国美电器销售中心副总经理何阳青认为，格力目前奉行的股份制区域性销售公司的"渠道模式"在经营思路以及实际操作上与国美的渠道理念是相抵触的。国美表示，格力的营销模式是通过中间商的代理，然后国美再从中间商那里购货。这种模式中间增加了一道代理商，它必定是要增加销售成本的，因为代理商也要有它的利润。格力的这种营销模式直接导致了空调销售价格的抬高，同品质的空调，格力要比其他品牌贵 150 元左右，这与国美一直推行的厂家直接供货、薄利多销的大卖场模式相去甚远。国美与制造商一般是签订全国性的销售合同，而由于现在格力采取的是股份制区域性销售公司的经营模式，与格力合作时就不得不采取区域合作的方式，这与国美的经营模式也是不相符合的。

思考：

1. 格力空调和国美电器之间的渠道冲突反映了新时期厂商和渠道商之间新型的博弈关系。你认为现在厂商和渠道商之间的力量对比如何？二者之间的关系应当如何处理？

2. 格力空调现在所采取的渠道策略正确吗？你认为可以从什么方面加以改进？

一、分销渠道的含义

分销渠道，也叫销售渠道，是指某种产品在从制造商向消费者转移过程中，取得这种产品所有权或帮助所有权转移的所有企业和个人。

分销渠道是最基本的市场营销组合因素 4P 之一，较大程度地影响产品、价格、促销，甚至决定产品在市场上成功与否，担负着产品及时转移并引导消费的重要功能。

讨论：

在供应商、制造商、批发商、零售商、工商局、代理人、银行、经纪人、顾客等经商机构和人员中，哪些是分销渠道的成员？为什么？

二、分销渠道的类型

【案例】

苹果牌牛仔休闲系列服装是美国出产的著名服装品牌，该企业为了维护自己的声誉和形象，采取了直接渠道销售，在世界各地设立自销网点，有效地杜绝假冒伪劣商品对品牌的损害，从而保证了企业商品的信誉。

（一）直接分销渠道

直接分销渠道，指生产企业不通过中间商环节，直接将产品销售给消费者。直接分销渠道是工业品分销的主要类型。

直接分销渠道的典型形式是生产者→消费者。

1. 直接分销渠道的优点

（1）有利于产、需双方沟通信息，可以按需生产，更好地满足目标顾客的需要。由于是面对面的销售，用户可以更好地掌握产品的性能、特点和使用方法；生产者能直接了解用户的需求、购买等特点及其变化趋势，进而了解竞争对手的优势和劣势及其营销环境的变化，为按需生产创造了条件。

（2）可以降低产品在流通过程中的损耗。由于去掉了产品流转的中间环节，减少了销售损失，这样能加快产品的流转。

（3）可以使购销双方在营销方式上相对稳定。一般来说，按直销渠道进行商品交换，交换的数量、时间、价格、质量、服务等都按合同规定履行，购销双方的关系以法律的形式于一定时期内固定下来，使双方把精力用于其他方面的战略性谋划。

（4）企业可以在销售过程中直接进行促销。企业直接分销可以针对最终客户开展促销活动。

2. 直接分销渠道的缺点

（1）目标顾客方面：对于绝大多数生活资料产品，其购买呈小型化、多样化和重复性。生产者仅凭自己的力量去广设销售网点，往往力不从心，甚至事与愿违，很难使产品在短期内广泛分销，很难迅速占领或巩固市场。企业目标顾客的需要得不到及时满足，势必转而购买其他厂家的产品，这就意味着企业可能会失去目标顾客和市场占有率。

（2）协作伙伴方面：商业企业在销售方面比生产企业的经验丰富，这些中间商最了解顾客的需求和购买习性，在产品流转中起着不可缺少的桥梁作用。而生产企业自销产品，就拆除了这一桥梁，势必自己去进行市场调查，包揽了中间商所承担的人财物等费用。这样加重了生产者的工作负荷，分散了生产者的精力。更重要的是，生产者将失去中间商在销售方面的协作，为产品价值的实现增加了新的困难，使目标顾客的需求难以得到及时满足。

（3）生产者与生产者之间：当生产者仅以直接分销渠道销售产品，致使目标顾客的需求得不到及时满足时，同行生产者就可能趁机进入目标市场，夺走目标顾客和商业协作伙伴。在生产性团体市场中，企业的目标顾客常常是购买本企业产品的生产性用户，他们又往往是本企业专业化协作的伙伴。

【案例】

福特汽车公司曾开发一种"埃德塞尔"汽车，公司决定采用直接销售渠道，设立众多的销售网点。但这些销售网点需要大量的工作人员和设备，费用很高，最后企业因资金不足没办法选择最优秀的汽车推销人员，最终由于销售不抵支出，而使"埃德塞尔"汽车上市失败。

（二）间接分销渠道

间接分销渠道是指生产者利用中间商将商品供应给消费者或用户，中间商介入交换活动。

间接分销渠道的典型形式是生产者→中间商→消费费。

如何利用间接渠道使自己的产品广泛分销，已成为现代企业进行市场营销时所研究的重要课题之一。

1. 间接分销渠道的优点

（1）有助于产品广泛分销。中间商在产品流转的起点同生产者相连，在其终点与消费者相连，从而有利于调节生产与消费在品种、数量、时间与空间等方面的矛盾。间接分销既有利于满足目标顾客的需求，又有利于企业产品价值的实现，更能使产品广泛地分销，巩固已有的目标市场，扩大新的市场。

（2）缓解生产者人财物等力量的不足。中间商购买了生产者的产品并交付了款项，就使生产者提前实现了产品的价值，开始新的资金循环和生产过程。此外，中间商还承担销售过程中的仓储、运输等费用，也承担着其他方面的人力和物力，这就弥补了生产者营销中力量的不足。

（3）可以进行间接促销。消费者往往是货比数家后才购买产品，而一位中间商通常经销众多厂家的同类产品，中间商对同类产品的不同介绍和宣传，对产品的销售影响甚大。此外，实力较强的中间商还能支付一定的宣传广告费用，具有一定的售后服务能力。所以，生产者若能取得与中间商的良好协作，就可以促进产品的销售，并从中间商那里及时获取市场信息。

（4）有利于企业之间的专业化协作。现代机器大工业生产的日益社会化和科学技术的突飞猛进，使专业化分工日益精细，企业只有广泛地进行专业化协作，才能更好地迎接新技术、新材料的挑战，才能经受住市场的严峻考验，才能大批量、高效率地进行生产。

2. 间接分销渠道的缺点

（1）可能形成"需求滞后差"。中间商购走了产品，并不意味着产品就从中间商手中销售出去了，也有可能出现销售受阻。

（2）可能加重消费者的负担，导致抵触情绪。

（3）不便于生产者和消费者直接沟通信息。

（三）长渠道和短渠道

【案例】

上海铅笔一厂生产的爱丽丝化妆笔的成功就在于它的长渠道策略。在选择销售渠道时，该厂选择了上海百货公司作为经销商。上海百货公司不仅是一家大型的百货零售店，还是上海著名的一级批发商。该公司在全国各地与多家二级批发站有长期的供销业务关系，年营业额达 10 亿元左右，具有辐射面广、销售量大的特点，是一个理想的销售渠道伙伴。最后，通过双方的努力，爱丽丝化妆笔遍布全国市场，成为人们最容易买到的化妆笔。

分销渠道的长短一般按通过流通环节的多少来划分，产品从制造商向消费者转移的过程中，任何一个对产品拥有所有权或负有推销责任的机构，都叫做一个渠道层次。渠道层次的多少决定了渠道模式。具体包括以下四层：

1. 零级渠道

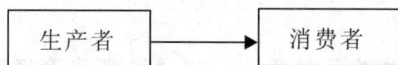

2. 一级渠道

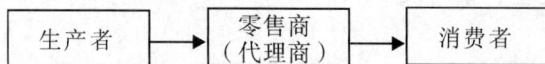

3. 二级渠道

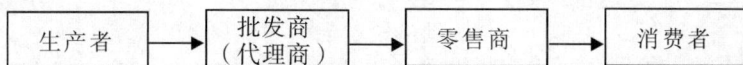

4. 三级渠道

生产者 → 代理商 → 批发商 → 零售商 → 消费者

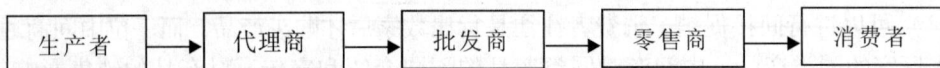

可见，零级渠道最短，三级渠道最长。

长渠道策略是指产品分销过程中经过两个或两个以上的中间环节销售产品；短渠道策略是指企业仅采用一个中间环节或直接销售产品。这两种策略各有利弊，企业必须认真分析和选择。

长渠道由于渠道长、分布广泛密集，能有效覆盖市场，从而扩大商品销售范围和规模。缺点则主要表现为：销售环节多，流通费用也会相应增加，使商品价格提高，价格策略选择余地变小；信息反馈慢，且失真率高，不利于企业正确作出决策；需要更好地协调渠道成员间的关系。

短渠道可以减少流通环节，节约流通费用，缩短流通时间；使信息反馈迅速、准确；有利于开展销售服务工作，提高企业信誉；有利于密切生产者与中间商及消费者的关系。缺点是难于向市场大范围扩张，市场覆盖面较小；渠道分担风险的能力下降，加大了生产者的风险。

【知识要点】

所谓分销渠道，就是指某种产品和服务在从生产者向消费者转移过程中，取得这种产品和服务的所有权或帮助所有权转移的所有企业和个人。分销渠道既可根据渠道层次也可以根据分销渠道的宽度来分类，生产者应从不同企业、不同产品的实际情况出发，进行正确选择，以利于商品销售市场的开拓。

【趣味讨论】

摩托车生产企业在推销产品时，应采用哪种分销渠道？

【活动一】 理解不同的分销渠道

一、活动内容

回忆自己的购买经历，了解直接分销渠道和间接分销渠道。

二、活动步骤和要求

1. 请学生回忆自己的一些购买经历，一般通过哪些途径购买过商品，分析商家类型和渠道类型。在小组讨论。

2. 选取不同典型类型，填写表 7 - 1。

表7-1　分销渠道类型的理解

所购商品	产品类型	购买途径	商家类型	渠道类型

3. 各小组派代表在班级交流。教师进行归纳总结。

【活动二】分析案例，选择合适的分销渠道

一、活动内容

河北省鹿县盛产枸杞，其产量占全国枸杞总产量的较大比重。但是有关部门不愿意收购，说是产大于销，无销路。果真如此吗？经调查了解，枸杞不是无销路，而是拥有很大的市场，问题在于缺乏一个合适的销售途径。原来，人们生活水平提高了，枸杞不再是纯粹的中草药，还有其他用途：是滋补品、是桌上佳肴、是馈赠亲友的上好礼品。请根据以上情况，做一个企业枸杞行销疏通渠道策划。

二、活动步骤和要求

1. 各小组成员认真研读案例并填写表7-2。

表7-2　案例分析记录表

问题	分析记录
你认为鹿县枸杞滞销的原因是什么	
你认为鹿县枸杞应采用哪种渠道策略	

2. 小组成员交流并分享对案例的分析结果。

3. 各组选派一名代表在全班交流分享案例分析结果。

4. 任课教师对各组的交流结果作出评价和指导，并评选出优胜组。

任务二　认识中间商

【案例】

耐克：品牌的胜利——中间商

耐克作为一个全球品牌已享有很高的知名度，年销售额近95亿美元，但它并不拥有自己的生产基地。不设厂，一年却有如此巨大的销售额，这似乎让人难以置信，但耐克做到了。很多人还没有注意到耐克是一个中间商品牌，这也正是它的核心成功之道。在产品生命周期越来越短的背景下，传统的必须拥有生产基地的做法其市场的风险很大。耐克以一种新的竞争方式向世人展示了中间商品牌的核心竞争力。

耐克正式命名是在 1978 年，到 1999 年全球销售额已达 95 亿美元，跨入《财富》500强行列，超过了原来同行业的领袖品牌阿迪达斯、锐步，并被誉为近 20 年来世界成功的消费品公司。

耐克营销的创新之处，在于它采用中间商品牌路线，为了显示自己在市场方面的核心优势，它没有去建立自己的生产基地，并不自己生产耐克鞋，而是在全世界寻找最好条件的生产商为耐克生产。并且，它与生产商的签约期限不长，这有利于耐克掌握主动权。选择生产商的标准是：成本低，交货及时，品质有保证。这样，耐克规避了制造业公司的风险，专心于产品的研究与开发，大大缩短了产品的生命周期，快速推出新款式。

耐克的另一营销创新在于其传播策略。它采用青少年崇拜的偶像如迈克尔·乔丹等进行传播，还利用电子游戏设计耐克的专用游戏。每当新款式推出之后，它请乐队来进行演奏，传播一种变革思想和品质。耐克的传播策略使其品牌知名度迅速提升，建立了高度认同的品牌资产价值。

耐克的成功在于，它集中于做自己最擅长的事，把自己不擅长的事交给别人去做。

思考：
谈谈耐克是怎样利用中间商取得成功的？

一、中间商的含义

中间商是指在制造商与消费者之间，专门从事商品转移的经济组织或个人。中间商可以按照不同的标准进行分类，按照中间商是否拥有商品所有权，可将其划分为经销商和代理商；按照销售对象的不同，中间商分为批发商和零售商。

讨论：网络时代是不是中间商的噩梦？
许多人认为，未来所有的公司都是利用网络做生意，最终客户能随时找到制造加工商，消费者也将会直接向制造商购买低价的产品，因此，中间商（贸易公司）面临淘汰挑战。也有很多人提出截然不同的看法，他们认为在网络时代，制造商会借助网络与消费者、最终客户直接沟通，但是中间商也同样可以借助网络新工具提供更好的贸易服务，网络是中间商的新机遇。

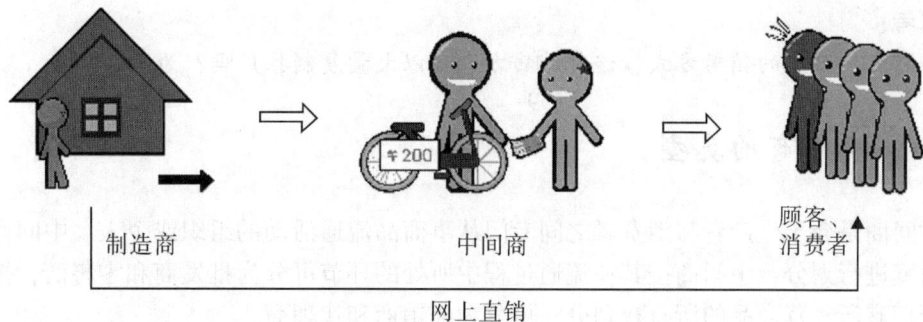

网上直销

二、选择中间商的重要性

1. 中间商是渠道功能的重要承担者

中间商可以全部或部分参与分销渠道的实物流、促销流、市场信息流。一般而言，分销渠道所具有的实现产品价值及提高交易效率和效益的功能以及增强企业竞争优势的功能，多数都是在中间商的积极参与下完成的，因此，企业对合格的中间商要求很高。1999年3月，浙江天丰化学有限公司将其生产的"野老"牌稻苗除草剂首次推向湖北省农资市场。这一产品的上市取得了极大的成功，短短几个月就占领了湖北省稻田除草剂90%的市场，成为农户的首选品牌。"野老"除草剂之所以获得成功，除了有效的广告宣传外，主要应归功于对经销商——益农公司的选择管理。

2. 中间商客观上存在资源和能力的差异

认识其差异，并据此选择中间商至关重要。如零售业巨人沃尔玛拥有强大计算机网络系统，当供应商与沃尔玛建立起固定关系后，供应商可通过沃尔玛的专门网络系统，随时查看自己商品的销售情况，以便科学地计划自己的产品生产。沃尔玛完善的配送体系，也有助于产品迅速到达消费者手中。

3. 中间商的合作目标和意愿各不相同

企业只有选择那些具有较强合作意愿的中间商，才能减少摩擦和降低风险。三株公司的发展在1997年达到了鼎盛时期，销售收入为40亿元。其成功之处主要是该公司的分销模式。其分销网络，按层次分为总公司、产品营销中心、战区指挥部、子公司、分公司、工作站六级组织，销售人员高达20万。但这些子公司，销售中心都不是三株公司直接投资建立的，而是由网罗在三株公司麾下的各类中间商所建。由于扩张过快，中间商良莠不齐，某些中间商做大之后，另立门户，携款逃跑的事时有发生，致使三株辉煌不再。

【案例】

戴尔计算机公司1984年由迈克尔·戴尔创立。现已成为全球领先的计算机系统直销商，跻身业内主要制造商之列。所谓戴尔直销方式，是指戴尔公司互联网商务网站建立一套与客户联系的渠道，由客户直接向戴尔发订单，订单中可以详细列出所需的配置，然后由戴尔"按单生产"。戴尔所称的"直销模式"实质上就是简化、消灭中间商。

思考：

如何评价戴尔的销售方式，这种销售方式可以大量复制推广吗？为什么？

三、中间商的类型

中间商是介于生产者与消费者之间专门从事商品流通活动的组织或个人。中间商可从多种角度进行划分，中间商按其在流通过程中所处的环节可分为批发商和零售商，按中间商是否拥有所经营商品的所有权划分，可分为经销商和代理商。

（一）批发商和零售商

1. 批发商

（1）批发商的概念。

批发商是指供进一步转售或进行加工而买卖大宗商品的经济行为（交易行为），专门从事这种经济活动的商业企业叫批发商业企业（国外均称批发商）。从市场学角度看，衡量其是否属于批发商，关键看其购买动机和目的。一般说，凡是其购买行为是为了进一步转卖或供其他企业进一步加工生产都是批发交易，凡是经营批发交易的组织和个人统称为批发商。

（2）批发商的类型。

按批发商是否拥有所经办商品的所有权可将批发商划分为以下主要类型：

①买卖批发商。也叫商人批发商、独立批发商，它对其所经营商品拥有所有权。买卖批发商按其经营商品范围可划分为：

a. 普通批发商。即一般批发商，这种批发商经营普通商品、一般货物，而且经营范围广、种类多，销售对象主要是普通日杂店、小百货店、五金商店、电器店、药店等。

b. 产品线批发商。它经营的商品仅限于某一类商品，且这一类商品的花色、品种、规格、厂牌都较齐全。

c. 专业商品批发商。它经营产品线中有限的几种产品项目，专业化程度高，主要同大零售商和专业零售商进行交易。

②制造商的营业部和销售机构。这是一种为制造商所有，专门经营其产品的批发销售业务的独立机构，与制造商是隶属和所有的关系。

2. 零售商

（1）零售商的概念。

零售商是指将所经营的商品直接出卖给最终消费者的个人或组织。

（2）零售商的特点。

①零售商的销售对象是最终消费者。主要包括：消费者个人、家庭、从零售商购买商品用作消费的机关团体等。商品经过零售，便离开流通领域进入消费领域，实现商品价值。

②零售商的交易较批发商频繁，且每次交易的量小。由于零售商的销售对象是最终消费者，所以作为个人和家庭的消费需要量较小，而购买次数却较为频繁。

　　③零售商的地区分布较批发商广，一般分散在全国各地广大消费者中间。这是由零售商所处的地位决定的，零售商是专门从事零售贸易，直接为广大最终消费者服务的单位，而各种商品的最终消费者分散在全国各地。

　　（3）零售商的类型。

　　零售商的类型可按不同的标准进行划分，这里只介绍几种典型的零售商组织形式。

　　专业商店是一种专门经营一类或几类商品的商店。大体有专营钟表、食品、皮货、服装、毛织品、蔬菜等，有的只经营本行业商品，有的兼管其他行业，但在消费上经营有连带性的商品都称为专业性商店（如筷子商店，不仅经营筷子，饭桌上的其他餐具也都经营；又如礼品商店，既经营床上用品又经营工艺品、灯具、皮箱等）。这种商店将随商品经济的发展越来越多，分工越来越细。其特点是经营的商品种类上比较单一，专业性较强（系列少、项目多，深度大），具体的商品品种、花色、规格比较齐全，有利于消费者广泛挑选。同时，也是研究消费者需求变化的典型场所。

　　百货商店（百货公司）是一种大规模的以经营日用工业品为主的综合性的零售商业企业，经营的商品类别（系列）多，同时每类商品（每条商品线）的花色、品种、规格齐全（项目多），实际上是许多专业商店的综合体。百货商店一般以大、中型居多；从日用品到食品，从工业到土特产品，从低档、中档到高档品都经营，综合性强。它又是高度组织化的企业，内部分设商品部或专柜，商品部相对独立（一般半独立核算），可自己负责商品进货业务，控制库存，安排销售计划。1862 年，法国巴黎的"好市场"是世界上第一家百货公司，百年来，百货公司仍是零售商业的主要形式之一。美、日、法等国的大型百货公司，销售的商品多在 25 万种以上，最高的达到 50 万种。百货公司又是城市一、二级商业群的骨干企业。

　　超级市场是一种消费者自我服务、敞开式的自选售货的零售企业。它是"二战"后发展起来的，最先在欧美兴起，现在欧美十几个国家中已有超级市场 20 万个。超级市场一般以经销食品和日用品为主，其特点主要是：①薄利多销，基本上不设售货员，经营中低档商品；②商品采用小包装，标明分量、规格和价格；③备有小车或货筐、顾客自选商品；④出门一次性结算付款。超级市场规模，营业面积小的有 8 000 平方英尺，约合 180 平方米，最大的有 18 000 平方英尺，约合 1 620 平方米。日本最大的大荣超级市场有 15 个店铺（不在一个地方），营业面积有 993 000 平方米。超级市场的经营范围，初期的超级市场以食品为主，兼营少量杂货。目前一些超级市场除经营上述商品外还兼营化妆品、文具、五金、服装等，产品和服务多达七八千种，目前向综合服务发展，增设停车场、咖啡馆、俱乐部、电影院以及银行、保险、邮政等各种服务设施，发展很快，日本的超级市场销售额已超过百货公司。超级市场的优点：省人（节省劳动力和劳务开支）；省地（充分利用营业面积）；省钱（节省投资）；省时（不用排队，手续简便）；干净（尤其是副食、蔬菜）。

　　折扣商店是"二战"之后兴起的有影响的零售企业，它也是一种百货公司，主要以低价竞销，重点经营，不限制营业时间，自助选购。20 世纪 40 年代曾与百货商店有过激烈的竞争，出售商品以家庭生活用品为主，其特点是：①出售的商品价格比一般商店低。②出售全国性牌号商品，保证质量。③采取自动式售货，很少服务。④店址不在闹市区。⑤设备简单，折扣商店明码标价，但出售时给予一定折扣。折扣商店经营的主要商品是家庭耐用商品，如洗衣机、电视机、收音机等。

样本售货商店主要出售毛利高，周转快的名牌货，包括装饰品、电动工具、皮箱、皮包、摄影器材等。这种商店设有彩色样本，除本土实物照片之外，还标有货号、价格以及折扣数，顾客可凭样本打电话订货，由商店送货到家，收取货款和运费。如果顾客需要取货，商店设有陈列室，把各种商品放在玻璃橱中，可供展览。这是一种很新的销售方式。20 世纪 60 年代后期美国开始建立这种商店之后，成为最热门的零售方式之一。

自动售货机。"二战"以后，自动售货机的商品不断增加，目前出售的商品已由香烟、软饮料、糖果报纸等，扩大到化妆品，唱片、磁带、袜子、胶卷等。在美国，自动售货机遍及各种场所，大型零售店、加油站、咖啡馆，以及火车餐车，娱乐场、学校、机关单位等常设有自动售货机，无人看管，只有工人定期巡回补货。自动售货机的缺点是经营费用很高，机器常需要保养和修理，所以自动售货机的商品价格比正常零售价稍高一些。宜采用自动售货机的商品多半是人们信得过的名牌货，而且限于单价稳定，体积小，包装或容量标准化的商品。自动售货机在日本还发展为自动吹风机，自动电话出租机。

连锁商店指的是在同一资本系统的统一管理之下，分设两个以上的商店。其经营业务在一定程度上受总店的控制，每一家商店都是这个集团的构成单位。一般总店控制范围有：①统一店名，对商店地点的选定、设施的提供、主要人员的安排和培训均由总店负责；②商品的采购、保管和广告由总店控制；③总店直接向厂家进货，发送给各商店，并规定经理的销售权利。这种商店的主要特点是：其管理制度相当标准化。连锁组织中各家商店在计价上、宣传推广上以及售货方式上都有统一形象，使消费者无论走到哪里从视觉上首先感到是同一组织的连锁商店。一般说来，商店与工厂不同，单纯靠商店的大型化来提高销售效率，不切实际，也不可能都有条件，竞争效果不一定好。而连锁商店规模适当、数量较多、分布面广，就能获得大规模经营的各种主要利益。这种商店在美国一般是指在同一资本系统下拥有很多家商店（通常在 11 家以上）才能称作连锁商店组织，有的叫"联销网"，在英国叫"多支商店"。

购物中心的形式可分为两种：①相当于商场的形式，设立在公共建筑物中由出售食品和日用品的零售商店组成；②相当于商业街的形式，这类购物中心位于住宅区附近，有的位于市中心或交通枢纽。在这个区域内，商业中心一般是以百货商店和超级市场为主，此外，尚有各种类型的专业商店、食品店、饭菜馆、银行等形成一个区域性购买中心（我国称为零售商业群）。如日本位于大阪郊区的千里购物中心，就以百货商店和超级市场为主，配以各种食品店、日用品店、专卖店、饭馆和娱乐场所，形成一个商业服务中心。

特许代管组织。这是与连锁店较相似的另一种组织形式，是近三十年来与连锁商店竞争最激烈的经营方法。特许代管组织是由特许人、一家制造商、批发商或服务组织为一方，若干特许代管人（若干家批发商或零售商）为另一方，以契约形式固定下来，独立经营、自负盈亏。特许代管组织形式在国外有三类：第一类是由制造商筹组的零售商特许代管，即生产厂主持组织零售商而构成的机构。这种组织有的是厂家为了能得到零售商的积极协助而提供一定资金，让零售商参加股份，以扶助零售商；也有的是由厂家组织自愿连锁商店，吸收零售商参加。日本的资生堂就属此类型，连锁商店 84 家营业面积 62.5 万平方米，年销售额达 4 885 亿日元。美国福特汽车公司就有许多特许代管零售商，按照福特公司规定的销售方式和服务标准出售福特汽车。第二类是制造商筹组的批发商特许代管。

如可口可乐公司给不同市场的装瓶商以特许代管，这些装瓶商向可口可乐公司买进可口可乐半成品，自己冲制，然后购买公司的瓶子装瓶后，向零售商出售瓶装可口可乐。第三类是服务性行业筹组的零售商特许代管，这种形式在快餐业、汽车出租业应用较多。

（二）经销商和代理商

【案例】

代理选择得当——渠道畅通、事半功倍

美国一家名为斯地勒的办公设备生产企业，就曾得益于一位优秀的代理商，为顾客提供了满意的服务，而使企业赢得了声誉。

一天傍晚，斯地勒公司在纽约地区的代理商麦克正与家人共进晚餐，这时一家大银行的设备经理打来电话，指责麦克坏了他的事。原来这家大银行通过麦克向斯地勒公司订购了一批价值50万美元的开放式办公室隔离板，订货时要求为米色，以便与周围的颜色相配套。

可是刚到的第一批500块隔离板却全是深橘红色的！而公司的墙壁已粉刷好了，门也漆过了，地毯都铺好了。这一切都无法与深橘红色的隔离板相配，一周后银行的董事长将前来视察安装情况，这正是设备经理着急的原因。

其实，在这种情况下麦克完全可以推卸责任，因为他只是代理，颜色出了问题责任应由公司承担，这位设备经理完全应该直接去找公司交涉，但麦克没有这样做，他马上在电话里诚心地向设备经理道歉，并保证马上纠正错误，在董事长到来之前安装好500块米色隔离板。麦克立即与公司联系，积极想办法协助公司解决问题，首先，将尚未交货的隔离板立刻改成米色的；其次，尽快从公司运送1 800码米色纤维布到纽约，将那些深橘红色隔离板改制成米色的。待米色纤维布运到纽约后，麦克立刻组织人力，从500块隔板上刮掉原来的布，换上米色的，果然在董事长到来之前解决了问题，使这家大银行非常满意。

显而易见，正是纽约这位代理商一流的经营素质，为斯地勒公司挽回了声誉。

1. 经销商

经销商泛指拥有商品所有权的批发商和零售商。其特点是：

（1）拥有商品的所有权和经营权，独立自主地开展商品购销活动，独立核算、自负盈亏。

（2）一般都有一定的营业场所和各种经营设施。

（3）有独立的购买商品的流动资金。

（4）承担商品的经营风险。

2. 代理商

代理商即商品代理商，它不拥有所经营的商品的所有权，受委托人委托、代理商品采购或销售业务，从代办业务中取得一定数量的佣金。其特点是：本身不发生独立的购销行为，不拥有商品所有权、不承担市场风险；有广泛的社会关系、信息灵通等。

按照代理商与委托企业的业务联系的特点可分为企业代理商、销售代理商、寄售商和经纪人。

（1）企业代理商。

企业代理商是指受生产企业委托，签订售货协议，在一定区域内负责代销生产企业产品的中间商。企业代理商和生产企业间是被委托和委托的关系，企业代理商负责推销商品，履行销售商品业务手续，生产企业按销售额的一定比例付给企业代理商一定的酬金。通常，生产企业在产品消费对象少而分布面广时，以及推销新产品、开拓新市场时，常借助于企业代理商的帮助。

（2）销售代理商。

销售代理商是一种独立的中间商，受委托全权独家经销生产企业的全部产品。销售代理商不受销售地区的限制，并对商品销售有一定的决策权。销售代理商实际上是生产企业的全权独家代理商，双方关系一经确定，生产企业自身不能再进行直接推销活动，而且同一时期只能委托一个销售代理商。正因为如此，销售代理商要对生产企业承担较多的义务。例如，在代销协议中，一般规定在一定时间内销售代理商的推销数量，还规定销售代理商不能同时代售其他企业的类似产品，并向生产企业提供市场调查预测情报，负责商品的陈列、广告等促销活动。

（3）寄售商。

寄售商是受委托经营现货代销业务的中间商。生产企业根据协议向寄售商交付产品，寄售商将销售后所得货款扣除佣金及有关销售费用后，再支付给生产企业。寄售商要自设仓库或营业场所，以便储存、陈列商品，使顾客能及时购得现货。因此，委托寄售商销售产品，对发现潜在购买力、开辟新市场、处理滞销产品有较好的作用。

（4）经纪人。

经纪人也是一种代理商，其业务只是介绍买卖双方，帮助双方磋商交易，由委托一方付给佣金。他们同制造商没有固定的联系，今天代表这个制造商卖东西，明天又可能代表另一个制造商卖东西。有的经纪人还代表别人买东西，同其他代理商一样，对产品没有所有权，主要为买卖双方提供产品和价格的市场行情，协助双方进行贸易谈判。由经纪人参加的销售渠道，在粮食、矿产品和基本化工原料市场上常见，最常见的有食品经纪行、房地产经纪行、保险和证券经纪人。经纪人既无商品所有权，又无现货，不承担风险，只是在双方交易洽谈中起媒介作用的中间商。在一般情况下，经纪人和买卖双方均无固定联系，只在成交后提取少量的佣金。

【知识要点】

所谓中间商是指在制造商与消费者之间"专门媒介商品交换"的经济组织或个人。了解中间商的重要性及中间商的类型有助于选择流通渠道。

【趣味讨论】

批发商与零售商之间的区别在哪里？

【活动一】连锁商店调查分析

一、活动内容

对 7-11 连锁商店进行调查分析。

二、活动步骤和要求

步骤：在授课教师指导下，利用课余时间对 7－11 连锁商店进行调查分析并指出其成功与失误之处，并为其策划。

具体要求：

1. 精心进行连锁商店知识和相关资料准备。

2. 认真选择调查分析对象，妥善安排时间。

3. 运用所学知识深入分析，指出其成功与失误之处。

4. 写出调查分析策划报告。

【活动二】大型超市调查分析

一、活动内容

对"好又多"超市进行调查分析。

二、活动步骤和要求

步骤：在授课老师指导下，利用课余时间对好又多超市进行调查分析并指出其成功与失误之处，并为其策划。

具体要求：

1. 做好相关知识和相关资料准备。

2. 认真选择调查分析对象，妥善安排时间。

3. 运用所学知识深入分析，指出其成功与失误之处。

4. 写出调查分析策划报告。

任务三　选择分销渠道

【案例】

莲花味精的渠道选择

莲花味精是我国最大的味精生产基地，1999 年实现净利润 16 856 万元，比去年同期增加 67.9%。莲花味精是我国食品市场中的名牌产品，在市场中具有较高的品牌认知度和市场占有率。然而作为调味品，其市场需求是消费者对食品需求的派生和延伸。尽管每家每户都需要味精，但是该类产品消费者的购买频率低，每次购买的数量也相对较小。基于这样的产品特性，企业没有必要和可能采用直接建立销售网络体系这样的高成本销售方式，因此企业必须寻找和开辟更适合产品销售特点的销售渠道。

在实践中，莲花味精选择各地有较强分销能力的食品批发企业作为销售代理，通过代理公司将产品摆放在包括便利店、超市、仓储式商店及各类食品商店的货架上，并由此将莲花味精送上了千家万户的餐桌。其决策的依据如下：

（1）作为一种派生需求，消费者一般是在出售食品特别是副食品的商店中购买味精这种商品。因此，企业必须选择出售包括副食品在内的各类食品商店作为销售场所。

（2）作为购买频率较低和数量较小，但又是消费者经常需要的商品，消费者对购买味精等调味品的便利性要求较高，即希望在需要时可以方便地购买。这就要求企业应该具有较高密度的销售网点，能够最大限度地接近消费者并为其提供便利。

（3）从整体上来看，除少数大型百货企业和连锁企业具有一定规模外，大多数零售企业，特别是经营副食品的各类零售商店，其销售规模和经营实力都比较小，没有能力和渠道从生产企业获得稳定的货源，进货渠道主要是依赖当地的各种食品批发公司。因此，企业在进入和占领市场时，需要借助于具有较强分销能力的食品批发公司，通过食品批发公司及其分销系统，来达到企业的市场目标。

在实际操作中，莲花味精制订了"借船出海"的销售渠道策略，即在各个区域市场中选择一些具有较强分销能力的食品批发公司，并与之建立起地区销售总代理关系。利用批发公司既有的销售渠道迅速进入和占领市场。例如在北京及华北地区市场，莲花味精的总代理是北京朝阳副食品批发公司，它是北京及周边地区最大的食品批发企业，其年销售额近20亿元，在北京及周边地区市场有较高市场信誉和销售网络体系，这使莲花味精迅速在北京及华北地区市场站稳了阵脚，取得了十分突出的销售业绩。

思考：

1. 莲花味精选择分销渠道时主要考虑什么因素？为什么？
2. 对莲花味精的分销渠道，你如何评价？

生产者在设计分销渠道时，必须在理想的渠道和可能得到的渠道之间作出抉择，最后确定达到目标市场的最佳渠道。最佳渠道是对目标市场的覆盖能力最强，使目标市场的顾客满意程度最高、对生产者能提供较多利润的渠道。

一、影响分销渠道选择的因素

1. 产品因素

不同产品适合采用不同的分销渠道，这是企业选择分销渠道时必须首先考虑的因素。产品因素通常包括以下几方面：

（1）产品价格。

一般说来，单位产品价格高的产品，宜采用短渠道，尽量减少流通环节，降低流通费用；而单位产品价格低的产品，则宜采用较长和较宽的分销渠道，以方便消费者购买。

（2）产品的重量和体积。

产品的重量和体积直接影响运输费用和储存费用。因此，对于体积和重量过大的商品，宜采用短渠道，以减少商品损失，节约储运费用；体积和重量较小的商品，可采用较长渠道。

（3）产品的时尚性。

对于时尚性强、款式花色变化快的产品，应选用短渠道，以免产品过时；而款式花色变化较小的产品，渠道则可长一些。

思考：

服装应采用长渠道还是短渠道？

（4）产品本身的物理化学性质。

凡是易腐、易毁产品，如鲜活产品、陶瓷制品、玻璃制品，或有效期短的产品，如食品、药品等，应尽可能选择短而宽的渠道，以保证产品新鲜，减少腐坏损失。反之亦然。

（5）产品的技术服务要求。

技术复杂、售后服务要求高的产品，宜采用短渠道，由企业自销或由专业代理商销售，以便提供周到服务。相反，技术服务要求低的产品，则可选择长渠道。

（6）产品的通用性。

通用产品由于产量大、使用面广，分销渠道一般较长较宽；定制产品由于具有特殊要求，最好由企业直接销售。产品的标准化程度高、通用性强，可选择较长较宽的销售渠道；非标准化的专用性产品，则应选择较短的销售渠道。

（7）产品所处的生命周期阶段。

产品处于生命周期的不同阶段，对分销渠道的要求也不同。处于导入期的产品，其分销渠道是短而窄的。因为新产品初入市场，许多中间商往往不愿经销，生产企业不得不直接销售；处于成长期和成熟期的产品，消费需求迅速扩大，生产者要提高市场占有率，就要选择长而宽的渠道，扩大产品覆盖面。

2. 市场因素

市场状况直接影响产品销售，因此，它是影响分销渠道策略选择的又一重要因素。市场因素主要包括以下几个方面。

（1）目标市场范围。

市场范围大的产品，消费者地区分布较广泛，企业不可能直接销售，因而销售渠道较长较宽；若目标市场范围较小，则可采用短渠道。

（2）市场的集中程度。

市场比较集中的产品，可采用短渠道；若顾客分布比较分散，则需要更多地发挥中间商的分销功能，采用较宽较长的渠道。

（3）每次的销售批量。

每次销售批量大的产品，可采用短渠道；批量小及零星购买的产品，交易次数频繁，则需要采用较长较宽的渠道。

（4）消费者购买习惯。

消费者的购买习惯直接影响着企业分销渠道的选择。

（5）需求的季节性。

季节性商品由于时间性强，要求供货快销售也快，因此要充分利用中间商进行销售，销售渠道相应就宽些。

（6）市场竞争状况。

企业出于市场竞争的需要，有时应选择与竞争对手相同的分销渠道。因为消费者购买某些产品，往往要在不同品牌、不同价格的产品之间进行比较、挑选，这些商品的生产者就不得不采用竞争者所使用的分销渠道；有时则应避免"正面交锋"，选择与竞争对手不同的分销渠道。

（7）市场形势的变化。

市场繁荣、需求上升时，生产商应考虑扩大分销渠道，而在经济萧条、需求下降时，则需减少流通环节。

3. 企业因素

影响渠道策略选择的企业因素主要有以下几个方面：

（1）企业的规模和声誉。

企业规模大、声誉高、资金雄厚、销售力量强，具备管理销售业务的经验和能力，在渠道选择上主动权就大，甚至可以建立自己的销售机构，渠道就短一些；反之就要更多地依靠中间商进行销售。

（2）企业的营销经验及能力。

一般而言，企业市场营销经验丰富，则可考虑较短的分销渠道；反之，缺乏营销管理能力及经验的企业，就只有依靠中间商来销售。

（3）企业的服务能力。

如果生产企业有能力为最终消费者提供各项服务，如安装、调试、维修及操作服务等，则可取消一些中间环节，采用短渠道。如果服务能力有限，则应充分发挥中间商的作用。

（4）企业控制渠道的愿望。

企业控制分销渠道的愿望各不相同。有的企业希望控制分销渠道，以便有效控制产品价格和进行宣传促销，因而倾向于选择短渠道；而有些企业则无意控制分销渠道，因此采用宽而长的渠道。

二、确定渠道选择方案

1. 建立渠道目标

渠道目标也就是在企业营销目标的总体要求下，选择营销渠道应达成的服务产出目标。这种目标一般要求建立的分销渠道达到总体营销规定的服务产出水平，同时使全部渠道费用减少到最低程度。企业应在认真分析影响销售渠道选择决策的主客观因素的基础上，划分出若干分市场，然后决定服务于哪些分市场，并为之选择和使用最佳渠道。

2. 确定营销渠道模式

确定渠道模式，即决策渠道的长度，首先要根据影响渠道的主要因素，决定采取什么类型的营销渠道，是派销售人员上门推销或自设销售商店的短渠道，还是选择通过中间商的长渠道，以及通过什么规模和类型的中间商。渠道选择模式首先要确定渠道的长度。一般认为，生产者—批发商—零售商—消费者（包含两个中间层次）的模式是比较典型的市场营销渠道类型。当然，营销渠道的长短只是相对而言，因为随着营销渠道长短的变化，产品既定的营销职能不会增加或减少，而只能在参与流通过程的机构之间转移或替代。

3. 确定中间商的数目

确定中间商的数目，即决策渠道的宽度。每个渠道层次使用多少个中间商，这一决策在很大程度上取决于产品本身的特点、市场容量的大小及市场需求面的宽窄。通常有三种可以选择的形式。

（1）密集分销策略。

实施这一策略的企业应尽可能多地通过批发商、零售商销售其产品，使销售渠道尽可能加宽。密集分销策略的主要目标是扩大市场覆盖面，使消费者和用户可以随时随地买到商品。

（2）独家经销策略。

实施此策略的企业在一定区域仅通过一家中间商经销或代销，通常双方协商签订独家经销合同，独家经销公司在享有该产品经销的特权下，其经营具有排他性，制造商规定经销商不得经营竞争产品。独家经销是一种最极端的形式，是最窄的分销渠道，通常是对某些技术强的耐用消费品、名牌商品及专利产品适用。独家经销对生产者的好处是有利于控制中间商，提高中间商的经营水平，加强产品形象，并可获得较高的利润率。

（3）选择性经销策略。

这是介于密集分销和独家经销之间的销售形式，即生产厂家在某一销售区域精选几家最合适的中间商销售公司的产品。这种策略的特点是：比独家经销面宽，有利于开拓市场，展开竞争；比密集分销面窄，有助于生产厂家对中间商进行控制和管理，同时还可以有效地节省营销费用。这一策略的重点在于着眼稳固企业的市场竞争地位，维护产品在该地区的良好声誉。同时，还可以促使中间商之间彼此了解，相互竞争，能够使被选中的中间商努力提高销售水平。

4. 确定渠道成员的条件和义务

制造商在确定了渠道的长度和宽度之后，需要进一步规定渠道成员彼此的条件和应尽的义务，即制定"贸易关系组合"协议。协议主要涉及价格政策、销售条件、地区权利以及每一方为对方提供的服务及应尽的责任义务。

价格政策要求制造商制定价目表，对不同地区、不同类型的中间商和不同的购买数量给予不同的价格折扣比率，价格政策的原则及主要内容应得到中间商的理解和认可。

销售条件是中间商的付款条件及生产者的担保。对及时全部付清货款的中间商应给予现金折扣，生产者还应向中间商提供有关产品质量保证和跌价保证，生产者的跌价保证能够吸引并激励中间商大量购货。

除上述条件外，生产者还应明确中间商具有的特许权力，规定交货的时间、结算条件以及彼此为对方提供哪些服务。对于双方的义务和权利，必须十分谨慎地确定，尤其是采用特许代营或独家代理等渠道形式时，更应当明确双方的义务和责任。在确定了制造商与经销商之间的贸易组合协议之后，营销渠道的设计还应认真地研究渠道的经济成本，即比较不同渠道方案的销量及成本。

5. 选择渠道成员

中间商选择合理与否，对企业产品进入市场、占领市场、巩固市场和发展市场有着关键性的影响。生产厂家选择中间商时，应主要考虑以下几方面的因素。

（1）服务对象。

不同制造商有不同的目标市场，不同中间商有不同的服务对象。生产企业选择分销渠道，应首先考虑中间商的服务对象是否与企业要求达到的目标市场相一致，只有达成一致的中间商企业才能选择。

（2）地理位置。

中间商的地理位置直接影响到产品能否顺利到达目标顾客手中。因此，选择中间商必须考虑其地理分布情况，要求既要接近消费者，又要便于产品的运输、储存及调度。

（3）经营范围。

在选择中间商时，如果其经营主要竞争对手的产品，就需格外谨慎，不宜轻易选取。当然，若本企业产品在品质、价格、服务等方面优于同类产品，也可以选择。

（4）销售能力。

即考察中间商是否有稳定的、高水平的销售队伍，健全的销售机构，完善的营销网络和丰富的营销经验。

（5）物质设施与服务条件。

一些特殊商品要求一定的物质设施和贮运条件，这就要求中间商具备这种物质贮运条件。此外，有些商品属高档耐用消费品，需要提供一系列的售中和售后服务，这也同样对中间商提出了要求。

（6）财务状况。

中间商财务状况的好坏，直接关系到其是否可以按期付款，甚至预付货款等问题。企业在选择中间商时，必须对此严加考察。

（7）合作诚意。

若没有良好的合作诚意，再有实力的中间商也不能选择。

（8）营销经验。

生产者要尽可能选择营销经验丰富的中间商，以便产品顺利地通过中间商推销出去，如果中间商不具备较好的经营知识和能力，则不宜选用。

【知识要点】

了解影响分销渠道选择的因素，有利于生产者在设计分销渠道时作出抉择，最后确定达到目标市场的最佳渠道，最佳渠道是对目标市场的覆盖能力最强、使目标市场的顾客满意程度最高、对生产者能提供较多利润的渠道。

【活动一】 为自己模拟企业的产品设计分销渠道

一、活动内容

各小组针对本组模拟企业产品的经营特点，设计分销渠道。

二、活动步骤和要求

1. 以小组为单位，结合本小组模拟企业的情况，完成表7-3。

表7-3 分析渠道设计练习记录

企业的规模与声誉如何	
产品的价值高低	
产品对中间商的要求高低	
产品所处的生命周期	

（续上表）

消费者的集中程度	
消费者的购买习惯如何	
竞争对手的分销渠道策略	

2. 根据以上分析，设计可供选择的分销渠道。

3. 每组派代表在班级内交流分享本组的设计方案。

4. 教师对各组的分销渠道方案作出点评指导，并组织评选优胜组。

【活动二】 分销渠道模拟训练

一、活动内容

根据以下情景，分角色模拟实训：

某纺织厂生产了一种新的纺织品，该产品投入市场试销后，几万米产品一销而空。此时全国有许多商业部门纷纷找上门来要求代销该产品。来者有老主顾，也有新商户，其中有一户在全国颇有影响的商业单位向厂家表示，愿以相当优惠的承包条件包销该产品，并表示该厂无论生产多少他都收购。该厂营销部为难了：是同意让该商家包销这个产品呢，还是不让包销？这是一个事关该企业销售命运乃至经营命运的决策。

假如让这个全国颇具影响的商户承销，企业可以不再为销售操心，而把全部精力放在搞好生产上。假如不让这家商户全部经销，让多家商户承销，那么企业在销售工作的组织上要多费点心，而且可能因其中某一家信用不好而吃亏。但是让众多商家经销，可以获得多地区、多方面的消费者，对扩大企业影响面、产品影响面有好处，同时也避免把企业命运拴在一家中间商身上，使企业销售机制更灵活。让独家商品经销，会得罪众多前来要求生意的商家，须知新来求偶的商家中有些条件也很不错。另外若把合作多年的老顾客排挤门外，就中断了已形成的销售渠道网络，这是很不利的。

现营销部经理前来厂长办公室，汇报情况，分析各自的得失利弊，请示厂长决策。

模拟开始：……

二、活动步骤和要求

1. 将学生分成若干实训组，扮演角色进行模拟实训。

2. 掌握模拟要点：这个题目主要考查学生对营销渠道选择的决策能力。

就营销部经理前来请示的问题分析，应该说主要是就营销渠道的宽度进行选择的问题，即中间商数量多少的确定问题。有独家、选择、广泛分销三种策略可供选择，营销部经理仅分析了独家、广泛分销两种策略各自的得失利弊，其实还有选择分销这种策略没有分析到，这三种策略都各有利弊。

3. 模拟分析时，只要条理清晰，言之有理，措施得力，能自圆其说即可。

任务四　了解分销渠道的发展

【案例】

宝洁和沃尔玛：对手变盟友

一份战略联盟协议让沃尔玛和宝洁化干戈为玉帛，成为供应链中的合作伙伴，从而结束了两者长期敌对的局面。

宝洁是消费型产品的全球领导者，零售巨擘沃尔玛是它最大的客户之一。在20世纪80年代中期，这两家巨型企业之间的关系变得剑拔弩张。宝洁的促销力度很大，给零售商很大的折扣优惠。沃尔玛趁机以超出常规的购买量大量吃进并圈积宝洁的产品。

这就给宝洁造成了很多麻烦，它生产太多，伤害了现金流。为了提高现金流，宝洁于是提供更多的推广优惠，而沃尔玛则买得更多，于是这两家公司之间的恶性循环就这样持续下去。

凯梅尼（Jennifer M. Kemeny）和亚诺威茨（Joel Yanowitz）在《反省》（Reflections）一书中对此的描述是："两家公司所采取的应对措施都在尽力破坏对方成功的可能性。"于是，宝洁下决心要化敌为友，向沃尔玛抛出了成立战略联盟的橄榄枝。

"第一个难题是如何组建一支由双方的管理人员所组成的运作团队。"凯梅尼和亚诺威茨说，"他们举行了数天的研讨会，通过运用系统思维工具，在共同的商业活动将会给双方带来的结果方面达成了共识。来自宝洁和沃尔玛的管理者发现，彼此的举措原来可以是合理的，而不是自利的行为"。

充分理解对方的需要之后，这两家公司在双赢战略的基础上开始合作，而宝洁也无须再向沃尔玛提供折扣。"这个战略实施非常成功，于是被推而广之——宝洁甚至几乎停止了所有的降价推广活动，为此它几乎得罪了整个零售业。但是这样做的结果却是，宝洁的盈利大幅攀升。"

为了使合作可以运转，这两家公司把软件系统连接到一起，很多信息都实现了共享。据报道，现在，当沃尔玛的分销中心里宝洁的产品存货量低时，沃尔玛的整合信息系统会自动提醒宝洁要补货了。

该系统还允许宝洁通过人造卫星和网络技术远程监控沃尔玛每个分店的宝洁产品专区的销售情况，而网络会把这些信息实时反映给宝洁的工厂。宝洁的产品无论何时在收银台扫描，这些工厂都可以知道。这些实时信息使宝洁能够更准确地安排生产、运输，以及为沃尔玛制订产品推广计划。节省下来的库存费用就使得宝洁可以向沃尔玛提供更加低价的产品，这样沃尔玛就能继续它的"天天平价"策略了。

思考：

宝洁和沃尔玛是怎样从制造商和零售商的敌对关系转化为双赢的合作关系的？此案例对中国的企业有何借鉴意义？（从当时的背景环境、时间和过程开始，到怎样开始合作，合作后的效果进行分析，最后总结你自己的观点。）

一、分销渠道的发展

20 世纪 80 年代以来，分销渠道系统突破了由生产者、批发商、零售商和消费者组成的传统模式和类型，有了新的发展，如垂直渠道系统、水平渠道系统、多渠道营销系统等。

1. 垂直渠道系统

这是由生产企业、批发商和零售商组成的统一系统。垂直分销渠道的特点是专业化管理、集中计划，销售系统中的各成员为共同的利益目标，都采用不同程度的一体化经营或联合经营。它主要有三种形式：

（1）公司式垂直系统。

又称所有权式垂直分销系统，指一家公司拥有和统一管理若干工厂、批发机构和零售机构，控制分销渠道的若干层次，甚至整个分销渠道，综合经营生产、批发、零售业务。这种渠道系统又分为两类：工商一体化经营和商工一体化经营。工商一体化是指大工业公司拥有、统一管理若干生产单位、商业机构，如美国火石轮胎橡胶公司拥有橡胶种植园，拥有轮胎制造厂，还拥有轮胎系列的批发机构和零售机构，其销售门市部（网点）遍布全国。商工一体化是指由大型零售公司拥有和管理若干生产单位。

（2）管理式垂直系统。

制造商和零售商共同协商销售管理业务，其业务涉及销售促进、库存管理、定价、商品陈列、购销活动等，如宝洁公司与其零售商共定商品陈列、货架位置、促销、定价。

（3）契约式垂直系统。

指不同层次的独立制造商和经销商为了获得单独经营达不到的经济利益，而以契约为基础实行的联合体。大多出现在饮食业，如可口可乐、百事可乐与某些瓶装厂商签订合同，授予在某一地区分装的特许权及向零售商发运可口可乐等的特许权。

2. 水平渠道系统

指由两家以上的公司联合起来的渠道系统。它们可实行暂时或永久的合作。这种系统可发挥群体作用，共担风险，获取最佳效益。

3. 多渠道营销系统

指对同一或不同的分市场采用多条渠道营销系统。这种系统一般分为两种形式：一种是生产企业通过多种渠道销售同一商标的产品，这种形式易引起不同渠道间激烈的竞争；另一种是生产企业通过多渠道销售不同商标的产品。

二、互联网对分销渠道的影响

进入 21 世纪，蓬勃发展的互联网对传统的分销渠道产生了巨大的冲击。新的分销模式不断兴起，比如网上零售、网上采购、在线拍卖、E 物流公司等如雨后春笋般涌现出来，热闹的背后有着必然的规律——互联网对分销渠道的深刻影响。互联网对分销渠道的影响主要体现在以下 6 个方面：

1. 增加分销渠道

在互联网环境下，分销渠道不再仅仅是实体的，而是虚实相结合的，甚至是完全虚拟的。在线销售、网上零售、网上拍卖、网上采购、网上配送等新的分销形式使分销渠道呈多元化，分销渠道由宽变窄、由实变虚、由单向静止变成双向互动。虚拟渠道的一个主要表现形式就是电子商店。在线销售、网上零售、网上拍卖、网上采购、网上配送等新分销形式都是电子商店的经营方式。电子商店是电子买卖发生的场所，是传统商店的在线版，代表了网络与商业的融合。与传统商店类似，电子商店是为顾客提供最终的买卖成交场所。

2. 疏通分销渠道

在互联网环境下，由于信息沟通成本低、效率高，分销渠道各环节的信息能充分沟通。信息渠道的畅通也使各环节的主体意识到，只有互相合作，才能使各方面的利益共同达到最大化，因此各分销渠道主体之间的关系逐渐由零和博弈转变成非零和博弈，最终创造了双赢的合作竞争关系。同时，由于虚拟渠道的介入，使分销渠道间的竞争加剧，传统的分销渠道主体渐渐意识到原来做法的危险性，从而迫使他们放弃原来的各自为政的想法和行为，从单独活动逐步走向合作共赢，最终使渠道越来越畅通。

3. 细化分销渠道

通过互联网，生产商和中间商可以直接了解消费者的真实消费需求，可以直接向消费者提供产品，可以低成本地向消费者提供定制化服务，与消费者实现互动，即一对一营销。一对一营销的兴起和实现，使分销渠道由粗放型变成集约型，分销渠道的细化是互联网时代一个显著的渠道特征。由于互联网的发展，顾客的个性化需求逐渐得以满足。但是其前提是配送必须低成本、高效率，只有配送跟上来了，一对一营销才能真正实现。互联网对配送的高要求促进了第三方——物流的兴起。

4. 整合分销渠道

在互联网时代，由于制造商与消费者之间的沟通更加方便，这样，传统的中间商就显得多余了，不仅在信息沟通方面显得多余，在商品流通方面也显得多余了。因为许多厂家开始钟情于直销，他们按照顾客的要求直接生产，吸引顾客参与设计，从而使产销结合更加紧密。这种新的生产经营模式，要求分销渠道快捷高效，同时也要求产销不再脱节，但是传统的分销渠道很难满足其要求，所以许多厂家只好自己建立分销渠道或委托第三方——物流公司，传统的分销渠道于是日益显得多余起来，分销渠道的扁平化也渐渐成为趋势。

5. 降低分销成本

分销成本的降低是互联网带来的最直接的利益，这主要表现在降低交易成本、降低沟通成本和减少流通成本三个方面。互联网使分销渠道的成本降低的功能越来越受到企业的重视，导入互联网已成了企业重构和再造的一个重要目标，许多走在前面的企业已尝到了甜头。思科公司78%的订单来自互联网，每天网上有3 000万美元的销售，80%的客户服务实现了电子化，在过去三年，运作成本已节约了15亿美元。

6. 提高分销效率

戴尔公司利用互联网，近两年实现了大规模客户化加工。戴尔公司在市场上捕捉每一个、每一种商业机会，在本土不仅产量超过了其他厂家，成为市场老大，而且公司因更好的客户集成，获得了更高的产品利润。没有互联网，靠过去的电话接单，客户大规模化是不可能的。

【案例】

思科公司通过在网上发布技术文件，并为客户提供在网上了解其订单情况的渠道，同时网上交易大大加快了用户反馈的速度，进而无形中提高了用户忠诚度。1998 年 11 月，英特尔公司耗时 12 个月完成了基于网络的客户订购系统，1999 年，该公司的在线营业额迅速攀升至每月 10 亿美元。

7. 使渠道透明化

传统的分销渠道对供应商来说，大多数情况下是不透明的，假如渠道中间阻塞了也不知道问题出在何处，更不知道该如何下手。但是在互联网时代，通过把互联网系统引入渠道，就可以使渠道透明起来，在互联网平台上，企业可以引进及时管理（JIT），动态跟踪产品的流通情况，在产品的运输过程中，通过引入 GPS，实时动态跟踪商品的在途情况，从而为商家的及时供货提供了保障。

【知识要点】

20 世纪 80 年代以来，分销渠道系统突破了由生产者、批发商、零售商和消费者组成的传统模式和类型，有了新的发展，如垂直渠道系统、水平渠道系统、多渠道营销系统等。进入 21 世纪，蓬勃发展的互联网对传统的分销渠道产生了巨大的冲击。互联网对分销渠道的影响主要体现在：增加分销渠道、疏通分销渠道、细化分销渠道、整合分销渠道、降低分销成本、提高分销效率、使渠道透明化等七个方面。

【活动一】分析案例，提出分销渠道改革对策

一、活动内容

各小组针对以下案例进行分析讨论，进一步掌握分销渠道发展对策。

LHSB 护肤品的分销渠道的对策

LHSB 护肤品在 1999 年进入贵阳市场之初，公司对分销渠道采取严格的管理措施，精心选择了知名度高、信誉好的 10 家中高档商场（如智诚、星力等）设置品牌特许专营柜，签订代理专卖合同，并统一定价、统一促销、统一广告，除此之外不向其他任何经销商批发产品。该产品因品质稳定、知名度高、物美价廉受到消费者欢迎，销售业绩一直良好，市场占有率稳居贵阳市场同类产品销售的前三甲。2001 年后，小护士、丹芭比、东洋之花等定位和档次比较接近的护肤品牌大举进入贵阳市场，对 LHSB 的市场产生了巨大的冲击，LHSB 的销售额出现了小幅度下滑的情况。面临竞争挑战，LHSB 决定调整经营策略，以稳定和扩大自己的市场份额，抵御同类产品的竞争。为此，企业制定了三方面措施，一是决定开放 LHSB 的批零市场，LHSB 系列护肤品向所有批发、零售商开放经营权，向任何愿意批销和加盟 LHSB 的经销商提供产品；二是根据经销商的进货数量制定不同的销售价格，并根据经销商所做的促销活动数量和产品销量设置不同的业绩折扣，按季度结算返款给经销商，力求通过众多经销商大力推广其产品；三是将促销投入的重点从过去单一的电视媒体改为根据消费者购买金额（数量）赠送不同等级的礼品。该经营政策出台后，有效刺激了消费者的购买热情，一个月内，LHSB 在贵阳市场各商家的上柜率一度达到 88%，产品销售（批发）额较过去翻了近三倍。但好景不长，两个月后，经销点之间的相互杀价，假冒伪劣产品泛滥，产品知名度降低造成了市场混乱和销售量的下滑，经销商纷纷要求退货，许多商场也拒绝该产品上柜。LHSB 系列护肤品的促销方案宣告彻底失败。

二、活动步骤与要求

1. 各小组认真研读案例并填写表 7-4。

表 7-4　案例分析记录

1999 年 LHSB 护肤品各采用了什么样的分销渠道？其优缺点是什么	
2001 年 LHSB 护肤品各采用了什么的分销渠道，其优缺点是什么	
评述 LHSB 护肤品营销失败的原因	
你认为在这种情况下可以在分销渠道上进行何种改革	

2. 每组派代表在班级内交流分享本组的分析讨论结果。

3. 教师对各组的分析结果作出点评指导，并评选优胜组。

【思考与练习】

一、判断题

1. 分销渠道是由一系列的中间商所组成的。（　　　）

2. 中间商的出现是商品经济发展的必然产物。（　　　）

3. 宽渠道是指制造商同时选择两个以上的同类中间商销售产品。（　　　）

4. 中间商是指从事商品交易业务，在商品买卖过程中拥有产品所有权的中间商。（　　　）

5. 运输与储存是产品实体分销的主要内容。（　　　）

二、单项选择题

1. 经纪人和代理商属于（　　　）。

A. 批发商　　　　　　B. 零售商　　　　　　C. 供应商　　　　　　D. 实体分配者

2. 当生产量大且超过了企业自销能力的许可时，其渠道策略应为（　　　）。

A. 直接渠道　　　　　B. 间接渠道　　　　　C. 专营渠道　　　　　D. 以上都不是

3. 制造和分销的各个环节都归一方所有并受其控制，这种营销渠道叫做（　　　）。

A. 所有权式垂直分销渠道结构　　　　　　B. 管理式垂直分销渠道结构

C. 契约式垂直分销渠道结构　　　　　　　D. 水平式分销渠道结构

4. 下列情况下的（   ）类产品宜采用最短的分销渠道。

A. 单价低、体积小的日常用品   B. 处在成熟期的产品

C. 技术性强、价格昂贵的产品   D. 生产集中、消费分散的产品

5. 市场营销渠道存在的主要原因是（   ）。

A. 缩小经济规模

B. 生产和消费之间在时间、数量、品种、地点等方面的矛盾

C. 提高中间商的利润

D. 降低销售成本

6. 当企业的产品潜在顾客多，市场范围大时，其分销渠道宜选择（   ）。

A. 长渠道   B. 短渠道   C. 窄渠道   D. 宽渠道

7. 在以下几种类型的零售商店中，产品线最深而长的是（   ）。

A. 百货商店   B. 超级市场   C. 专业商店   D. 便利商店

8. 按照流通环节或层次的多少，分销渠道可分为（   ）。

A. 直接渠道和间接渠道   B. 长渠道和短渠道

C. 宽渠道和窄渠道   D. 单渠道和多渠道

E. 密集型渠道和选择型渠道

三、多项选择题

1. 短渠道的好处是（   ）。

A. 产品上市速度快 B. 节省流通费用   C. 市场信息反馈快

D. 产品市场渗透能力强、覆盖面广   E. 有利于杜绝假冒伪劣

2. 下列哪种情况适宜采取普遍性销售策略？（   ）

A. 产品潜在的消费者或用户分布面广   B. 企业生产量大、营销能力强

C. 产品技术性强   D. 产品体积大

E. 产品易腐易损，需求时效性强

3. 具备下列哪些条件时，企业可选择直接式渠道？（   ）

A. 市场集中   B. 消费者或用户一次需求批量大

C. 中间商实力强、信誉高   D. 产品易腐易损，需求时效性强

E. 产品技术性强

4. 在消费品市场分销渠道模式中一层渠道模式包括了（   ）。

A. 批发商   B. 代理商   C. 零售商   D. 专业批发商

E. 制造商销售机构

5. 中间商包括（   ）。

A. 批发商   B. 企业代理商   C. 经纪商   D. 采购商

E. 零售商

话题八　让改变发生

——促销策略

【知识目标】
　　让学生了解促销策略的基本概念、作用及促销组合策略；掌握影响促销组合的因素；熟悉四种促销方式（人员推销、广告、营业推广和公共关系），并能灵活运用。
【能力目标】
　　使学生能够根据企业产品的实际情况，制订人员推销方案、广告宣传方案、营业推广方案。应用多种促销方式为企业宣传。

任务一　设计促销组合

【案例】

"园中红"水果店

　　平安夜是人们传递平安和幸福甜蜜的时间，也是店铺进行疯狂促销的时间。他们都想尽一切办法招揽顾客，增加店铺的销售量。"园中红"水果店就是其中之一。

　　在以往的平安夜，"园中红"水果店并没有刻意对苹果进行促销，因为梅老板觉得平安夜这一天就是苹果促销的旺季，没有必要再进行促销了。但是几年下来，事实证明梅老板的想法是错误的，在其他同行销售额逐步上升的时候，"园中红"水果店的水果却开始变得无人问津。此时梅老板明白一个道理，促销的目的并不仅仅是促销商品，而且还能提高店铺知名度。

　　在 2007 年的平安夜，梅老板决定实行苹果促销。既然平安夜是传递幸福和甜蜜的时刻，那么不妨将这两种元素体现在自己的促销之中。于是梅老板舍弃了同行单纯地进行苹果促销的方案，而是将苹果进行了加工，做成"苹果沙拉"之后再出售。苹果代表的是平安，而沙拉酱代表的是甜蜜。这样一来平安甜蜜的主题就凸显出来了。

　　并且"园中红"水果店还提倡顾客给亲朋好友送平安、甜蜜。只要顾客购买两份以上的苹果沙拉，就会有 8.8 折优惠。虽然每份价格不过 6 元钱，但是适当的价格优惠同样能给顾客带来欢乐。就这样，在 2007 年平安夜这一天，"园中红"水果店的苹果销售异常火爆。

一、促销

（一）促销的概念

促销是指企业通过各种有效的方式向目标市场传递有关企业及其产品的信息，以启发、推动或创造目标市场对企业产品和服务的需求，并引起购买欲望及购买行为的综合活动。因此，促销的实质是企业与消费者之间的信息沟通活动，通过这种沟通，消费者最终认可企业的产品或服务，而企业顺利地销售产品或服务。

促销作为一种沟通活动，其采取的方式一般来说包括两大类：一类是单向传递，即一方发出消息，另一方接受信息。如商业广告、橱窗陈列等。我们称之为非人员推销。另一类是双向沟通，即买卖双方互相交流信息，如推销人员通过上门推销、现场推销等方式将产品直接介绍给消费者，同时消费者也将自己的需要与意见反映给推销人员，我们把这种方式称之为人员推销。

（二）促销的意义

1. 传播与沟通信息

企业通过促销活动，可以及时地将商品和服务的有关信息传递给消费者和用户，引起他们的广泛注意，吸引消费者购买。通过传递和沟通信息，把众多分散的消费者和企业联系起来，扩大企业和产品的知名度。

2. 诱导和激发需求

消费需求具有可诱导性与伸缩性，既可以扩大，也可以缩小；既可以诱发，也可以抑制。有效的促销活动不仅能诱导与激发需求，而且在一定条件下甚至可以创造新的需求。当需求处于潜伏状态时，促销可以起到催化剂的作用；当需求波动时，促销能够力挽狂澜，使需求得到一定程度的恢复。

3. 突出产品特点，提高竞争力

激烈的市场竞争中，许多同类竞争产品之间，只存在着细微的差别，消费者面对琳琅满目的商品，很难作出选择。企业通过促销活动，可以突出展示自己产品的性能和特点，可以突出本企业产品区别于其他同类产品的独特之处以及带给消费者的特殊利益，使消费者对本企业产品产生偏爱，提高企业的竞争能力。

4. 强化企业形象，巩固市场地位

合适的促销活动可以树立良好的企业形象与产品形象，尤其是通过对名、特、优产品的宣传，更能使消费者和用户对产品和企业产生好感和信任感，培养与提高消费者对企业产品品牌的忠诚度，巩固和扩大企业的市场占有率。

【案例】

几个有趣的促销故事

1. "温情苹果"赢客心

日本有家酱菜店，生意一直很平淡，后来店主灵机一动，想出了一个与众不同的营销妙招：他预先到水果生产地订购了一大批上等苹果，在成熟之前用标签贴在苹果上，当苹果熟红后，摘下标签，苹果就留下一处空白，他再从客户名录中抄出常来购物订货的客户，把他们的名字用油性水笔写在该空白处，然后送给客户，结果几乎所有收到这份小礼物的客户都异常激动，认为店家能把他们放在心上，把他们真正奉为"上帝"。这份看似不起眼的礼物，一下子拉近了客户的心，产生了巨大的市场效应，客户纷纷上门光顾，店家生意日渐兴隆起来。

启发：为客户服务的很多基础工作、措施好比一条路，这个"温情苹果"好比路标，两者缺一不可。我们为客户奉献的很多，各种优惠、服务都很多，用心为客户筑就了优质服务的"坦途"，可经常忘了树立像"温情苹果"这样的"路标"，导致客户感知不深，其实树立这样的"路标"既省力，效果又好，这就是我们营销人员要努力做的。

2. "道"好才能"路"好

有两家相对的小货铺，卖的东西差不多，可人气却大不一样，问题不是出在价格、服务态度上，而在于两家门前的路面上。这两家小货铺门前都铺上了彩色小方砖，很好看，可就是这种小方砖，由于人在上面走动，雨水冲刷，容易出现松动，在雨天，人脚一踏上去，小方砖下就会有一股泥水，溅到你的衣裤和鞋子上，让你抽脚都来不及。甲店的老板注意到了这一点，每隔几天就对店门前的路面进行检查，发现松动不平的地方就立即修整，顾客走到他店门，绝对不会有泥水"惊扰"之苦，就这点小事，赢得了顾客的好感；而相同商品、价格的乙店没做到想顾客之所想，人气不一样就不足为奇了。

启发：我们营销人员销售产品，占领市场才是目的，赢得客户的心非常重要，然而，如何做呢？精品网络、技术支撑、合理的价格只是赢得客户的必要条件，而做好服务工作的每一个环节、每一个细节则是充分条件，正所谓：服务无小事。

3. 一颗葡萄的故事

日本"高岛屋百货"是当地非常有名的一家高档商场，他们的"感动经营"在顾客中赢得了良好的口碑。一位六岁的小女孩患重病住院，她对父亲说想吃葡萄，而此时早已过了产葡萄的季节，女孩的父亲决定到"高岛屋百货"碰碰运气，终于在专卖进口水果的地方找到了装在木盒里的葡萄，售价几万日元，可他口袋里只装了几千日元，于是他向售货员说明了情况，请求买几粒，售货员同意了而且为小姑娘剪下一些最大最红的葡萄，事情传开后，"高岛屋百货"声名大噪，许多人因此更加喜欢"高岛屋百货"。

启发：在这个案例中，我们需要借鉴的不是"剪葡萄"，而是"造势"，敏锐地发掘可宣传的"闪光点"，一滴水可以反映太阳的光辉，我们需要这样的"水滴"去反映我们的真实，反映我们对客户的真诚，还要善于说出我们的"真实"。

4. 美发店开进百货商场

北京庄胜崇光百货商场内，在开进了一家"表丝剪艺"的美发店后，生意异常好。原来他们发现，许多女性出门购物的同时，要到美发店做个发型什么的；而夫妻、情侣一道逛商店时，男性的耐性比较差，影响了女性尽情挑选的心情。把美发店开进商场巧妙地解决了这个问题：女性购物、美发两不误，男性在陪伴购物时，可以用等的时间理个发，加上该美发店比鱼龙混杂的发廊单纯，收费规范，注意艺术品位，很快知名度大增，自然也带动了商场的生意。

启发：客户的需求，就是我们目标，对于企业来说，客户需求的就是合理的，所以我们要站在顾客的角度去分析问题、解决问题。

二、促销组合

（一）促销组合的概念

促销组合是企业根据促销的需要，对各种促销方式进行的适当选择和综合编配。促销方式分为人员推销、广告、销售促进和公共关系，企业对四种促销方式进行适当的选择，综合运用，以求达到最好的效果。

（二）促销组合的方式

1. 人员推销

人员推销是指企业派出销售人员亲自向目标顾客对产品进行介绍、推广、宣传与销售，与消费者或用户面对面地进行口头洽谈交易的促销方式。

2. 广告宣传

广告宣传是指企业按照一定的预算方式，支付一定的费用，通过一定的媒体把商品信息传送给广告目标顾客的一种促销方式。

3. 销售促进

销售促进又称营业推广，是指企业运用各种短期诱因，鼓励购买或销售企业产品或服务的促销方式。

4. 公共关系

公共关系是企业通过有计划的长期努力，影响团体与公众对企业及产品的态度，从而使企业与其他团体及公众取得良好的协调，使企业能适应它的环境。良好的公共关系可以达到维护和提高企业的声望，获得社会信任的目的，从而间接促进产品的销售，如2008年搜狐赞助北京2008年奥运会。

以上四种基本促销手段各有特点，它们具有各自的沟通特性。推销人员的促销，以交际、人际关系、面对面交谈为特点；广告是将企业商品、服务或观念等信息，通过艺术加工，借助媒介持续反复地进行高度渗透的信息传播，具有广泛的影响力；销售促进最显著的特点是在活动策划本身就是以强调利益、实惠、方便吸引顾客为根本，具有很强的诱惑力和吸引力；公共关系则注重塑造形象，提高信任度，拉近与顾客之间的距离。

（三）影响促销组合的因素

1. 促销目标

促销目标是企业进行促销活动所要达到的目的。不同企业在同一市场，同一企业在不同时期及不同市场环境下所进行的特定促销活动，都有其具体的促销目标。如企业以提高商品的知名度和塑造良好形象为主要目标时，应以公共关系和广告促销为主；以增加销售额为目标时，公共关系是基础，广告是重点，人员推销是前提，销售促进是关键。

2. 产品性质

不同性质的产品，需要采用不同的促销组合策略。一般来说，消费品主要依靠广告促销，然后是销售促进、人员推销和宣传；生产资料主要是靠人员推销，然后是销售促进、广告和宣传。

3. 产品的生命周期

在产品导入期，企业的促销目标是让消费者认识和了解产品，需要进行广泛的宣传以提高产品的知名度。所以广告与销售促进效果最好。

在产品成长期，企业的营销目标是进一步激发消费者的兴趣，对产品产生偏爱，因此广告和销售促进仍需加强。

在产品成熟期，企业营销目标是巩固老主顾，开发新客户，提高市场占有率，这时大多数人已了解了产品，如果没什么新特点，只保留提示性广告即可，那么就应当削弱广告，同时增加销售促进，开发新客户。

进入衰退期，企业营销目标是促成持续的信任和刺激购买，所以应继续以销售促进方式促进购买。

表8－1　产品生命周期不同阶段促销组合与目标重点

产品生命周期	促销目标和重点	促销组合
导入期	建立产品知晓	介绍性广告、人员推销
成长期	提高市场知名度和占有率	形象建立型广告
成熟期	提高产品美誉度，维持和扩大市场占有率	形象建立和强调型广告、公共关系，辅以销售促进
衰退期	维持信任与偏好、大量销售	销售促进、提示性广告

4. 促销策略

促销策略从总的思想上可以分为推式策略和拉式策略。

推式策略是指企业运用人员推销和销售促进手段将产品推向市场，即从生产企业推向中间商，再由中间商推向消费者。实施这一策略的企业大多拥有雄厚的推销人员队伍，或者较高声誉。

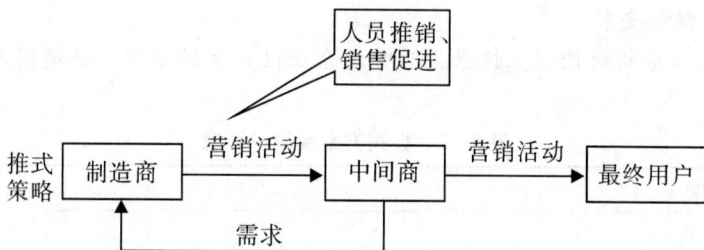

拉式策略则主要运用广告和公共宣传，着重使消费者产生兴趣，刺激购买者对产品的需要，进而推动消费者向中间商订购产品，然后由中间商向企业订购产品，达到向市场推销产品的目的。实行这一策略的企业一般是产品的销售对象比较广泛，或者是新产品初次上市，需要扩大知名度。

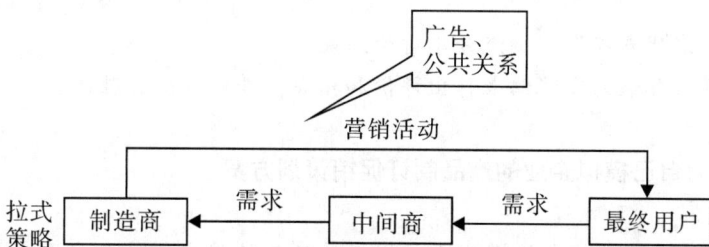

5. 促销预算

一般说来，广告宣传的费用较高，人员推销次之，销售促进花费较少，公共关系费用最少。企业在选择促销方式时，要根据企业的资金状况，以能否支持某一促销方式的顺利进行为标准，同时，促销费用要符合经济效益的原则。

【知识要点】

促销是企业通过各种有效的方式向目标市场传递有关企业及其产品的信息，以启发、推动或创造目标市场对企业产品和服务的需求，并引起购买欲望及购买行为的综合活动。

企业开展促销活动的作用，主要体现在以下几个方面：传播与沟通信息；诱导和激发需求；突出产品特点，提高竞争力；强化企业形象，巩固市场地位。

企业开展促销活动的方式很多，一般可以归类为人员促销和非人员促销，人员促销就是指人员推销，非人员促销主要包括广告宣传、公共关系和销售促进等三种。也就是说促销的方式主要有四种：人员推销、广告宣传、销售促进和公共关系。

【活动一】技能操作训练——制订促销方案

一、活动内容

针对以下情景，设计营销策划方案。

春节期间由于天气寒冷，很少有人喝啤酒，因此对啤酒生产企业来说是十足的淡季。但某啤酒厂家却一反春节被动销售的常规，反其道而行之，推出"营养、健康、时尚"等新特点，口味淡雅、舒爽，男女皆宜的新产品果啤，提出"赢销春节"，请你为其制定促销策略。

二、活动步骤和要求

1. 各小组认真分析讨论以上情景，为啤酒企业设计促销方案，并填写表8-2。

表 8-2　促销方案策划设计表

活动主题	
活动目的	
活动时间	
活动目标	
活动内容	
活动预算	

2. 各组派一名代表在全班交流分享讨论结果。

3. 任课教师对各组的交流结果作出评价和指导，并评选出优胜组。

【活动二】为自己模拟企业的产品制订促销策划方案

一、活动内容

各学习小组针对本组建立的模拟公司拟经营产品的特点，结合我国当前的市场情况，为自己的模拟公司拟经营的产品制订促销策划方案。

二、活动步骤和要求

1. 各小组认真分析本企业的市场特点，设计促销方案，并填写表8-3。

表 8-3　促销方案策划设计表

活动主题	
活动目的	
活动时间	
活动目标	
活动内容	
活动预算	

2. 各组派一名代表在全班交流分享讨论结果。

3. 任课教师对各组的交流结果作出评价和指导，并评选出优胜组。

任务二　制定广告策略

【案例】

小店无名有奇招

上海有一家门面很不起眼的服装店铺，竟然在一段时间内接连出现在报纸、广播、电视之中，是什么绝招使它如此引人注目呢？原来，这家专门经销广州名牌牛仔系列服装的商店，为了在激烈的服装市场竞争中脱颖而出，店主想了一个主意：他特意定制了长4.5米、腰围1.3米的超大型牛仔裤挂在店门口，上面别一张纸条，写明"合适者赠送留念"。这一招果然引起了人们的注意，不少报纸、电台对此做了宣传，人们纷纷赶来争先试穿。

先是一位大腹便便的老伯获馈赠，接着篮球运动员也前来光顾。免费赠送超大型牛仔裤及其涉及的新闻人物理所当然地引起了新闻单位的普遍注意，甚至连电视台也做了报道。这家默默无闻的小店一下子名声大噪，顿时生意兴隆。

对此，店铺老板感慨不已。他说，我们店物品上乘，服务周到热情，但不宣传人家就是不知道，现在情形大不一样了。他能注意到顾客的反应，为进一步深入宣传积累资料。

思考：

这家服装店为什么能名声大噪？在使用奇招扩大店铺名气时，要注意哪些方面的事情？

一、广告的概念和构成要素

【案例】

"普京饭店"

俄罗斯的"普京饭店"本身不叫这个名字，只是俄罗斯前总统普京刚上任的时候，这家店铺的老板为了吸引顾客，将店铺原来的名字去掉，改成用普京命名的店名。原因很简单，用普京的名气来提高店铺的知名度。

可是只将店名改了还不能达到这个效果，于是店老板通过各种关系得到了普京夫妇最喜欢吃的食谱，并且利用各种方式进行广泛宣传。

一个店铺用刚刚上任的总统来做广告，毫无疑问会引起很多人的关注，而这些顾客也纷纷产生疑问：总统爱吃的食谱是什么味的呢？

很多人抱着这个疑问来到了这个饭店。当然，在他们来到这家店铺后，无一例外地点了总统"最喜欢吃"的菜谱。

这家老板为了营造一种更加逼真的环境，还在大厅里面最显眼的位置雕塑了普京和夫人、孩子共进晚餐的雕像，看上去就像真的一样。从外面经过的人猛然一看还真的以为总统和自己的家人一起在这里进餐。并且很多顾客都是被这些雕像给"骗"进来的，当然，只要他们进来了，就一定被店里的美食吸引。

当然，许多顾客饭后还不忘和"总统及其夫人"合影，利用顾客的这些照片，这家店铺招揽了不少慕名前来的顾客。

1. 广告的概念

"广告"二字，从中文字面上理解是"广而告之"，在西方"广告"一词则源于拉丁语（Advertere），作"诱导"、"注意"解。传说，古罗马商人常常雇一些人在街头闹市大喊大叫，请大家到商品陈列处去购买商品。后演化成为英语口语中的 Advertising（广告活动）和 Advertisement（广告宣传品或广告物）。作为一种熟悉的事物，人人都可以对它指点评说，可是，又很难把广告的定义本质把握准确，这是广告有趣又复杂之处。

广告是指法人、公民和其他经济组织，为推销商品、服务或观念，以付费的方式，通过各种媒介和形式向公众发布有关信息的一种促销手段。

2. 广告的构成要素

（1）传播者，即广告主，是指发布广告的单位和个人。

（2）传播媒体，即广告媒体，是指传递信息的载体，如报纸、杂志、电视等。

（3）传播目的，主要是传递信息、激发需求、促进销售、传播形象、树立声誉等。

（4）传播对象，即广告受众，接受广告信息的人，如中间商、用户、消费者、社会公众。

（5）传播内容，即广告信息，广告的具体内容。

二、广告的作用

【案例】

百岁孪生姐妹做广告

日本有家专售清洁用具的公司，安装了一部专用销售电话，电话号码为100100。

怎样才能使电话别具一格呢？

经营者煞费苦心，找到一对全日本出名的百岁双胞胎。

姐姐叫成田金子，妹妹叫蟹江银子。

姐妹俩在广告中各自亮相："我叫金子，今年100岁。""我叫银子，今年也是100岁。"

然后，旁白隆重推出："日本某清洁用具公司的电话也是100100。"

如此一来，原来鲜为人知的清洁用具公司及电话随着两姐妹之口广泛传播，广告的轰动效应由此引出生意额的节节上升。

点评：百岁孪生姐妹已属难得一见，与公司电话号码一样更属巧合。能将这种"难得"和"巧合"结合在一起，那广告自然给人印象深刻，效果非凡。

1. 传递信息、沟通产需

通过广告可以使企业把产品或服务的信息传递给广大消费者，使需要这种商品或服务的单位和个人知道在什么地方可以买到他们需要的产品，达到沟通供需之间联系的目的。

2. 创造需求、促进销售

一些原来不打算购买某产品的消费者，当受到广告刺激后，认识到这种产品的特点，可能会改变主意，产生购买行为，促进消费。

3. 树立形象、增强竞争

广告有助于企业树立良好的市场形象，提高企业市场占有率，促进企业间竞争。

4. 介绍知识、指导消费

由于顾客对商品性能、结构、用途和使用方法不了解而产生疑惑，企业通过广告信息的传播，把商品与顾客完全联系起来，以达到消费者知道正确和合理使用商品的目的。

5. 丰富生活、陶冶情操

广告是一门科学，又是一门艺术。企业可以通过广告在载入商品信息和企业信息的同时渗透各种文化内涵，以艺术形象表现给受众，让受众享受一种文化的感染，从而起到陶冶情操的作用。

【案例】

世界经典广告语

崔巢咖啡：味道好极了

这是人们最熟悉的一句广告语，也是人们最喜欢的广告语。简单而又意味深远，朗朗上口。

M&M 巧克力：只溶在口，不溶在手

这是著名广告大师伯恩巴克的灵感之作，堪称经典，流传至今。它既反映了 M&M 巧克力糖衣包装的独特 USP，又暗示 M&M 巧克力口味好，以至于我们不愿意使巧克力在手上停留片刻。

百事可乐：新一代的选择

在与可口可乐的竞争中，百事可乐终于找到突破口，它们从年轻人身上发现市场，把自己定位为新生代的可乐，邀请新生代喜欢的超级歌星作为自己的品牌代言人，终于赢得青年人的青睐。

大众甲壳虫汽车：想想还是小的好

20 世纪 60 年代的美国汽车市场是大型车的天下。伯恩巴克提出 "think small" 的主张拯救了大众的甲壳虫，运用广告的力量，改变了美国人的观念，使美国人认识到小型车的优点。

耐克：just do it

耐克通过以 just do it 为主题的系列广告和篮球明星乔丹的明星效应，迅速成为体育用品的第一品牌。

三、广告目标的确定

【案例】

纳爱斯的广告诉求

1999 年，纳爱斯拿出了一个亿的资金来拍摄广告"懂事篇"，一时之间，全国人都被同一个故事打动了：妈妈下岗了，为找工作而四处奔波，懂事的小女儿心疼妈妈，帮妈妈洗衣服，天真可爱的童音说出："妈妈说，'雕牌'洗衣粉只要一点点就能洗好多好多的衣服，可省钱了。"门窗轻动，妈妈无果而归，正想亲吻正在熟睡中的爱女，却看见女儿的留言——"妈妈，我能帮你干活了。"妈妈不禁感动得热泪盈眶。

可以说，这则广告打动了很多人。正因为这一则广告的成功，纳爱斯坚定了走情感广告路线的决定，接下来"运动篇"将母子之间的深情展现得淋漓尽致，纳爱斯再创辉煌。"邻里篇"广告则巩固了纳爱斯平常、温馨、值得信赖的品牌形象。

广告目标是指广告在一个特定时期对特定观众所要完成的特定的传播任务。福特公司把它的汽车定位为"静悄悄的福特"，整个广告活动围绕"静悄悄"做文章，突出福特汽车的安静舒适、不受噪音干扰的特点。

一般来说，广告目标可分为三种类型：通知型、说服型、提醒型。

通知型广告。主要用于向市场推销新产品，介绍产品的新用途和新功能，宣传产品的价格变动，推广企业新增的服务，以及新企业开张等。通知型广告的主要目标是为了促使消费者产生初始需求。××香波打入市场的广告就是："还有半个月，一种全新型洗发水将与消费者见面。"然后依次递减天数，"还有 10 天……"，"还有一周……"，"还有一天……"，然后在预定的那天再打出全面介绍该种品牌香波的广告。

说服型广告。在产品进入成长期、市场竞争比较激烈的时候，消费者的需求是选择性需求，此时企业广告的主要目标是促使消费者对本企业的产品产生"偏好"，这时就可以用说服型广告。具体包括，劝说顾客购买自己的产品，鼓励竞争对手的顾客转向自己，改变消费者对产品属性的认识，以及使顾客有心理准备乐于接受人员推销等。劝说性广告一般通过现身说法、权威证明、比较等手法说服消费者。"达克宁"药膏通过"不但治标，还能治本"来暗示其同类产品只能治标，不能治本，从而劝说消费者进行选择。

提醒型广告。是产品在进入成熟期、衰退期所用的主要广告形式，目的是保持消费者对该种产品的记忆和连续购买，如××饮料的广告词就是："你今天喝了没有？"

四、广告媒体的选择

广告所发出的各种信息，必须通过一定的媒体才能传达到消费者。广告所运用的媒体大致有：报纸、杂志、广播、电视、电影、户外媒体、广告牌、霓虹灯、传单、商品陈列、网络等。

表8-4　几种媒体的优缺点

媒体	优点	缺点
报纸	灵活性，市场覆盖面广，可信度高，制作简便，成本较低	寿命短，美感不足，信息传播率低
杂志	可信度高，有权威性，再现质量高，精读率高，便于保存，寿命长	周期长，时效性差；广告商责任期较长；读者增量有限
广播	传播速度快，空间大，对象广泛；信息传播次数多、周期短；成本低	广告信息寿命较短，注意力较低；只有声音效果；很难作资料保存
电视	广告覆盖面广、收视率高、诉求力强，不受时空限制，传递迅速	信息寿命短，成本高，广告商责任期长，受众选择性差
户外媒体	重复展露多，成本不高，灵活性强，地理选择性强	缺乏人口选择性，高"噪音"分散注意力
网络	交互性强，个性化，受众数量可准确统计，容量无限	虚拟性，商业信用缺少，无法预先实际体验

【知识要点】

广告是指法人、公民和其他经济组织，为推销商品、服务或观念，以付费的方式，通过各种媒介和形式向公众发布有关信息的一种促销手段。广告的要素：传播者、传播媒体、传播目的、传播对象、传播内容。广告的作用：传递信息、沟通产需；创造需求、促进销售；树立形象、增强竞争；介绍知识、指导消费；丰富生活、陶冶情操。广告目标可分为三种类型：通知型、说服型、提醒型。广告媒体的选择：报纸、杂志、广播、电视、户外媒体、网络。

【活动一】　收集资料　感受广告目标

一、活动内容

广告目标大致分为通知型、说服型、提醒型三大类。各学习小组收集有关资料，体会广告目标。

二、活动步骤和要求

1. 各小组在本地的报纸上、电视上和网络上分别找出这三个类型的广告例子。并填写表8-5。

表8-5　学习小组收集资料讨论结果

广告目标	广告内容（理由）
通知型广告	
说服型广告	
提醒型广告	

2. 各组派一名代表在全班交流分享讨论结果，并详尽描述其理由分析。

3. 任课教师对各组的交流结果作出评价和指导，并评选出优胜组。

【活动二】为自己模拟企业的产品制订广告宣传方案

一、活动内容

各学习小组针对本组建立的模拟公司拟经营产品的特点，结合我国当前的市场情况，为自己的模拟公司拟经营的产品制订广告宣传方案。

二、活动步骤和要求

1. 组成员认真讨论后，为自己的模拟公司制订广告宣传方案，并填写表8-6。

表8-6　学习小组为模拟公司制订广告宣传方案讨论结果记录一

讨论内容	讨论结果
产品名称	
产品类别	
目标消费者情况分析（类型、分布、习惯）	
企业广告预算	

2. 各小组根据表8-6的内容，完成表8-7，确定广告宣传方案。

表8-7　学习小组为模拟公司制订广告宣传方案讨论结果记录二

讨论内容	讨论结果
广告针对对象	
选择媒体	
广告形式	
广告内容	

3. 各组派一名代表在全班交流分享讨论结果，对广告创意的内容进行详尽描述。
4. 任课教师对各组的交流结果作出评价和指导，并评选出优胜组。

任务三　制定人员推销策略

【案例】

老太太买李子的故事

一位老太太每天都去菜市场买菜买水果。

一天早晨，她提着篮子，来到菜市场。遇到第一个小贩，卖水果的问：你要不要买一些水果？老太太说你有什么水果？小贩说我这里有李子、桃子、苹果、香蕉，你要买哪种呢？老太太说我正要买李子。小贩连忙介绍说我这个李子，又红又甜又大，特好吃。老太太仔细一看，果然如此。但老太太却摇摇头，没有买，走了。

老太太继续在菜市场转，遇到了第二个小贩。这个小贩也像第一个一样，问老太太买什么水果？老太太说买李子。小贩接着问，我这里有很多李子，有大的，有小的，有酸的，有甜的，你要什么样的呢？老太太说要买酸李子，小贩说我这堆李子特别酸，你尝尝？老太太一咬，果然很酸，满口的酸水。老太太受不了了，但越酸越高兴，马上买了一斤李子。

但老太太没有回家，继续在市场转。遇到第三个小贩，同样，问老太太买什么？（探寻基本需求）老太太说买李子。小贩接着问你买什么李子，老太太说要买酸李子。但他很好奇，又接着问，别人都买又甜又大的李子，你为什么要买酸李子？（通过纵深提问挖掘需求）老太太说，我儿媳妇怀孕了，想吃酸的。小贩马上说，老太太，你对儿媳妇真好！儿媳妇想吃酸的，就说明她想给你生个孙子，所以你要天天给她买酸李子吃，说不定真给你生个大胖小子！老太太听了很高兴。小贩又问，那你知不知道这个孕妇最需要什么样的营养？（激发出客户需求）老太太不懂科学，说不知道。小贩说，其实孕妇最需要的是维生素，因为她需要供给这个胎儿维生素，所以光吃酸的还不够，还要多补充维生素。他接着问那你知不知道什么水果含维生素最丰富？（引导客户解决问题）老太太还是不知道。小贩说，水果之中，猕猴桃含维生素最丰富，所以你要经常给儿媳妇买猕猴桃才行！这样的话，保你儿媳妇生出一个漂亮健康的宝宝。老太太一听很高兴啊，马上买了一斤猕猴桃。当老太太要离开的时候，小贩说我天天在这里摆摊，每天进的水果都是最新鲜的，下次来就到我这里来买，还能给你优惠。从此以后，这个老太太每天在他这里买水果。

在这个故事中，我们可以看到：

第一个小贩急于推销自己的产品，根本没有探寻顾客的需求，自认为自己的产品多而全，结果什么也没有卖出去。

第二个小贩有两个地方比第一个小贩聪明，一是他第一个问题问得比第一个小贩高明，是促成式提问；二是当他探寻出客户的基本需求后，并没有马上推荐商品，而是进一步纵深挖掘客户需求。当明确了客户的需求后，他推荐了对口的商品，很自然地取得了成功。

第三个小贩是一个销售专家。他的销售过程非常专业，他首先探寻出客户深层次需求，然后再激发客户解决需求的欲望，最后推荐合适的商品满足客户需求。他的销售过程主要分了六步：第一步：探寻客户基本需求；第二步：通过纵深提问挖掘需求背后的原因；第三步：激发客户需求；第四步：引导客户解决问题；第五步：抛出解决方案；第六步：成交之后与客户建立永久关系。

一、人员推销的概念及特点

【案例】

善听与善辩

乔伊·吉拉德是美国首屈一指的汽车推销员，他曾在一年内推销出 1 425 辆汽车。然而，这么一位出色的推销员，却有一次难忘的失败教训。

一次，一位顾客来找乔伊商谈购车事宜。乔伊向他推荐一种新型车，一切进展顺利，眼看就要成效，但对方突然决定不要了。

夜已深，乔伊辗转反侧，百思不得其解，这位顾客明明很中意这款新车，为何又突然变卦了呢？他忍不住给对方拨了电话——

"您好！今天我向您推销那辆新车，眼看你就要签字了，为什么却突然走了呢？"

"喂，你知道现在几点钟了？"

"真抱歉，我知道是晚上 11 点钟了，但我检讨了一整天，实在想不出自己到底错在哪里，因此，冒昧地打个电话来请教您。"

"真的？"

"肺腑之言。"

"可是，今天下午你并没有用心听我说话。就在签字之前，我提到我的儿子即将进入密歇根大学就读，我还跟你说到他的运动成绩和将来的抱负，我以他为荣，可你根本没有听我说这些话！"

听得出，对方似乎余怒未消。但乔伊对这件事却毫无印象，因为当时他确实没有注意听。话筒继续响着："你宁愿听另一名推销员说笑话，根本不在乎我说什么，我不愿意从一个不尊重我的人手里买东西！"

从这件事，乔伊得到两条教训：第一，倾听顾客的话实在太重要了。因为自己没注意听对方的话，没有对那位顾客有一位值得骄傲的儿子表示高兴，显得对顾客不尊重，所以触怒了顾客，失去了一笔生意。第二，推销商品之前，先要把自己推销出去。顾客虽然喜欢你的商品，但是他如果不喜欢这个售货的人，他也很可能不买你的商品。

1. 人员推销的概念

根据美国市场营销学会（AMA）定义委员会的解释，人员推销是指企业通过派出销售人员与一个或一个以上可能成为购买者的人交谈，作口头陈述，以推销商品，促进和扩大销售。人员推销是推销人员帮助和说服购买者购买某种产品的过程。在这一活动中，推销人员要确认、激活和满足消费者的需求和欲望，并达到双方互惠互利的目标。

2. 人员推销的特点

（1）信息传递的双向性。

在推销过程中，一方面，推销人员向消费者宣传介绍商品质量、功能用途以及售后服务等，为消费者提供有关产品信息，促进产品销售；另一方面，在推销过程中通过与消费者交谈，了解消费者对企业及产品的态度、意见和要求，不断地收集和反馈顾客对商品的意见、要求等信息，为企业的经营决策提供依据。

（2）满足需求的多样性。

人员推销不同于其他促销方式，可以满足多种多样的需求。如顾客对商品使用价值、商品信息、技术和服务以及心理上、精神上的需求。通过推销人员有针对性的宣传介绍，可以满足顾客对商品信息的需要；通过直接销售的方式，可以满足顾客方便购买的需要；通过为顾客提供售前、售中、售后服务，满足顾客在技术和服务方面的需要；通过推销人员真诚、热情的服务，满足顾客心理和精神上的需要。

（3）推销过程的灵活性。

在人员推销过程中，推销人员与消费者当面洽谈，保持直接的联系，可以随时把握顾客心理，从对方感兴趣的角度介绍商品，引起消费者的注意；还可以及时觉察对方态度的变化，迅速消除顾虑，激发购买欲望，抓住实际，促成交易。

（4）协作的长期性。

销售人员在与消费者面对面交流的过程中，可能会逐渐产生信任和理解，加深双方感情，建立起友谊，这为长期交易打下了坚实的基础，也容易培育出忠实的顾客，稳定企业的销售业务。

人员推销的缺点主要表现在两个方面：一是开支较大，费用高，当市场广阔目标分散时就不适合采用；二是人员推销对推销人员的素质要求较高，不仅要求了解产品性能、使用、保管、维修等技术问题，还要求推销人员不怕吃苦，善于交际等。因此，人员推销有一定的局限性。

二、人员推销的基本形式

【案例】

阿玛诺斯的推销

大名鼎鼎的推销行家阿玛诺斯由于善于推销，业绩极佳。现在要推销一块土地，阿玛诺斯并不依照惯例，向顾客介绍这地是何等的好，如何的富有经济效益，地价是如何的便宜等。他首先是很坦率地告诉顾客说："这块地的四周有几家工厂，若拿来盖住宅，居民可能会嫌吵，因此价格比一般的便宜。"

但无论他把这块地说得如何不好，如何令人不满，他一定会带顾客到现场参观。当顾客来到现场，发现那个地方并未如阿玛诺斯说得那样不理想，不禁反问："哪有你说的那样吵？现在无论搬到哪里，噪音都是无可避免的。"

因此，在顾客心目中都自信实际情况一定能胜过他所介绍的情形，从而心甘情愿地购买了那块土地。

人员推销的形式多种多样，各企业实施的重点形式也各有千秋。一般说来，人员推销主要有上门推销、柜台推销、会议推销三种形式。

1. 上门推销

上门推销是指推销人员携带样品、说明书等走访顾客、推销商品，这种推销形式可以针对顾客的需要提供有效的服务，是一种推销人员向顾客积极主动靠拢的"蜜蜂经营法"，也是被企业和公众所广泛认可和接受的一种推销方式。

2. 柜台推销

柜台推销是指营业员接待进入商店的顾客，销售商品的方式。各大商场、卖场的营业员为顾客介绍商品、回答问题，促成交易。与上门推销相比，这是一种"等客上门"式的推销方法。由于市场里的产品种类齐全，能满足顾客多方面要求，为顾客提供较多的购买便利，并且能保证产品种类齐全，故顾客乐意接受这种方式。

3. 会议推销

会议推销是指利用各种会议的形式介绍和宣传商品，开展推销活动。如推销会、订货会、商品展示会等。这种推销形式方便了生产企业与消费者或用户的沟通，并能为双方提供广泛、深入的接触，具有接触面广、推销集中、成交额大的特点。特别适合于企业用户的商品销售。

三、人员推销的工作步骤

一般来说，人员推销商品的步骤包括：

1. 寻找或识别顾客

人员推销不仅要提供商品，满足老顾客的需求，更重要的是在市场中寻找机会，挖掘和发现潜在顾客，开拓新的市场，创造新的需求。寻找顾客有很多种办法，可以电话访问，也可以查找电话名录，地毯式访问。

2. 推销准备

为了顺利完成推销任务，推销人员应首先具备一定的产品知识、本企业知识、竞争者知识、消费者心理知识等。推销人员应知道要推销的商品的使用、保管、特点以及技术参数等，还要掌握商品的价格、同类竞争产品价格及特点等；要熟悉自己企业的历史和现状；了解消费者购买过程中的心理特点，及时调整推销策略，实现销售目标。

3. 约见并接近顾客

推销人员应该在事先征得顾客同意接见的情况下，访问顾客。一般来说，一般顾客都不大欢迎推销人员来访。在美国有的机构门口，甚至挂着这样的牌子："推销员、狗、小偷、闲人，请勿入内。"因此，推销人员贸然造访可能给双方带来不愉快。接近顾客指的是与潜在顾客初次或刚开始进行沟通。此时推销人员需要完成三个任务：首先，给对方留下一个好印象；其次，适当地了解顾客情况；再次，要为以后的联系做好准备，比如留下自己的名片，索要对方的名片。

【超级链接】

微笑着接近顾客

推销员接近顾客时，一定要信心十足，面带微笑。国外推销人员平时非常注意微笑训练，甚至有人发明了所谓"G字微笑练习法"，即每天早晨起床后对着镜子念英文字母G，以训练笑脸，把微笑变成一件十分自然的事情。

当你微笑着接近顾客时，你已经向前走了一大步了。不管采取什么方法接近，你的目标顾客只有一个，那就是要给对方一个好印象，同时尽可能地引起顾客的注意和兴趣。下面这些方法也许对你有用。

（1）产品接近法：推销员直接利用推销的产品引起顾客注意，它适用于本身有吸引力、轻巧、质地优良的商品。

（2）利益接近法：利用商品给顾客可能带来的实惠引起顾客注意和兴趣。

（3）馈赠接近法：推销人员利用赠品来引起顾客注意和兴趣，进入面谈。

4. 应付和处理异议

对待商品和服务，有时会出现推销人员与顾客的意见相反、产生异议的情况。推销人员应随时准备应付不同意见。一个有经验的推销员应具有与持不同意见的顾客洽谈的技巧，随时准备好应对异议的措辞和理由。一般来说，常见的导致异议产生的是商品的价格、质量、服务等因素。如何处理异议，最能体现推销人员的水平与技巧。推销员要妥善处理各种异议，必须事先对种种可能的异议作出估计，设计相应的对策。推销过程中，要镇定、冷静，表现出真诚和温和。要善于运用资料和数据来证明，实事求是地解释，以消除顾客心中的疑虑，要尽可能地为以后的推销留下余地。

5. 达成交易

推销人员在排除异议后，要抓住适当时机，最后促使买卖双方达成交易。一般来说，接近和成交是推销过程中两个最困难的步骤。在洽谈的过程中，推销人员要随时注意把握成交的机会。一旦发现顾客有购买意愿的表示，应立即抓住时机，适当提供一些优惠条件或馈赠，促成交易。

6. 事后跟踪

事后跟踪是推销人员确保顾客满意并重复购买的重要一环。推销人员应及时交货，为顾客做好安装调试工作。对一些技术含量高的设备、仪器、机械等商品，还要提供技术指导、培训使用人员等。跟踪访问的目的在于了解顾客是否对自己的选择满意，发掘可能产生的各种问题，表示推销人员的诚意和关心，促使顾客作出对企业有利的购后行为。

【超级链接】

推销的3H+1F

推销是由三个H和一个F组成的。第一个"H"是"头"（Head）。推销员需要有学者的头脑，必须深入了解顾客的生活形态、顾客的价值观，以及购买动机等，否则不能成为推销高手；第二个"H"代表"心"（Heart）。推销员要有艺术家的心，对事物具有敏锐的洞察力，能经常地对事物感到一种惊奇和感动；第三个"H"代表"手"（Hand）。

推销员要有技术员的手。推销员是业务工程师，对于自己推销产品的构造、品质、性能、制造工艺等，必须具有充分的知识；"F"代表"脚"（Foot）。推销员要有劳动者的脚。不管何时何地，只要有顾客、有购买力，推销员就要不辞劳苦，无孔不入。

因此，具有"学者的头脑"、"艺术家的心"、"技术员的手"和"劳动者的脚"是一个的推销员的基本条件。

四、人员推销的策略和技巧

【案例】

非凡的推销员——乔伊·吉拉德

乔伊·吉拉德，因售出 13 000 多辆汽车创造了商品销售最高纪录而被载入吉尼斯世界纪录大全。他曾经连续 15 年成为世界上售出新汽车最多的人，其中 6 年平均每年售出汽车 1 300 辆。

销售是需要智慧和策略的事业。在每位推销员的背后，都有自己独特的成功诀窍。那么，乔伊的推销业绩如此辉煌，他的秘诀是什么呢？

1. 250 定律：不得罪一个顾客

在每位顾客的背后，都大约站着 250 个人，这是与他关系比较亲近的人：同事、邻居、亲戚、朋友。如果一个推销员在年初的一个星期里见到 50 个人，其中只要有 2 个顾客对他的态度感到不愉快，到了年底，由于连锁影响就可能有 500 个人不愿意和这位推销员打交道，他们知道一件事：不要跟这位推销员做生意。这就是乔伊·吉拉德的 250 定律。由此，乔伊得出结论：在任何情况下，都不要得罪哪怕是一个顾客。

在乔伊的推销生涯中，他每天都将 250 定律牢记在心，抱定生意至上的态度，时刻控制着自己的情绪，不因顾客的刁难，或是不喜欢对方，或是自己心绪不佳等原因而怠慢顾客。乔伊说得好："你只要赶走一个顾客，就等于赶走了潜在的 250 个顾客。"

2. 名片满天飞：向每一个人推销

每一个人都使用名片，但乔伊的做法与众不同：他到处递送名片，在餐馆就餐付账时，他要把名片夹在账单中；在运动场上，他把名片大把大把地抛向空中。名片漫天飞舞，就像雪花一样，飘散在运动场的每一个角落。你可能对这种做法感到奇怪。但乔伊认为，这种做法帮他做成了一笔笔生意。

乔伊认为，每一位推销员都应设法让更多的人知道他是干什么的，销售的是什么商品。这样，当他们需要他的商品时，就会想到他。乔伊抛撒名片是一件非同寻常的事，人们不会忘记这种事。当人们买汽车时，自然会想起那个抛撒名片的推销员，想起名片上的名字：乔伊·吉拉德。同时，要点还在于，有人就有顾客，如果你让他们知道你在哪里，你卖的是什么，你就有可能得到更多生意的机会。

3. 建立顾客档案：更多地了解顾客

乔伊说："不论你推销的是什么东西，最有效的办法就是让顾客相信——真心相信——你喜欢他，关心他。"如果顾客对你抱有好感，你成交的希望就增加了。要使顾客相信你喜欢他、关心他，那你就必须了解顾客，搜集顾客的各种有关资料。

乔伊中肯地指出："如果你想要把东西卖给某人，你就应该尽自己的力量去收集他与你生意有关的情报……不论你推销的是什么东西，如果你每天肯花一点时间来了解自己的顾客，做好准备，铺平道路，那么，你就不愁没有自己的顾客。"

乔伊认为，推销员应该像一台机器，具有录音机和电脑的功能。在和顾客交往过程中，将顾客所说的有用情况都记录下来，从中把握一些有用的材料。乔伊说："在建立自己的卡片档案时，你要记下有关顾客和潜在顾客的所有资料，他们的孩子、嗜好、学历、职务、成就、旅行过的地方、年龄、文化背景以及其他任何与他们有关的事情，这些都是有用的推销情报。所有这些资料都可以帮助你接近顾客，使你能够有效地跟顾客讨论问题，谈论他们自己感兴趣的话题。有了这些材料，你就会知道他们喜欢什么、不喜欢什么，你可以让他们高谈阔论，兴高采烈，手舞足蹈……只要你有办法使顾客心情舒畅，他们不会让你大失所望。"

4. 猎犬计划：让顾客帮助你寻找顾客

乔伊认为，干推销这一行，无论你干得再好，别人的帮助总是有用的。乔伊的很多生意都是由"猎犬"（那些会让别人到他那里买东西的顾客）帮助的结果。乔伊的一句名言就是"买过我汽车的顾客都会帮我推销"。

在生意成交之后，乔伊总是把一叠名片和猎犬计划的说明书交给顾客。说明书告诉顾客，如果他介绍别人来买车，成交之后，每辆车他会得到25美元的酬劳。几天之后，乔伊会寄给顾客感谢卡和一叠名片，以后至少每年他会收到乔伊的一封附有猎犬计划的信件，提醒他乔伊的承诺仍然有效。如果乔伊发现顾客是一位领导人物，其他人会听他的话，那么，乔伊会更加努力促成交易并设法让其成为猎犬。实施猎犬计划的关键是守信用——一定要付给顾客25美元。乔伊的原则是：宁可错付50个人，也不要漏掉一个该付的人。

猎犬计划使乔伊的收益很大。1976年，猎犬计划为乔伊带来了150笔生意，约占总交易额的十分之一。乔伊付出了1 400美元的猎犬费用，收获了25 000美元的佣金。

5. 推销产品的味道：让产品吸引顾客

每一种产品都有自己的味道，乔伊·吉拉德特别善于推销产品的味道。与"请勿触摸"的做法不同，乔伊在和顾客接触时总是想方设法让顾客先"闻一闻"新车的味道。他让顾客坐进驾驶室，握住方向盘，自己触摸操作一番。如果顾客住在附近，乔伊还会建议他把车开回家，让他在自己的太太、孩子和领导面前炫耀一番，顾客会很快地被新车的"味道"陶醉了。根据乔伊本人的经验，凡是坐进驾驶室把车开上一段距离的顾客，没有不买他的车的。即使当时不买，不久后也会来买。新车的"味道"已深深地烙印在他们的脑海中，使他们难以忘怀。

乔伊认为，人们都喜欢自己来尝试、接触、操作，人们都有好奇心。不论你推销的是什么，都要想方设法展示你的商品，而且要记住，让顾客亲身参与。如果你能吸引住他们的感官，那么你就能掌握住他们的感情了。

6. 诚实：推销的最佳策略

诚实，是推销的最佳策略，而且是唯一的策略。但绝对的诚实却是愚蠢的。推销容许谎言，这就是推销中的"善意谎言"原则，乔伊对此认识深刻。

诚为上策，这是你所能遵循的最佳策略。可是策略并非是法律或规定，它只是你在工作中用来追求最大利益的工具，因此，诚实就有一个程度的问题。

推销过程中有时需要说实话，一是一，二是二。说实话往往对推销员有好处，尤其是推销员所说的，顾客事后可以查证的事。乔伊说："任何一个头脑清醒的人都不会卖给顾客一辆六汽缸的车，而告诉对方他买的车有八个汽缸。顾客只要一掀开车盖，数数配电线，你就死定了。"

如果顾客和他的太太、儿子一起来看车，乔伊会对顾客说："你小孩真可爱。"这个小孩也可能是有史以来最难看的小孩，但是如果要想赚到钱，就绝对不可说实话。乔伊善于把握诚实与奉承的关系。尽管顾客知道乔伊所说的不尽是真话，但他们还是喜欢听人拍马屁。少许几句赞美，可以使气氛变得更愉快，没有敌意，推销也就更容易成交。

7. 每月一卡：真正的销售始于售后

乔伊有一句名言："我相信推销活动真正的开始是在成交之后而不是之前。"

推销是一个连续的过程，成交既是本次推销活动的结果，又是下次推销活动的开始。推销员在成交之后继续关心顾客，将会既赢得老顾客，又吸引新顾客，使生意越做越大，客户越来越多。

"成交之后仍要继续推销"，这种观念使得乔伊把成交看作是推销的开始。乔伊在和自己的顾客成交之后，并不是把他们置之脑后，而是继续关心他们，并恰当地表示出来。

乔伊每月要给他的1万多名顾客寄去一张贺卡。一月份祝贺新年，二月份纪念华盛顿诞辰日，三月份祝贺圣帕特里克日……凡是在乔伊那里买了汽车的人，都收到了乔伊的贺卡，也就记住了乔伊。

正因为乔伊没有忘记自己的顾客，顾客才不会忘记乔伊·吉拉德。

（一）人员推销的策略

1. 试探性策略

试探性策略，又称"刺激—反应"策略，是指推销人员利用刺激性较强的方法引发顾客购买行为的一种推销策略。

2. 针对性策略

针对性策略，又称"配方—成交"策略，是指推销人员利用针对性较强的说服方法，促使顾客发生购买行为的一种推销策略。

3. 诱导策略

诱导策略，又称"诱发—满足"策略，是指推销人员运用诱导服务方法，使顾客发生购买行为的一种推销策略。

（二）人员推销的技巧

1. 创建和谐的洽谈氛围

和谐和良好的洽谈氛围要靠推销人员自觉地建立，包括自己的服装打扮、言谈举止等，注意自己的仪表和服饰打扮，给顾客一个良好的印象；同时，言行举止要文明、有礼貌、有修养，做到稳重而不呆板，活泼而不轻浮，敏捷而不冒失，以赢得顾客的尊重和信任。

2. 树立顾客至上的观念

站在顾客立场，为顾客提供切实可行的解决方案供其参考。在交谈中，语言要客观、全面、如实反映，切忌"王婆卖瓜"。洽谈成功后，用友好的态度和巧妙的方法祝贺客户，并指导对方做好合约中的重要环节和其他细节。

3. 排除推销障碍的技巧

（1）排除顾客异议。若发现顾客欲言又止，自己应主动少说话，请顾客充分发表自己的看法，以自由问答的方式真诚地与顾客交换意见。对于难以纠正的话题，可以将话题转移。

（2）排除价格异议。当顾客认为价格偏高时，充分介绍和展示产品、服务的特色和价值，使得顾客感到"一分钱一分货"；对认为价格较低的顾客，介绍定价低的原因，让其感到物美价廉。

（3）排除习惯势力。实事求是地介绍顾客不熟悉的产品和服务，并将其与他们已熟悉的产品和服务相比较，让顾客乐于接受新的消费观念。

【超级链接】

推销工作黄金法则

推销工作黄金法则：不与顾客争吵。在面谈中顾客往往会提出各种各样的购买异议，推销员处理异议时应注意语言技巧，但不管如何处理，切记不可与顾客争吵或辩论。即使你是对的，这样的处理方式也不会达到满意的效果。为了有效地防止异议的产生，推销人员应在语言处理上注意足够的技巧。如汽车加油站的职员，与其说"您需要加多少油？"不如说"我为您把油加满吧！"饮食店招待员把"您喝点什么？"改为选择问句"您是喝咖啡，还是甜点心？"这样的问话使顾客感到难以完全拒绝；而"来点甜点心吧"和"来一杯咖啡吧"这样两问句却达不到那样的效果。在推销过程中，语言表达得当，还会带来顾客额外购买某些产品的可能；反之，则会适得其反。例如很多推销人员会问顾客："您看一看，想买些什么？"虽然这是表现对顾客的一种热情和关心，但这样的问话毫无意义，很多顾客会不假思索地回答"什么也不买"。

【知识要点】

人员推销是指企业通过派出销售人员与一个或一个以上可能成为购买者的人交谈，作口头陈述，以推销商品，促进和扩大销售。

人员推销的特点：信息传递的双向性、满足需求的多样性、推销过程的灵活性、协作的长期性。

人员推销主要有上门推销、柜台推销、会议推销三种形式。

人员推销商品的步骤包括：寻找或识别顾客、推销准备、约见并接近顾客、应付和处理异议、达成交易、事后跟踪。

人员推销的策略：试探性策略、针对性策略、诱导策略。

人员推销的技巧：创建和谐的洽谈氛围、树立顾客至上的观念、排除推销障碍的技巧。

【活动一】 自选商品　模拟人员推销

一、活动内容

通过游戏对练的方式，让学生体验推销角色，感受人员推销。

二、活动步骤和要求

1. 每个小组选派两位同学分别扮演推销员和顾客，以自己学习或生活中用到的某商品作为推销品（手机、牙膏），尝试着推销给对方。

2. 在全班展示其推销过程，并发表感想。

3. 任课教师对各组的交流结果作出评价和指导，并评选出优胜组。

【活动二】 为自己模拟的企业制订人员推销方案

一、活动内容

各组针对自己模拟的企业和产品的特点，制订一个人员推销方案。

二、活动步骤和要求

1. 各小组根据本企业的特点，认真讨论完成表 8 – 8。

表 8 – 8　人员推销方案表

讨论内容	讨论结果
产品特点	
目标消费者特点	
寻找顾客的方法	
接近顾客的措施	
拟采取的策略	

2. 各组派一名代表在全班交流分享讨论结果，详尽描述其理由分析。

3. 任课教师对各组的交流结果作出评价和指导，并评选出优胜组。

任务四　制定销售促进策略

【案例】

百货公司的折扣

20 世纪 70 年代，日本东京一家百货公司打出 1 折的牌子，开始做 1 折酬宾的特价生意，使人们大吃一惊。店前广告指出："从本月 1 日至 16 日对 1 万件某产品进行打折销售。第一天打 9 折，第二天打 8 折，第三、四天打 7 折，第五、六天打 6 折，第七、八天打 5 折，第九、十天打 4 折，第十一、十二天打 3 折，第十三、十四天打 2 折，第十五、十六天打 1 折。顾客在上述打折销售期间购买产品，可按选择的日子的折扣，享受优惠。

售完为止。"消费者想要最便宜的价格购买，那么就在最后两天去购买，但是那时消费者想买的东西不一定还有。据日本这家公司的销售实践，第一、二天前来购买的客人并不多，来的顾客也多是看看就走了，并不马上购买。从第三天开始，顾客就一群群地光临商店了。第五天打6折时顾客就如洪水般涌来争购，以后连日爆满。实际到最后一天真正打1折销售时，商品已经所剩无几。

一、销售促进的概念

销售促进又称营业推广，是指那些不同于人员推销、广告和公共关系的销售活动，旨在激发消费者购买和促进经销商的效率，诸如陈列、展出、折扣、有奖销售及展览表演等许多非常规的，非经常性的促销方式。在美国的日用品销售领域中，营业推广占到总预算的60%~70%，每年增长率约为12%。

二、销售促进的特点

1. 非周期性

销售促进多用于短期或临时的促销，是一种非定期促销活动，与广告等促销手段相比，更重视顾客直接采取的购买行动。

2. 刺激性

销售促进又是一种刺激性强烈的促销活动，与广告相比，广告提供了购买的理由，而销售促进提供了购买刺激。

3. 多样性

销售促进的手段多种多样，有优惠券、赠品、样品、免费试用、有奖销售、商品展览等多种形式。

4. 见效性

只要销售促进运用得当，其效果与广告、公共关系相比更能使得企业的销售量在短时间内发生较大的变化。

5. 短期性

由于销售促进主要吸引购买优惠商品的顾客，因此，它不易培养长期的购买者，顾客的人群队伍是不稳定而短期的。

三、销售促进的策略

1. 针对消费者的销售促进

对消费者市场的营业推广，其目的主要是鼓励老顾客继续使用，促进新顾客使用，动员顾客购买新产品或更新设备；引导顾客改变购买习惯，或培养顾客对本企业的偏爱行为等。其主要方式有以下五种：

(1) 赠送样品：企业免费向消费者赠送商品的样品，促使消费者了解商品的性能与特点。样品赠送的方式可以派人上门赠送，也可以通过邮局寄送，可以在购物场所散发，也可以附在其他商品上赠送等。赠送样品是介绍一种新商品最有效的方法，费用也最高，因此，多用于新产品促销。

（2）有奖销售：这是通过给予购买者一定奖项的办法来促进购买。奖项可以是实物，也可以是现金。常见的有幸运抽奖，顾客只要购买一定量的产品，即可得到一个抽奖机会，多买多奖。或当场抽奖，或规定日期开奖。也可以采取附赠方式，即对每位购买者另赠纪念品。

（3）现场示范：利用销售现场进行商品的操作表演，突出商品的优点，显示和证实产品的性能和质量，刺激消费者的购买欲望。这属于动态展示，效果往往优于静态展示。现场示范特别适合新产品推出，也适用于使用起来比较复杂的商品。

（4）廉价包装：在产品质量不变的前提下，使用简单、廉价的包装，而售价则有一定削减，这是很受长期使用本产品的消费者欢迎的。

（5）优惠券：这是能以低于商品标价购买商品的一种凭证，也称为折价券、折扣券。消费者凭此券可以获得购买商品的价格优惠。折价券可以邮寄，可以附在其他商品中，或在广告中附送。

【超级链接】

伊利的促销

伊利在优酸乳（双果奇缘）起初上市时，采用了试饮的方法，但是他们给试饮增加了内容：在商场门口不影响过路的显著地方摆上两张长桌，贴上双果奇缘的 POP 和试饮信息，活动方式是，促销小姐在桌后倒上两杯不同的牛奶，一杯是纯牛奶，一杯是优酸乳，让消费者品尝，猜出哪杯是优酸乳的人即可得到两份双果奇缘的奖励。由于活动具备趣味性，并且猜对了是以奖励的形式给予赠品，没有索要的感觉，吸引了不少青少年和中青年消费者的兴趣，通过品尝，优酸乳的味道一下子在品尝者的心目中定格，他们把奖品带回去之后，还可以拿给家里人或朋友喝，扩大了试饮群。当时河北地区一个超市的日派送量就达到了几百箱。该活动在新品推广上获得成功，使优酸乳后来拥有了一大批的青少年铁杆消费者。

2. 针对中间商的销售促进

针对中间商的销售促进，目的是吸引他们经营本企业产品，维持较高水平的存货，抵制竞争对手的促销影响，获得他们更多的合作和支持。其主要方式有：

（1）销售回扣：这是最具代表性的销售促进方式。这是为了感谢中间商而给予的一种津贴，如广告津贴、展销津贴、陈列津贴、宣传津贴等。

（2）列名广告：企业在广告中列出经销商的名称和地址，告知消费者前去购买，提高经销商的知名度。

（3）赠品：赠品包括赠送有关设备和广告赠品。前者是向中间商赠送陈列商品、销售商品、储存商品或计量商品所需要的设备，如冰柜、容器、电子秤等。后者是一些日常办公用品和日常生活用品，上面都印有企业的品牌或标志。

（4）销售竞赛：这是为了推动中间商努力完成推销任务的一种促销方式，获胜者可以获得现金或实物奖励。销售竞赛应事先向所有参加者公布获奖条件、获奖内容。这一方式可以极大地提高中间商的推销热情。像获胜者的海外旅游奖励等已被越来越多的企业所采用。

（5）业务会议和展销会：企业一年举行几次业务会议或展销会，邀请中间商参加，在会上，一方面介绍商品知识，另一方面现场演示操作。

3. 针对销售人员的销售促进

其目的重点是鼓励推销人员热情推销产品或处理某些老产品，或促使他们积极开拓新市场。其方式可以采用：

（1）销售竞赛：在推销人员内发起销售竞赛，奖优罚劣，调动推销人员的积极性。

（2）免费提供人员培训、技术指导等针对推销人员的营业推广。

【知识要点】

销售促进又称营业推广，是指那些不同于人员推销、广告和公共关系的销售活动，旨在激发消费者购买和促进经销商的效率。

销售促进的特点：非周期性、刺激性、多样性、见效性、短期性。

针对消费者的销售促进：赠送样品、有奖销售、现场示范、廉价包装、优惠券。

针对中间商的销售促进：销售回扣、列名广告、赠品、销售竞赛、业务会议和展销会。

针对销售人员的销售促进：销售竞赛，免费提供人员培训、技术指导。

【活动一】 分析案例，掌握营业推广的基本方法

一、活动内容

分析案例，掌握营业推广的基本方法。

美丽模特引人注目

"新星"是一家开业不久的服装店。虽然现在在服装行业进行得红红火火，可是"新星"的销售情况却不容乐观，特别是××品牌的连衣裙，更是无人问津，即便偶尔有顾客来问，也因为这是一个新品牌而选择了放弃。

因此，对于"新星"店铺来说，促销已经迫在眉睫了。鉴于同行店铺的一些促销方式的失败教训，"新星"决定避开常用的促销方式，而选择比较新颖的、效果明显的方案。经过一番商讨，"新星"店铺的王经理最终决定采用"模特展示"的方法，吸引顾客前来购买。

为了吸引顾客，"新星"专门为女性朋友制作了精美的礼品，并且还贴出告示：凡是光临"新星"的顾客无论是否购买商品都有机会获得精美礼品一份。能免费获得礼品，顾客自然愿意光临了。

在解决客源的问题后，接下来就是如何进行"模特展示"了。对此，"新星"又想出了一个非常新颖前卫的想法：让店铺内漂亮的女性工作人员来一场美丽诱人的模特秀，让这些女性员工穿着××品牌的连衣裙不停地在店铺内走动，既是服务于顾客，也是一场特别的"秀"。

果然，在促销活动开始的那一天，"新星"店铺前面人山人海，一个个美丽的模特纷

纷在人群中走来走去，很快就勾起了顾客的购买欲望，并且每个模特里面都举着同一个促销牌子，上面写着这样一句广告词：你有我漂亮吗？你想和我一样漂亮吗？那么就选择××品牌试试！为了让顾客更加了解自己和这些店员之间的缺陷，"新星"还别出心裁地在店铺周围设立许多镜子，供顾客自我检查。

果然这一招非常灵验，很多顾客纷纷站在镜子前面检查，而更多的顾客则纷纷来到××品牌的柜台，购买××品牌的产品。

二、活动步骤与要求

1. 各小组认真阅读案例，分析讨论，完成表8-9。

表8-9　案例分析记录表

推广对象	
活动诱因	
推广时机	
推广方式	
推广结果	

2. 各组派一名代表在全班交流分享讨论结果。

3. 任课教师对各组的交流结果作出评价和指导，并评选出优胜组。

【活动二】为自己模拟企业的产品制订营业推广方案

一、活动内容

各小组针对模拟企业产品的特点，制订营业推广方案。

二、活动步骤和要求

1. 各组结合自己模拟企业的产品，讨论分析营业推广方案，并填写表8-10。

表8-10　营业推广方案设计表

推广对象	
推广目标	
活动诱因	
推广时机	
推广时间	
推广方式	
费用预算	

2. 各组派一名代表在全班交流分享讨论结果。

3. 任课教师对各组的交流结果作出评价和指导，并评选出优胜组。

【思考与练习】

一、判断题

1. 营业推广是指在长期内采取一些刺激性的手段来激励消费者购买商品。（　　　）

2. 在公共汽车内设置各种广告，被认为是户外广告。（　　　）

3. 当某产品进入成长期，市场竞争呈上升趋势，企业往往采用开拓性广告，以引起消费者选择性需求。（　　　）

4. 广告提供刺激，而营业推广提供购买理由。（　　　）

5. 在实施人员推销策略时，推销人员运用营造和谐的洽谈气氛，保持语言流畅和排除消费者疑虑等技巧，最终实现消费者购买。（　　　）

二、选择题

1. 以下关于促销与营销的关系说法正确的是（　　　）。

A. 促销就是营销

B. 促销是营销策略中的一个部分

C. 促销是营销的发展

D. 营销的重点是促销

2. 促销的主要任务是（　　　）。

A. 宣传与说服

B. 引起消费者的注意与兴趣

C. 传递与组织有关的信息

D. 促进消费者购买

3. 以下关于推式策略和拉式策略的说法正确的是（　　　）。

A. 拉式策略是指企业以促销组合中的人员销售的方式进行促销活动

B. 推式策略是指企业以促销组合中的非人员销售的方式进行促销活动

C. 二者信息流动的方向不同

D. 二者信息流动的方向大致相同

4. 人员推销最重要的任务是（　　　）。

A. 销售产品

B. 传递信息

C. 提供服务

D. 寻找客户

5. 广告是一种市场信息（　　　）沟通形式。

A. 单向

B. 双向

C. 单、双向

D. 多向

6. 不同促销组合是一种由（　　　）等基本促销方式构成的特殊形式的排列与组合。

A. 人员促销

B. 广告

C. 营业推广

D. 公共关系

7. 新产品进入市场时，企业的促销目标是建立新商品知名度，则应采用（   ）为主要方式。

A. 人员推销

B. 广告

C. 展销会

D. 公共关系

8. 在超市零售企业中，常采用（   ）等营业推广策略。

A. 特殊包装

B. 有奖销售

C. 赠品

D. 销售竞赛

9. 以下关于营业推广的理解，正确的是（   ）。

A. 营业推广对在短时间内争取顾客扩大购买具有特殊的作用，因此营业推广占促销预算的比例越来越高

B. 由于消费者对不同推广方式的反应不同，为引起消费者兴趣，在一次营业推广活动中，应尽量选择较多推广方式

C. 由于营业推广是企业在特定目标市场上，为迅速起到刺激需求作用而采取的促销措施，因此，营业推广在实施过程中不需要和其他营销沟通工具结合在一起，也往往能起到较好的作用

D. 有奖销售，利用人们的侥幸心理，对购买者刺激性较大，有利于在较大范围内迅速促成购买行为，因此奖励应尽可能大

E. 营业推广的影响常常是短期的，对建立长期的品牌偏好不是很大

10. 以下关于赞助的理解，正确的是（   ）。

A. 赞助注重激发人们对企业和产品形成积极态度，即向消费者提供购买产品的理由，引起消费者对产品的关注

B. 赞助是指企业为了实现自己的目标而向某些活动或组织提供资金支持的一种行为，在本质上是一种说服顾客购买产品的人际沟通工具

C. 事件营销，是指通过向社会某些特别事件提供赞助，支持其顺利进行，并以这些事件作为载体向社会传播企业和产品，从而获得高水平的知晓，在本质上是广告、公共关系和营业推广结合的产物

D. 企业所赞助的事业一般要与企业使命（或任务）结合起来，因此要注意将赞助的事业或活动与企业产品销售直接发生关系

E. 公益事业营销是企业为社会行善，把企业和产品与相关事业联系在一起，将取得社会普遍的好感，改善公众态度，并可突破广告的功利性和商业氛围，建立良好的公众信誉，如：农药厂赞助绿色食品组织就是方式之一。

话题九 此时无声胜有声

——公共关系与权力营销

【知识目标】
　　要求学生了解公共关系跟人际关系、广告等的区别，正确认识公共关系在营销活动中的作用；了解权力的类型及权力对营销活动的影响。
【能力目标】
　　使学生能辨别公共关系与人际关系、广告的不同，会撰写简单的公共关系活动策划方案；并且能够较好地应用各种权力，对消费者施加影响。

任务一 公共关系策略

【案例】

美国亨氏集团：公关调查有奇效

　　美国亨氏集团与我国合资在广州建立婴幼儿食品厂。但是，生产什么样的食品来开拓广阔的中国市场呢？筹建食品厂的初期，亨氏集团做了大量调查工作，多次召开"母亲座谈会"，充分吸取公众的意见，广泛了解消费者的需求，征求母亲对婴儿产品的建议，摸清各类食品在婴儿哺养中的利弊。之后经过综合比较，分析研究，根据母亲们提出的意见，试制了些样品，免费提供给一些托幼单位试用。

　　收集征求社会各界对产品的意见、要求，相应地调整原料配比，他们还针对中国儿童食物缺少微量元素，造成儿童营养不平衡及影响身体发育的现状，在食品中加进一定量的微量元素，如锌、钙和铁等，食品配方更趋合理，使产品具有极大的吸引力，普遍地受到中国母亲的青睐。于是，亨氏婴儿营养米粉等系列产品迅速走进千千万万中国家庭。

思考：

试运用公共关系学中的相关知识分析评点这一案例。

　　市场营销大师菲利普·科特勒针对现代世界经济迈向区域化和全球化，企业之间的竞争范围早已超越本土，形成了无国界竞争的态势，提出了"大市场营销"观念。大市场营销（Mega Marketing）是指企业为了成功地进入特定市场，并在那里从事业务经营，在战略上协调使用经济的、心理的、政治的和公共关系等手段，以获得各有关方面如经销商、供应商、消费者、市场营销研究机构、有关政府人员、各利益集团及宣传媒介等合作及支持。大市场营销是对传统市场营销组合战略的不断发展，是一般市场营销基础上的深化与发展，但大市场营销又具有与一般市场营销不同的特点和作用。大市场营销除包括一般市场营销组合（4P，即产品、价格、渠道、促销）外，还包括另外两个"P"：公共关系和权力。

一、被扭曲了的公共关系

【案例】

10 万美元寻主人

某公司宣传其新型保险柜的卓越功能，登出一则这样的广告："10 万美元寻找主人！本公司展厅保险柜里存放有 10 万美元，在不弄响警报器的前提下，各路英雄可使出任何手段拿出来归自己！"广告一出，轰动全城。前往一试身手的人形形色色：有学生、工人、工程师、警察和侦探，甚至还有不动声色的小偷，但都没有人能够得手。各大媒介连续几天都为此事作了免费报道，影响极大，于是这家公司的保险柜的声誉为之大增。

本次事件属于什么公关活动？此公关行为的目的是什么？你认为有没有达到目的？

1. 公共关系——内求团结，外求发展的艺术

【案例】

IBM 最高层次的人本管理

美国的大企业是怎样奖励自己的明星的呢？这里是 IBM 公司邀请他们偕同配偶在夏威夷的日光下休假 3 天的情况。这些男男女女是 IBM 公司全国市场部的明星，他们掌握着公司的全部生产线，由于他们都超额完成了全年销售指标，被吸收到叫金环的俱乐部中。

佛拉西斯基伊·罗杰斯曾经是市场部的副经理和 IBM 公司曾经最受欢迎的发言人。他说："我认为 IBM 所拥有的最大财富是人，我们就是要让他们在市场部中成为最出色的人物，正是由于他们的努力，我们的工作才能够做好，所以我们认为他们在全部的工作中起着良好的作用，如果给他们目标、条件及其奖励，那么几乎所有的目标都是能够达到的。这个金环俱乐部的第二个想法是我们希望人们愿意再来，这就成了他们不断做出成绩的动力。"

罗杰斯20多年来一直这样讲，公司强调对员工的多方面尊重，哪怕你干得不出色，当你处于低潮时，公司也和你在一起。现在，公司已经使之成为一种传统，一种向其雇员传达观念和价值的主要渠道。员工们感慨地说："我感到只要他们坚持尊重个人的原则和他们的高尚道德，公司就会办好，他们所提供的一切技术和其他，只不过是让个人很好地合作的副产品。"

思考:

什么是公共关系? 有何特点?

公共关系 (Public Relations) 是指企业为改善与相关公众的关系, 通过双向的信息交流, 促进公众对企业的认识、理解及支持, 达到树立良好企业形象, 进而促进商品销售的目的的一系列活动。塑造组织形象是公关工作的中心内容和基本目标。营销大师科特勒认为, 权力对大市场营销者来说十分重要, 通常被称为继产品 (Product)、价格 (Price)、渠道 (Place)、促销 (Promotion) 之后的"第五 P"。其主要特点:

第一, 以公众为对象。公众是公共关系的主要研究对象, 一切工作均围绕公众开展。

第二, 以美誉为目标。公共关系不是政治关系, 也不是经济关系, 其评价尺度不是政治立场, 不是经济指标, 而是美誉度。

第三, 以互惠为原则。公共关系不是以血缘、地缘为基础, 而是以一定的利益关系、业缘关系为基础的。社会组织要生存发展必须要得到公众的支持。因此, 要想持久地赢得公众支持, 必须做到与公众互利互惠, 最终达到双赢的目的。

第四, 以长远为方针。组织要想凭借公共关系在公众中塑造良好的形象, 绝非一日之功。

第五, 以真诚为信条。公共关系要追求长久的美誉度, 就一定要以真诚为信条。互利互惠也只有依靠真诚才能做到。

第六, 以沟通为手段。公共关系依靠信息产业, 信息只有传播沟通才能实现价值。形象在沟通中塑造, 美誉在沟通中提高, 合作在沟通中促成, 目标在沟通中实现, 无形资产在沟通中积累。因此, 公共关系目标与价值的实现离不开沟通。

作为现代企业, 既要妥善处理各种内部公众的关系, 更要与外部公众建立良好的关系。而公共关系就是一门内求团结, 外求发展的管理艺术。

2. 公共关系与人际关系

人际关系是指社会人群中因交往而构成的相互依存和相互联系的社会关系, 属于社会学的范畴。现代汉语常指除亲属关系以外的人与人交往关系的总称, 也被称为"人际交往", 包括朋友关系、学友 (同学) 关系、师生关系、雇佣关系、战友关系、同事及领导与被领导关系等。

(1) 公共关系与人际关系的区别:

①公共关系的主体是组织; 人际关系的主体是个人。

②公共关系的客体是公众; 人际关系的客体是人与人群。

③公共关系要用一切手段传播, 人际关系主要用人际手段。

④公共关系的产生基础主要是业缘; 人际关系的产生基础是血缘、地缘、业缘、趣缘。

⑤人类伊始就有人际关系; 而科学的公共关系概念产生于 1807 年, 公共关系职业产生于 1903 年。

⑥公共关系运作内容广, 包括沟通信息、联络感情、转变态度、引起行为、协调关系、塑造形象、管理危机、传播公关意识、设计 CIS 等; 人际关系运作内容主要是自身发展的物质交换和交友的精神需求、感情交流。

⑦公共关系研究组织与公众间关系的发展规律；人际关系研究人与人关系的发展规律。

⑧公共关系历史短、普及快，专业化程度高；人际关系历史长、普及面广，专业化程度低。

（2）公共关系与人际关系的联系：

①产生基础都包括业缘。

②主题中公共关系的组织等于人际关系的正式群体。

③人际传播是公关手段之一。

④公共关系是从广义的人际关系演化而来的，需要借助人际关系的相关理论进行研究。

⑤公共关系的知识与人际关系的知识相互促进，互为补充，共同发展。但随着时间的推移和公共关系的发展，人际关系越来越难以包容公共关系，公共关系将成为更加独立完整的领域。

3. 公共关系与企业广告

虽然公共关系与企业广告是两门交叉学科，都源于传播学，都以传播为主要的工作手段，都具有"喉舌"功能，但两者还是有很大的区别。具体见表9-1。

表9-1　公共关系与企业广告的区别

项目	公共关系	企业广告
传播内容	与组织形象有关的信息	产品及相关技术
传播对象	公众与舆论	顾客及潜在消费者
传播目的	"爱我"：交朋友、树形象	"买我"：卖产品、做生意
营销功能	间接促销	直接促销
传播色彩	公众色彩较浓	商业色彩较浓
影响模式	公众—企业—产品	公众—产品—企业
表现方式	客观性强	主观性强

4. 公共关系的误区

（1）女性化。把公关当作"美女+交际"、"美女+送礼"，一提公关就是"公关小姐"，这是不对的。从理论上看公关属于智力型产业，与性别无关。从称呼上看，外国公关人员为 PR Officer、PR Practitioner、PR Men，即"公关官员"、"公关操作者""公关人"，并没有"公关小姐"一词。

（2）庸俗化。认为公关就是"拉关系"、"走后门"，甚至行贿、腐蚀干部。

（3）营销化。把公关当作营销、推销。公共关系经营的是无形资产，以无形带动有形。

二、公共关系对象分析

想一想：一个企业需要面临哪些公众关系？

1. 内部公众

【案例】

内部也要公关

原广州花园酒店总经理袁伟明先生向管理人员提出"员工第一"的口号。他认为，只有把员工放在第一位，尊重他们的劳动和尊严，使他们处处感到自己作为"花园"不可缺少的一分子的"主人翁"价值，认识到"花园"的荣辱与他们工作形象和经济效益息息相关，这个酒店才能成为成功的酒店。根据这一思想，花园酒店最高决策层制定了一系列协调员工关系、激励员工士气的措施。比如：每月固定一天为员工日，届时高层管理人员一起下厨为员工炒几道拿手菜；酒店公共关系部定期邀请员工亲属出席"酒店与员工家庭亲善会，"征询意见，争取"后院"的了解和支持；哪位员工工作有成绩，会收到总经理签发的嘉奖信；每一位员工生日的当天，都会收到总经理赠送的生日贺卡；酒店设立意见奖，最高管理层对建设性的意见需在三天内作答，并给予奖励等。袁先生是知名的美籍华裔人士，全美酒店管理业的六大明星之一。他认为，优质服务和产品是酒店成功之要素，而服务和产品是由员工提供的，所以员工就是酒店最宝贵的财富。这位精通公共关系技巧的总经理走马上任刚刚半年，便使广州花园酒店的形象和经济效益都得到很大提高，这便是"员工第一"带来的效应，2 000名员工的凝聚力使酒店整体的外张力大大增强了。

思考：

1. 这个案例说明什么问题？
2. 建立良好的员工关系的目的是什么？
3. 如何做好员工的工作？

内部公众指组织内部沟通、传播的对象，包括组织内部全体成员构成的公众群体，如企业内部的员工、股东等。内部公众既是内部公关工作的对象，又是外部公关工作的主体，是与组织自身相关性最强的一类公众对象。

2. 顾客公众

【案例】

黑头发飘起来

海飞丝、玉兰油、飘柔是世界知名企业宝洁公司护肤洗涤类产品的品牌，它们是中美合资生产并在中国销售的。1989年5月，当杭州日用小商品批发公司准备少量进货进行试销时，却意外遭到了这家合资公司的婉言拒绝。原来宝洁每年都有市场开发计划，恰巧这一年的计划中没有杭州。他们解释道：我们的产品如果没有以一定的市场调查为基础，没有相应的推广工作来配合，了解的人会很少，产品难销好。一旦出了问题，公众会认为我们产品不行，就将被迫退出市场。所以没有列入推广的地区，我们不能随便发货。

他们的解释给了批发公司以强烈的震动：在目前市场竞争激烈的情况下，如果不能掌握消费需求信息，即使有最好的经营条件，也是无法在竞争中获得新发展的。

鉴于这样的认识，批发公司写了一份市场推广计划书，并寄给了宝洁公司。计划书在市场调查的基础上，对这些商品的市场前景作了认真的预测，并从市场推广的角度出发，仔细拟订了销售活动的安排和广告宣传的内容和形式。宝洁进行了可行性研究后，确认如果能按计划进行，可以迅速打开市场。为此该公司董事长亲率销售部、市场推广部、产品开发部负责人赴杭州考察，最后决定放弃原定的一个开发目标，把杭州列入计划内，由批发公司负责进行杭州市场的开发。

海飞丝以有效地抑制头发皮屑生成而著称；玉兰油以补充皮肤水分来保护肌肤青春的功能；而飘柔的护发功能是世界一流的。然而，这些特点存在于产品的品质之内，要让广大的消费者了解，就必须借助宣传媒介来进行广告宣传。为此，批发公司在报纸和电视上做了大量的广告，并制作了许多广告牌，在几十家商店播放产品示范录像。这种大规模、多形式、多层次的广告宣传对产品的推广起到了积极的作用。在推广活动中，批发公司还专门聘请了美容小姐进行消费指导，配发了数十万份试用品免费让人们试用，印刷了近万份产品说明书免费发放，在一段时间后又通过报纸向几十万消费者发出使用意见征询表，专门解决使用过程中的一些问题。

良好的公关活动，终于使批发公司获得了巨大成功。

思考：

1. 任何生产企业都希望自己的产品广开销路，为什么宝洁公司要拒绝杭州批发公司的进货要求？

2. 杭州批发公司获得成功的主要做法有哪几点？

顾客公众指购买、使用本组织提供的产品或服务的个人、团体或组织，如企业产品的用户、商店的顾客、酒店的客人，电影院的观众、出版物的读者等。顾客公众包括个人消费者和社团组织用户。顾客是与组织具有直接利益关系的外部公众，是工商企业组织市场传播沟通的重要目标对象。

3. 媒介公众

【案例】

"请留心你家的后窗"

20世纪50年代，好莱坞影片《后窗》曾风靡香港，该片描写了一个脑部受伤的新闻记者，在家养伤时闲极无聊，便买来一架望远镜，每日坐在屋子里从对面楼层的后窗窥视住户的家庭隐私，从而卷入了一场谋杀案。影片上映后，香港人竞相观看，形成了"后窗热"。这时，香港的一家生产百叶窗的企业成功地抓住了这一事件。他们在报纸上连续刊登题目为"请留心你家的后窗"的销售广告，其生意一下子兴隆起来。

思考：

试运用公共关系学中的相关知识分析评点这一案例。

媒介公众又称新闻界公众，是指新闻传播机构及工作人员，如报社、杂志社、广播电台、电视台和记者。新闻媒介是组织与公众联系的最主要渠道，也是组织最敏感、最重要的公众之一。媒介公众是具有双重性格的特殊公众，它既是公关人员赖以实现公关目标的重要媒介，又是公关人员必须尽量争取的重要公众，新闻媒介传递信息迅速，影响力大、威望高，它可以左右社会舆论、影响、引导民意，对社会的经济、政治局势的变化具有不容忽视的作用。因此在欧美被看作是立法、司法、行政三大权力之后的"第四权力"，任何组织和个人都不能轻视新闻媒介这一重要舆论工具。

4. 政府公众

【案例】

法国白兰地的精彩亮相美国

20 世纪 50 年代，法国白兰地酒已在国内享有盛誉。为了开辟国外市场，法国酿造业的公关专家研究了大量信息，首先把拓展市场的目标瞄向了美国。为了打入美国市场，他们的公关策略是"寓物于情"，公关宣传的基点是借助法美人民之间的友谊做文章，选择的时机是美国总统艾森豪威尔的 67 岁寿辰。他们大力宣传法国人民为了表示对美国总统的友好盛情，将赠送两桶极为名贵的窖藏长达 67 年之久的白兰地酒作为贺礼，并由专机送抵美国，白兰地酒公司为此付出了巨额保险费，美国公众在总统寿辰一个月前就从不同的传播媒介获得了这一消息。一时间，法国白兰地成了新闻报道、街谈巷议的热门话题。

总统寿辰这一天，华盛顿的主要街道上都竖起了大幅标牌："欢迎您，尊贵的法国客人！""美法友谊令人心醉！"在各大报纸的显著位置频频出现"总统华诞日贵宾驾临时"和"美国人醉了"等大标题。在白宫的花园举行了隆重的白兰地酒的赠送仪式，四名英俊的法国青年身着法兰西传统的宫廷侍卫服装，抬着两桶白兰地正步前进，步入白宫，装着白兰地的酒桶也是法国著名艺术大师的精心之作。霎时，群情沸腾，欢声四起，甚至有人还大声唱起了法国国歌《马赛曲》。当天，为了观看这个送酒仪式，华盛顿竟出现了万人空巷的罕见景象，机场通往白宫的沿途街道，挤满了数以万计的观众，盛况空前。关于名酒"驾到"的新闻报道、专题特写、新闻照片挤满了全美当天各报的头版版面。

从此，法国名酒白兰地在轰轰烈烈的氛围中，昂首阔步地迈进了美国市场，走上了美国的国宴和普通市民的餐桌。

思考：

为了开辟美国市场，白兰地公司采取了什么公关策略？效果怎样？其传播作用着重表现在哪几个方面？

政府公众指政府各行政机构及其工作人员，即组织与政府沟通的具体对象。任何组织都必须接受政府的管理和制约，这是所有传播沟通对象中最具权威性的对象。

5. 名流公众

【案例】

"三高"为中国申奥放歌

2001 年 6 月 23 日晚，昔日皇家禁苑中乐声翩翩，弦歌阵阵。世界著名三大男高音歌唱家在紫禁城午门广场联袂演出，在"6·23 国际奥林匹克日"掀起北京申奥活动的高潮。国务院副总理李岚清和数万热情的中外观众一同观赏了这场精彩的演出。

当晚三位"歌剧之王"身着黑色燕尾服，站在紫梦城的古老红墙之间的舞台上神采奕奕，他们演唱了近三十首脍炙人口的歌剧选段或歌曲。从卡雷拉斯的《我知道这个花园》，到多明戈的《星光灿烂》，到帕瓦罗蒂的《今夜无人入睡》，洪亮且有穿透力的歌声，赢得了在场三万名观众的热烈掌声。

昔日这里曾经钟鼓齐鸣，如今西方歌剧在这里缭绕；昔日皇帝曾在这里议政，如今三位西方音乐大师在这里纵情高歌。东方建筑的神韵与西方艺术经典在这里得到了完美的交融，古老的紫禁城在一个充满激情的夜晚被唤醒，改革开放的中国以一场东西文化交融的音乐盛会，向世界展示他们积极走向世界的宽阔胸怀。

紫禁城午门广场，"歌剧之王"帕瓦罗蒂、多明戈和卡雷拉斯激情演绎音乐盛典，取得了空前的成功，音乐会电视直接可覆盖全球 110 多个国家和地区的 33 亿观众。

思考：
试运用公共关系学中的相关知识分析评点这一案例。

名流公众是指那些对社会舆论和社会生活具有较大的影响力和号召力的有名望人士，这类关系对象的数量有限，但传播的作用很大，影响力很强。通过社会名流去影响公众和舆论，往往有事半功倍的效果。例如，政界、工商界、金融界的首脑人物；科学界、学术界、教育界的权威人士；文化界、艺术界、影视界、体育界的明星等。

6. 社区公众

【案例】
日本名古屋楮木电力公司善待邻里，赢得顾客，树立了良好形象

一天，一大群愤怒的渔民闯入了日本名古屋楮木电力公司总部大楼。他们呼叫着、斥骂着，抗议这家电力公司的一座发电厂没有处理好废水问题，使许多海洋生物遭了殃，严重地影响了渔民们的谋生资源。渔民们的抗议使他们意识到问题已经到了非解决不可的时候了。他们立即成立了公共关系部，制订了一个相当庞大的长远计划，展开持续几年的"消费者亲善运动"。每半年为一阶段，都有不同的主题，比如，第一个主题是"让我们关心生活和电力"，第二个主题是"说说未来的能源"，目的在于提供各种知识、背景，让公众了解当前日本公用事业面临的困难，说明公司在采取的某些积极措施的意义。

"消费者亲善运动"采取的方式多种多样，如邀请消费者来参观、座谈、组织公开演讲、上门访问等，特别是上门访问。这家公司有 400 万顾客，计划访问其中的 1/10，即 40 万。为此，公司把这个任务落实到全公司 1.8 万职工身上，不惜抽出工作时间，让每位职工走访 20 位顾客。为此，公司编写了访问指南，给员工提供资料。员工们不仅登门访问，连走在路上也会沿途与市民聊天，他们与市民的关系逐渐缓和。后来，不少员工还主动参与当地的亲善运动，到养老院去演戏，清洗马路上的交通标志等。在干这种事的时候，他们都穿上公司的工作服，市民们一看就说："公司又在做好事了！"

经过努力，公司在消费者心目中的形象也随着这些亲善活动而变化着。人们认为这家公司有责任感，热衷于社会公益活动。

思考：

日本名古屋楮木电力公司是如何改变企业形象的？

社区公众是指组织所在地的区域关系对象，包括当地的管理部门、地方团体组织、左邻右舍的居民百姓。社区关系亦称区域关系、地方关系、睦邻关系。社区是一个组织赖以生存和发展的基本环境，是组织的根基，共同的生存背景使社区公众具有"准自家人"的特点。

三、公共关系专题活动策划

【案例】

"帮你回家"——一场精心策划又充满温情的公关活动

2008 年 12 月 2 日，四川江口醇酒业（集团）公司和茂德公香辣酱成功地策划了一个名为"寻找 2009 个民工兄弟，帮你回家"的公关活动，内容是：寻找 2009 名在广东的外省农民工，资助每人 200 元帮其返乡。"帮你回家"公益活动敏锐地抓住了全社会关心的热点问题——全球金融危机导致的农民工失业潮以及随之带来的部分农民工经济困难、春节无钱回家，也就成功地抓住了社会大众的眼球。截至 2009 年 1 月 18 日活动结束，据不完全统计，对活动进行报道的纸媒有：南方都市报、南方日报、广州日报、信息时报、羊城晚报、新快报、深圳晶报、深圳商报、宝安日报、安阳日报、上海申报、江西时报、杭州日报、南京日报、河北日报、成都商报、新民晚报、法制晚报、农民日报、中国青年报等二十多家；对活动进行播报的电视台有：南方电视台 2 套节目——城市特搜、广州电视台新闻频道——新闻日日看、广东电视台新闻频道——第一访谈、深圳电视台——都市频道、湖南卫视——午间报道、安徽电视台新闻中心——新安夜空、央视七套——聚焦三农、央视新闻频道——朝闻天下、香港翡翠台、凤凰卫视等十多家；新浪、搜狐、网易、天涯、腾讯、21cn、人民网、新华网、光明网、中国博客网、凤凰网、CCTV 等五十多家网站对活动的新闻报道进行了转载和评论。截至 2009 年 2 月 3 日，"帮你回家"天涯博客总访问量 156 550，"帮你回家"网易博客总访问量 79 420。该活动的策划者江口醇酒业（集团）公司的公关总监李羊朵小姐在接受媒体采访时不讳言"公司在做公益活动的同时的确有打广告的用意，不认为这有什么不好"，并希望"更多的企业参与这种炒作"。南方都市报以《炒作善事，还是值得鼓励》为题对活动进行了评论，认为："这确实是商业炒作，而且到目前为止很成功。在营销上有一种技巧，叫做事件营销，这就是一个样板。因为有了 200 元补贴外来工回家的创意，40.18 万元没投给媒体，而是投给一个具有高关注度的弱势群体，很符合'把 100 万的广告做得像 1 000 万'的广告专业追求。"

思考：

1. 谁是"帮你回家"公关活动的策划者？

2. "帮你回家"公关活动的策划目标是什么？

3. "帮你回家"公关活动的策划对象是谁？

4. "帮你回家"公关活动的策划内容是什么？你是否了解活动的背景？

5. "帮你回家"公关活动花了多少钱？其效果如何？

6. 请通过网络进一步了解该活动所产生的效应，并对该公关活动作进一步的点评。

公共关系专题活动主要包括公关调查、公关宣传、公关交际、开业/周年庆典、公关赞助等。成功的公关活动离不开精心的策划和周密的组织控制。公关活动策划包括确立目标、设计主题、分析公众、选择媒介、活动预算、撰写方案等六个步骤。

公关活动策划包括以下几个要素：

1. 策划者

公关策划人员。公关策划的成败，公关策划者的能力、水平、责任心和奉献精神起着决定性的作用。面对同样的策划对象，处在相同的策划环境中，由于策划者的不同，效果可能大相径庭。

公关策划者是一个集团，应当由各具特点，各具专长的公关从业人员、公关专家来组成，这些各具特点，各有专长的公关专家、从业人员不仅要有个人的能力、水平和心理素质，而且还有分工得当、配合默契，使之发挥"1+1>2"的公关人才聚会效果。

2. 公关策划目标

公关策划目标是公关策划人员通过策划活动最终要解决的问题和要达到的目的。

3. 公关策划对象

公关策划的对象是目标公众。

4. 策划内容

高层次：总体宏观的战略规划的设计构思。

亚层次：公关实务专题活动策划。

表层次：具体的操作性的公关活动。

5. 策划结果——公关策划方案

策划结果是策划者在充分调查、了解策划对象的现状和需求的基础上，为了实现策划目标而精心设计制订的公关实施细则和设计方案。

四、公共关系危机处理

【案例】

危机与生机——从钙镁片事件谈危机公关处理

2001年11月，第九届全运会在广州隆重开幕。11月15日，辽宁省一位长跑运动员被查出血栓超标。据该运动员称，是吃了安利一种补钙又补什么的药片，导致她血液黏稠。18日，上海30多家新闻媒介对此作了报道。"安利钙镁片有问题"的消息不胫而走。

九运会对安利来说，本来是宣传产品、提升形象的极好机会，因为安利（中国）公司是九运的赞助商，公司早已准备在全运会期间召开新闻发布会。此事一出，公司上下为之震动，他们的第一反应是：这是绝不可能的事。但是人言可畏，如果事态扩大，安利在中国的事业将面临巨大的考验。大家都在想：安利产品要不要继续销售？新闻发布会还开不开？

经过研究，安利公司认为，新闻发布会不但要开，并且要大力开好。11 月 19 日一早，他们与各媒体联系，请求媒介不要扩大事件影响，并与组委会协商好，全力邀请媒介与公众出席在广州召开的"纽崔莱支持奥运"的新闻发布会。因为上海是事件发生地，决定增加特邀上海 30 家媒体代表参会，全程报销他们的来往机票及住宿费用，全国共 100 余家媒体到会。在会上，国家体育中心主任宣布：安利成为 2004 年奥运高级赞助商，纽崔莱产品为奥运运动员唯一营养产品。有关部门强调：反兴奋剂中心对纽崔莱营养品测试后，未发现违禁成分，是安全、有效的营养补充食品。会上，纽崔莱科技人员对钙镁片的功用作了详细介绍，澄清某些不实报道，使各界都对安利产品留下安全、可靠的印象。

思考：

1. 钙镁片事件发生后，安利（中国）公司采取了哪些公关措施来处理这次事件？

2. 使危机变成生机，本次事件证明企业关键要做好哪些工作？

（一）危机公关的含义

从公共关系的角度来说，危机是指公众对我们的态度和印象的转变。而公众的态度和印象之所以会转变，是因为他们感受到自身的利益受到了伤害。

对公众造成创伤的事件，可以称之为危机事件。而危机公关，就是对公众创伤的医治与恢复。

（二）危机公关处理的原则

危机公关处理的原则，是指危机发生后为解决危机所采用的原则。其主要包括承担责任原则、真诚沟通原则、速度第一原则、系统运行原则、权威证实原则。

1. 承担责任原则

危机发生后，公众会关心两方面的问题：一方面是利益的问题，利益是公众关注的焦点，因此无论谁是谁非，企业应该承担责任。即使受害者在事故发生中有一定责任，企业也不应首先追究其责任，否则会各执己见，加深矛盾，引起公众的反感，不利于问题的解决。另一方面是感情问题，公众很在意企业是否在意自己的感受，因此企业应该站在受害者的立场上表示同情和安慰，并通过新闻媒介向公众致歉，解决深层次的心理、情感关系问题，从而赢得公众的理解和信任。

实际上，公众和媒体往往在心目中已经有了一杆秤，对企业有了心理上的预期，即企业应该怎样处理，我才会感到满意。因此企业绝对不能选择对抗，态度至关重要。

2. 真诚沟通原则

企业处于危机漩涡中时，是公众和媒介的焦点。你的一举一动都将接受质疑，因此千万不要有侥幸心理，企图蒙混过关。而应该主动与新闻媒介联系，尽快与公众沟通，说明事实真相，促使双方互相理解，消除疑虑与不安。

真诚沟通是处理危机的基本原则之一。这里的真诚指"三诚"，即诚意、诚恳、诚实。

如果做到了这"三诚"，则一切问题都可迎刃而解。

（1）诚意。在事件发生后的第一时间，公司的高层应向公众说明情况，并致以歉意，从而体现企业勇于承担责任、对消费者负责的企业文化，赢得消费者的同情和理解。

（2）诚恳。一切以消费者的利益为重，不回避问题和错误，及时与媒体和公众沟通，向消费者说明事件的进展情况，重拾消费者的信任和尊重。

（3）诚实。诚实是危机处理最关键也是最有效的解决办法。我们会原谅一个人的错误，但不会原谅一个人说谎。

3. 速度第一原则

好事不出门，坏事传千里。在危机出现的最初 12～24 小时内，消息会像病毒一样，以裂变方式高速传播。而这时候，可靠的消息往往不多，社会上充斥着谣言和猜测。公司的一举一动将是外界评判公司如何处理这次危机的主要根据。媒体、公众及政府都密切注视着公司发出的第一份声明。对于公司在处理危机方面的做法和立场，舆论赞成与否往往都会立刻见于传媒报道。

因此公司必须当机立断，快速反应，果决行动，与媒体和公众进行沟通。从而迅速控制事态，否则会扩大突发危机的范围，甚至可能失去对全局的控制。危机发生后，能否首先控制住事态，使其不扩大、不升级、不蔓延，是处理危机的关键。

4. 系统运行原则

在逃避一种危险时，不要忽视另一种危险。在进行危机管理时必须系统运作，绝不可顾此失彼。只有这样才能透过表面现象看本质，创造性地解决问题，化害为利。

危机的系统运作主要是做好以下六点：

（1）以冷对热、以静制动。危机会使人处于焦躁或恐惧之中。所以企业高层应以"冷"对"热"、以"静"制"动"，镇定自若，以减轻企业员工的心理压力。

（2）统一观点，稳住阵脚。在企业内部迅速统一观点，对危机有清醒认识，从而稳住阵脚，万众一心，同仇敌忾。

（3）组建班子，专项负责。一般情况下，危机公关小组的组成由企业的公关部成员和企业涉及危机的高层领导直接组成。这样，一方面是高效率的保证，另一方面是对外口径一致的保证，使公众对企业处理危机的诚意感到可以信赖。

（4）果断决策，迅速实施。由于危机瞬息万变，在危机决策时效性要求和信息匮乏条件下，任何模糊的决策都会产生严重的后果，所以必须最大限度地集中决策使用资源，迅速作出决策，系统部署，付诸实施。

（5）合纵连横，借助外力。当危机来临，应和政府部门、行业协会、同行企业及新闻媒体充分配合，联手对付危机，在众人拾柴火焰高的同时，增强公信力、影响力。

（6）循序渐进，标本兼治。要真正彻底地消除危机，需要在控制事态后，及时准确地找到危机的症结，对症下药，谋求治"本"。如果仅仅停留在治标阶段，就会前功尽弃，甚至引发新的危机。

5. 权威证实原则

自己称赞自己是没用的，没有权威的认可只会徒留笑柄。在危机发生后，企业不要自己整天拿着高音喇叭叫冤，而要曲线救国，请重量级的第三者在前台说话，使消费者解除对自己的警戒心理，重获他们的信任。

（三）危机的善后工作

危机的善后工作主要是消除危机处理后遗留问题和影响。危机发生后，企业形象受到了影响，公众对企业会非常敏感，要靠一系列危机善后管理工作来挽回影响。

（1）进行危机总结、评估。对危机管理工作进行全面的评价，包括对预警系统的组织和工作程序、危机处理计划、危机决策等各方面的评价，要详尽地列出危机管理工作中存在的各种问题。

（2）对问题进行整顿。多数危机的爆发与企业管理不善有关，通过总结评估提出改正措施，责成有关部门逐项落实，完善危机管理内容。

（3）寻找商机。危机给企业制造了另外一种环境，企业管理者要善于利用危机探索经营的新路子，进行重大改革。这样，危机可能会给企业带来商机。

总之，危机并不等同于企业失败，危机之中往往孕育着转机。危机管理是一门艺术，是企业发展战略中的一项长期规划。企业在不断谋求技术、市场、管理和组织制度等一系列创新的同时，应将危机管理创新放到重要的位置上。一个企业在危机管理上的成败能够显示出它的整体素质和综合实力。成功的企业不仅能够妥善处理危机，而且能够化危机为商机。

【知识要点】

公共关系是指企业为改善与相关公众的关系，通过双向的信息交流，促进公众对企业的认识、理解及支持，达到树立良好企业形象，进而促进以商品销售为目的而进行的一系列活动。公共关系的主要目的是帮助企业树立良好的公众形象。

公共关系与人际关系、广告等既有联系又有区别。

公共关系对象包括内部公众、顾客公众、媒介公众、政府公众、名流公众、社区公众等。

公共关系专题活动包括交际性公关、宣传性公关等，企业要善于利用社会及企业的重大主题策划活动。

危机公关处理原则，是指危机发生后为解决危机所采用的原则。其包括承担责任原则、真诚沟通原则、速度第一原则、系统运行原则、权威证实原则。

【活动一】一场精心策划的公关活动案例分析

一、活动内容

分析案例

"一个世界，一个地球"：全球无时差

（一）项目背景

1999 年 7 月，瑞士钟表制造商斯沃琪公司面向中国互联网用户推出其最新产品系列——网络时间数位表。这种数位表拥有本地时间表、闹铃、计时码表、公元 2000 年倒计时天数（还可重设为其他重要日期倒计时）等基本功能，其中最独特的功能莫过于它能显示国际网络时间。

由斯沃琪公司和美国麻省理工学院教授联合开发的国际网络时间,旨在为网上电子邮件用户和聊天室用户提供的一种无时区、无地域的全球时间。随着全球人们不断接受先进科技、不同时区间的交流逐渐频繁,但是,告知对方跨越时区的时间却由此变得困难。国际网络时间的概念正是针对这种情形而提供的一种无时区界限的全球时间体系。

国际网络时间由数位组成,一天被分为 1 000 个数位,每个数位相当于 1 分 24 秒。国际网络时间@000 时从瑞士斯沃琪公司总部所在地毕尔市午夜开始。@000 时相当于北京时间早晨 7:00。数值是全球统一的。

推出这种产品面临几大挑战:

(1) 1998 年 10 月 23 日在瑞士华尔市斯沃琪公司曾对这种产品进行过全球推广活动,其新闻效应在媒体中的影响已消失。

(2) 明确国际网络时间的功能及必要性。

(3) 与网络使用普及率低于 5% 的国家(中国)的公众进行交流与沟通。

(4) 要在一个新闻活动中突出斯沃琪公司的时尚形象。

(5) 要平衡对国际网络时间和斯沃琪数位表产品本身的宣传报道力度。

(二) 项目策划

1. 公关目标

(1) 创造国际网络时间——斯沃琪数位时间的知名度。

(2) 创造斯沃琪数位表产品的知名度并促进其销售。

2. 公关策略

(1) 以多种形式的媒体报道来促进人们对国际网络时间的了解。

(2) 以令人激动、高科技的新闻活动使产品形象、人们兴奋度与数位网络时间高科技概念相匹配。

3. 创意点

在新闻活动中用两个短剧以一种简单的方式阐述国际网络时间的使用。

4. 目标公众

(1) 年龄:16 ~ 35 岁。

(2) 女性或男性。

(3) 电脑行业。

(4) 网络用户。

(5) 追求时尚者。

(三) 项目实施

(1) 为了凸现此次新闻活动的与众不同,同时也为了配合多媒体短剧的演出效果,斯沃琪公司在北京、广州、上海分别选择了当地最热门的、充满时尚气息并配有专业的舞台灯光、高品质音响和超大屏幕或电视墙的迪斯科舞厅或酒吧来举办此次新闻活动。

(2) 短剧的编写和导演特别邀请当地电视台的专业编导来执行,而演员的挑选也是根据主题的需要在三地分别选了两位当地和两位外籍半专业的演员,演绎网络倾情和电话会议两个短剧。在剧中,四位演员在全球不同的国家,不论是通过网络聊天来约定见面时间,还是召开电视会议商讨新产品全球上市时间,都遇到了一个相同的问题即时差,从而引出此次活动想要表达的主题:国际网络时间。

（3）鉴于有限的预算，但为了配合短剧的演出，斯沃琪公司特别运用电脑制作了多媒体的背景画面并配有不同场景的音乐，以在演员演绎的同时烘托气氛并帮助人们理解剧情。把多媒体短剧作为此次新闻活动的开场白，在引人入胜的同时带出高科技的形象概念，这也是此次活动想要表达的另一个主题。

（4）在新闻发布活动结束后，来自电脑行业媒体、时尚媒体和综合新闻媒体的记者们并没有匆匆离去，因为现场放置的多部电脑和数位表样品，不仅可以让记者们随意上网浏览斯沃琪公司的网页以了解更多国际网络时间的信息，还可以现场使用数位表以了解数位表更多的其他优秀功能。

（5）电台、电视台和报刊的许多记者们还在活动后采访了斯沃琪公司的代表，整个活动现场自始至终都弥漫在兴奋和高科技相匹配的气氛之中。

（四）项目评估

效果一：创造国际网络时间——斯沃琪数位时间的知名度。

截至9月27日，全国已有了83篇有关的新闻报道，受众超过2亿，5家电视台播出了短剧，4家电台播出有关报道；印刷媒体报道覆盖率方面，有关国际网络时间的报道率达85%；电子媒介报道覆盖率方面，有关国际网络时间的报道率达100%。

效果二：创造斯沃琪数位表产品的知名度并促进其销售。

在上面提及的印刷媒体报道覆盖率中，65%以大字标题对斯沃琪数位表进行了报道，其中40%包括了一张彩色照片，另15%含一张黑白照片；在没有任何广告支持的情况下，斯沃琪数位表目前在中国的销售量已达到目标销售量的110%。

二、活动步骤和要求

（1）各小组成员认真研读案例并填写下表。

问题	答案
该活动的背景	
该活动的主题	
该活动的目标	
该活动的创意点	
该活动的目标公众	
该活动的效果评价	

（2）小组成员交流并分享对案例的分析结果。

（3）各组选派一名代表在全班交流分享案例分析结果。

（4）任课教师对各组的交流结果作出评价和指导，并评选出优胜组。

【活动二】为自己的模拟企业写一份公共关系策划文案

一、活动内容

各学习小组针对本组建立的模拟企业，利用企业10周年庆典，结合当前的市场特点，为自己的模拟企业写一份公共关系策划文案提示：一篇完整的公共关系策划文案应该包括以下内容：

（1）封面。包括标题，策划者单位或个人名称，策划文案完成日期，编号，说明文字或内容提要，注明初稿或修订稿、实施稿、执行稿等。

（2）序言。

（3）目录。

（4）正文。包括活动背景分析、活动主题、活动宗旨与目标、基本活动程序、传播与沟通方案、经费预算、效果预测。

（5）附件。包括活动筹备工作日程进程表、有关人员职责分配表、经费开支明细表、活动所需物品一览表、场地使用安排表、相关资料、注意事项。

二、活动步骤与要求

（1）小组成员运用公共关系原理，为本组模拟企业设计一份公共关系策划方案，在小组交流讨论。

（2）各组组长根据本组成员讨论结果进行修订和完善，同时填写表格。

（3）各小组选派一名代表在全班交流分享讨论结果。

（4）任课教师对各小组的分析结果作出评价和指导，并评选出优胜组。

任务二　了解权力营销

【案例】

"铁娘子"的权力营销大获全胜

被称为"铁娘子"的撒切尔夫人，担任首相达 10 年之久，她是英国自 1822 年以来在位时间最长的首相。由于她在位的时间长，许多政策不免毁誉参半，有人认为她了不起，但是也有人认为她是无耻的政客。虽然这样，不管是拥护的还是反对她的人，都以她就任 10 周年为题目，大做生意。许多商人以她为对象制作的纪念品，例如茶壶、运动衫、钥匙环、玩具等纷纷出来了，而且销路很好。

有人直呼她简直是有史以来最有市场价值的首相。的确，撒切尔首相不愧是"有史以来最有行销头脑的首相"。

思考：

"铁娘子"撒切尔夫人是如何与相关企业实现双赢的？

如果公共关系是一个"拉"的策略，那么权力则是一个"推"的策略。营销者为了进入某一市场并开展经营活动，必须能经常地得到具有影响力的企业高级职员、立法部门和政府部门的支持。比如，一个制药公司欲把一种新药打入某国，就必须获得该国卫生部的批准。因此，大市场营销须采取政治上的技能和策略。

一、权力与权力营销的含义

权力是指影响力和控制力，权力营销是指依据权力对营销活动影响的规律，借助自身或他人权力开展的营销活动。

权力营销是菲利普·科特勒提出大市场营销概念时提出的。权力营销之所以成立，基于以下理由：包括政府在内的各种权力组织对营销活动的影响长期存在；具有各种权力的个人也会对营销活动产生影响；消费者或多或少都会被动或主动地接受外来信息，如个人信息源（家庭成员等）、商业信息源（媒体等）、公共信息源（消费者组织等），这些信息客观上影响或控制着其消费行为；在国际市场中，权力对营销活动的影响作用更为显著，因为企业要开拓国际市场首先面临着国际上的各种权力屏障；无论计划经济体制下还是市场经济体制下，政府都对企业有着巨大影响，而实践中企业也一直在寻求政府权力的支持。

二、权力营销的形式

【案例】

××市用红头文件实施"百官倡烟"

一个地方政府的红头文件，让××市"百官倡烟"景象浮出水面。2007年3月，湖北省××市政府下发红头文件，将全年15 900条公务用本地烟指标，分解至114家市直机关和基层乡镇，实行摊派消费，并实施奖惩。

表面看来，政府的"倡导"非常精明。最"成功"的营销，莫过于用"红头文件"鸣锣开道的"权力营销"。世界上最伟大的推销员，能做到吗？也许他能用高明的市场营销手段取得成功，可他能下发红头文件，轻松将15 900条烟摊派到包括妇联在内的114家市直机关和基层乡镇吗？

如此"营销"，无视市场经济的"游戏规则"，以权力为后盾强力推行，虽有充实地方财政之得，却有滥用公权损害民生之失。从长远看，因小失大，必将得不偿失。

思考：
如何使用权力营销？你赞许案例中的权力营销吗？为什么？

权力营销涵盖的领域可包括直接利用权力开展营销，利用和影响政治环境开展营销，利用和影响法律环境开展营销以及政府直接参与营销活动。

（1）直接权力营销，就是营销者直接应用或借助权力开展的营销活动。这里可应用或借助的直接权力有：法定权力、专家权力、信仰权力、参照权力、奖惩权力、形象权力等。

（2）政治权力营销，政治是政府、政党、社会团体和个人在内政及国际关系方面的活动。利用或借助上述定义中的各种角色及其活动的影响力和控制力来开展的营销活动就是政治权力营销。

（3）法律权力营销，企业在营销中对法律环境予以主动利用和影响，就是法律权力营销，它包括应用法律开展营销，回避法律开展营销和影响立法开展营销。

思考：

"一只眼睛盯着市场，一只眼睛盯着市长"，你能理解这里的"市长"所代表的含义吗？

【参考答案】

这里，市长是行政权力的代表。无论什么样的政治体制，都有行政权力的代表，从总理、部长到市长、县长，都握有一定的行政权力，可以说是一定地区或部门的"守门人"。

（4）政府权力营销，又称政府营销，是政府通过市场营销原理和方法的运用，对社会经济活动实施有效的宏观调节和控制，推进政府目标、观念或计划的实现，以保证全社会协调、健康地发展，满足社会公众需求的管理过程。

三、权力营销的作用

【案例】

"飞鸽"飞向美国

在中国这样一个自行车王国里，天津的"飞鸽"自行车是有着40多年历史的名优品牌。它曾名扬海内外，"飞"及世界70多个国家，但在20世纪90年代之前，它一直未能进入美国这个年进口上千万辆自行车的大市场。那么如何才能使"飞鸽"打进美国市场呢？1992年美国总统布什来华访问使得天津自行车厂如愿以偿。

听说美国总统将来中国访问，国内各传播媒体也都介绍了布什的有关情况，其中一条消息引起了飞鸽自行车厂家的极大兴趣。消息说：1974年，布什曾任美国驻北京联络处主任，在京任职期间，布什夫妇十分喜欢骑着自行车游览北京各处的景观，被人称为"自行车大使"。看了这条消息，飞鸽厂的人立即想到，如果能让布什骑上飞鸽自行车出现在美国人面前，那么其广告效应将一定会是很轰动的。于是，他们便开始积极策划实现这一创意的途径。首先，他们把这一创意思路向国务院的有关部门进行请示，基本上得到上级的同意。接着，他们便开始精心制作赠品。不久他们便将QF83型白绿过渡色男车和QF84型红白过渡色女车制作完成，并派专人送往北京，将其作为国礼送给布什夫妇。

1992年2月，布什来华访问。在北京钓鱼台国宾馆，这两辆自行车被送给了布什夫妇。布什夫妇十分高兴，并马上骑上它们在周围转了几圈，让记者为他们拍了几张照片。自行车被带回美国，其随行记者也把这些消息陆续发回美国，在美国的各类媒体上得到广泛传播。美国的许多公民看到自己的总统骑的是中国自行车，感到既新鲜又好奇。他们认为这种自行车一定不错，一定会流行起来。于是美国商家也都纷纷来中国要求订货。这样，中国天津的"飞鸽"借布什访华之风"飞"向了美国。而且由于它物美价廉而受到美国公民的青睐，使"飞鸽"终于在美国自行车市场上占有了一席之地。

思考：
"飞鸽"是如何打进美国市场的？

在传统的市场营销理论下，企业只要善于发现和了解顾客需求，更好地满足顾客需要，就可能实现企业的经营目标。当今的经营环境已发生了很大的变化，成功的营销日益成为一种政治上的活动。权力营销具有三种主要作用。

（1）权力营销具有保健（Hygiene）作用，可帮助营销者取得市场准入。

随着国与国之间越来越紧密的经济往来，国务活动、外交活动也往往与商务活动紧密地联系在一起，国家元首或总理出访时，往往带一批商务贸易代表团。商务代表团出访，总是力求会见国家首脑或握有实权的部长，其原因很简单，就在于盯住"守门人"，为本国的企业寻找市场入口。

（2）权力营销具有促进（Motivation）作用，能促进产品销售。

【案例】

用"假名人"做广告

一个名叫让·史密斯的美国人在做一门很有意思的生意，他开了间广告公司，专门找一些长得酷似名人的人为商家拍广告，他在社会上广为搜罗，找到 2 000 多名酷似里根、艾森豪威尔、肯尼迪和阿拉法特的人招徕生意，大发其财。现在正在考虑在西欧各国首都开办他的"假名人"广告分公司。

所谓假名人，就是请一个酷似某位大名人的人，扮成那个名人上电视做广告。比如：酷似基辛格的人以基辛格的身份劝人们把钱存入得克萨斯银行；酷似卡特的人以卡特的身份宣传富含维生素 A 的黄油。

于是，一门新的生意在美国诞生，即专门为酷似名流的人承接广告的生意。

思考：
用"假名人"做广告取得成功的真正原因是什么？

现在各行各业流行请名人做形象代言人，不论是家用电器还是洗衣粉甚至蚊香，商家看中的，就是权力带来的促销效果。

1993 年亚太经合组织的首脑正式会议在西雅图举行，而西雅图是波音公司的总部所在地，他们邀请中国领导人到波音公司去参观访问。1994 年，波音公司得到了中国订购 21 架飞机共价值 8 亿美元的合同，成功地扩大了在中国的市场份额。

（3）权力营销还有提升（Promotion）作用，可提高公司及产品的知名度及美誉度。

企业为了进入某一市场并开展经营活动，必须经常地得到具有影响力的企业高级职员、政府官员的支持。

当今世界经济形势越来越复杂，政治因素对企业进入市场尤其是国际市场起着一定的作用，所以企业在进行产品营销时，应该合理地运用政治人物的影响力。

【案例】

广东省领导接见宝洁公司高层

2005 年 8 月 30 日和 31 日，时任中共中央政治局委员、广东省委书记的张德江和时任中共广东省委常委、广州市委书记的林树森分别接见了宝洁公司多位高层人员。在会面中，宝洁董事长兼首席执行官雷富礼先生首先感谢广东省领导多年来对宝洁发展的支持，并通报了宝洁全球业务发展情况和计划。

雷富礼先生介绍了宝洁在华 17 年所取得的成就，以及新的投资计划，业务发展的情况和前景，详细介绍了宝洁中国在广东省的长远规划。

宝洁在 1996 至 2004 年期间向希望工程累计捐款 2 000 万元，在全国 27 个省、自治区兴建了 100 所希望小学。1997 年还向春雷计划捐款 50 万元，支持女童教育，帮助她们重返学堂。

宝洁还积极参与中国政府的打假工作。宝洁公司为了保护广大消费者，一直十分重视品牌保护的工作，积极参与打击假冒伪劣的行动。在全国范围内查获假冒宝洁产品七十多万箱，货品的价值达六千多万美元，其中广东省占 80%。

思考：

作为中美合资企业的宝洁与中国政府搞好关系的主要目的是什么？案例给了你怎样的启发？

四、权力营销的运用

（一）探测权力结构

经营者必须首先了解目标市场的权力机构。权力机构主要有三种类型。

1. 金字塔结构

权力集中于统治阶层，它可以是一个人、一个家族、一家公司、一个行业或一个派系，中层是贯彻统治阶层意图的，下层是执行者。

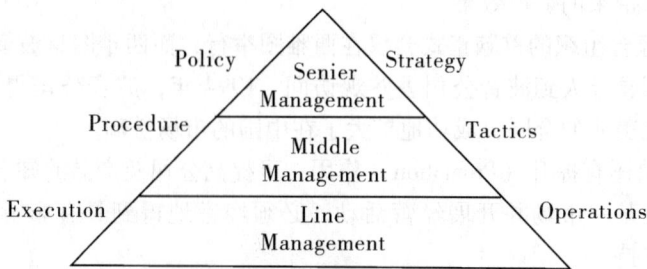

图 9-1　金字塔权力结构

2. 派系权力结构

这是指在目标地区中有两个以上的集团（权力集团、施加压力的集团、特殊利益集团）钩心斗角。在这种环境下，公司必须决定与其中哪些集团合作。而一旦与某些集团结成联盟，往往会影响与其他派别的友好关系。

3. 联合权力结构

各权力集团组成临时联盟，公司必须通过与联盟合作才能达到目标，或者另组成一个对应的联盟来支持公司。

在弄清权力结构后，公司必须对各方实力进行评估对比，作出相应的决策。

（二）设计总体战略

在进入一个封闭型市场时，公司必须先了解到各集团中的反对者、中立者和同盟者。可供选择的总体战略有：

（1）补偿反对者所受的损失，使之保持中立，应把对受害者的补偿包括在总成本内。

（2）将支持者组成一个联盟，以壮大自身的力量。

（3）把中立者变为同盟者。这需要对中立者施加影响和提供报酬。

另外，设计总体战略往往是与运用政府机构的权力联系起来的。

（三）制订实施方案实例

下面，我们以联合利华为例来看看一家在中国成功经营的外资企业是如何制订实施方案向中国政府"借力"的。以下是联合利华公司1998年制订并实施的一个方案。

1. 项目背景

联合利华公司是世界上最大的跨国公司之一。与大多数跨国公司不同，联合利华公司拥有两位总裁，截至1998年6月，两位总裁从来没有同时出访过一个国家。"本土化"是联合利华在中国发展的最终目标。1998年，当联合利华公司进入中国市场的第12个年头来临的时候，"本土化"问题不可避免地提到了联合利华决策者的议事日程上。

2. 项目调查

通过访谈调查得出了以下结论。

联合利华"本土化"问题上面临的机遇：

（1）宏观形势：随着中国对外开放的不断深化，以及世界经济一体化进程的不断加快，中国经济必将纳入全球经济的轨道运行。外资企业的"本土化"已不再是空谈，而是历史发展的必然。

（2）长期投资：在上海建立地区性总部，充分表现了联合利华在中国长期投资的信心。在中国长期投资，这是联合利华实现"本土化"的根本保证。

（3）利税大户：联合利华每年向中国政府交纳税收5亿元人民币，容易获得政府的好感。

（4）产品优势：联合利华在中国生产、销售的产品为家庭及护理产品和食品，"力士"、"夏士莲"、"奥妙"、"和路雪"等品牌已经深入人心，有利于获得公众的认同。

（5）发展民族品牌：联合利华以多种形式优先发展"中华牙膏"、"京华茶叶"等在中国家喻户晓的民族品牌，如果处理得当，可以大大提高公众与联合利华的亲近感。

联合利华在"本土化"进程中不能回避的问题：

（1）官方认同。

官方认同包括三方面内容：

首先，拥有并发展诸如"中华牙膏"、"京华茶叶"等民族品牌是联合利华"本土化"进程中的重要步骤，但面对联合利华大规模的收购计划，政府主管部门的态度就显得十分重要了。在实际经济运行当中，有些外资企业收购了民族品牌之后将其束之高阁甚至转卖，造成民族品牌的贬值甚至消亡。联合利华向有关部门表明长期发展民族品牌的意向就显得十分必要了。

其次，联合利华处在食品及日用工业品行业，并不属于中国政府希望优先注入外资的行业。从这个意义上讲，与中国政府的沟通就显得十分必要。

另外，由联合利华控股的公司在中国上市是联合利华完成"本土化"进程的重要标志，但针对外资或合资企业在中国上市的问题，当时中国没有明确的政策。解决上述问题，首先要进行政府游说工作，获得政策的支持。在这个问题上，政策的支持包括两个层面：第一，中国政府公开表示允许外资控股公司上市；第二，在条件成熟的情况下，允许联合利华作为第一批外资控股公司上市。为了达到以上目的，联合利华需要进行长期的政府公关工作。

（2）重组"阵痛"。

资产重组必然带来部分企业的关闭以及企业与部分员工提前解除劳动合同，势必带来地方经济利益的损失和人员下岗。在当时的社会条件下，各方面对"下岗"问题十分敏感，一旦处理不当，激化了矛盾，"下岗"问题有可能对联合利华的资产重组行使"一票否决权"。

（3）舆论压力。

在中国国内，保护国有资产和国有品牌的呼声很高，有些媒体甚至喊出"狼来了"的感叹。

（4）社会心理。

在对待外资的"本土化"问题上，公众在心理上的接受需要一个相对较长的过程。在这个层面上，联合利华还需做长期、细致的工作。

综上所述，在当时的条件下，联合利华实现"本土化"的核心问题在于政府支持。

3. 项目策划

公关目标：完成联合利华高层与中国政府有关主管领导的沟通，借此机会表达联合利华在中国长期投资的信心，阐明联合利华"本土化"战略的立场，同时在"本土化"过程中的关键问题上（如合作发展民族品牌、在中国资产重组、控股公司在中国上市等）获得必要的支持。

目标受众：

——有最终决策权的国家领导人及上海市领导人。

——有关政府部门主管领导。

——联合利华在中国各方面的合作者。

——新闻界。

——社会公众。

公关策略：

在1998年的适当时候，安排联合利华两位总裁同时访问中国，通过这次在联合利华历史上破天荒的举措，再次表明联合联合利华在中国长期投资的信心与诚意，进而通过以下举措完成既定公关目标。

——会见有决策权的领导人——国务院总理朱镕基、上海市市长徐匡迪，沟通情况，获得必要的支持。

——总裁在中国期间，宴请有关政府主管部门代表，进行必要的沟通；同时宴请在中国合作单位的代表，维系长期稳定的合作关系。

——总裁访中国期间，组织系列新闻宣传活动，宣传联合利华在华成就，形成有利于联合利华的社会舆论。

——访中国期间，参加联合利华支持中国公益事业的捐助仪式，获得社会赞誉和认同感。

4. 项目实施

（1）会见。

为了减少会见申报的中间环节，中国环球公共关系公司利用自身的新华社背景，协调新华社作为两位总裁访中国的中方接待单位，由新华社直接上报国务院，减少了申报会见的时间。

1998年6月10日下午3点，国务院总理朱镕基接见了联合利华两位总裁。会谈期间，联合利华方面表达了在中国长期投资的信心，同时就"本土化"进程中的一些问题与朱总理交换了看法。

在早些时候，上海市市长徐匡迪也接见了联合利华的两位总裁。借此机会，联合利华向徐匡迪市长通报了将总部设在上海的原因，同时就在上海的联合利华资产重组问题与徐市长交换了意见。

（2）宴请。

6月10日，人民大会堂宴会厅。联合利华举办丰盛的晚宴。两位总裁宴请中国有关政府机构的负责人、中方合作单位的代表及社会知名人士。全国人大副委员长王光英、全国政协副主席曹志、中共中央统战部副部长刘延东以及国家计委、经贸部、国家工商总局、轻工总局等有关部门领导人出席了盛大的宴会。

同时，两位总裁借此机会宴请在联合利华的退休职工，表达关爱之情。

（3）公益活动。

6月10日，联合利华公司出资200万元人民币，资助125名贫困大学生的学习生活费用。在人民大会堂举行的捐助仪式上，联合利华的两位总裁将奖学金颁发给了贫困大学生代表。

（4）媒介宣传。

宣传形式：新闻发布会/新闻专访/CCTV专题片/文字专稿/图片专稿

媒介：（略）

宣传要点：

——联合利华对在中国投资充满信心

——联合利华重新进入中国 12 年，业绩斐然

——联合利华的国际地位、经营业绩

——联合利华支持中国公益事业，捐资帮助贫困大学生

媒介活动：

北京、上海新闻发布会：会议期间，两位总裁透露了联合利华在中国进一步发展的设想并回答了记者感兴趣的问题。在早些时候，安排在上海举行了同样内容的新闻发布会，会议上着重强调联合利华将总部迁往上海的理由，从而获得上海媒介的认同感。

图片专稿：6 月 10 日两位总裁在天安门前与中国少年儿童共同品尝"和路雪"，同时邀请在京主要新闻单位的摄影记者到现场采访。天安门具有非同一般的象征意义，安排联合利华两位总裁以这种轻松、独特的方式"亮相"，巧妙地表达了联合利华对中国的友好与亲近，预示着联合利华在中国实施"本土化"战略的强烈愿望。

电视专访：6 月 10 日，安排联合利华两位总裁接受 CCTV "世界经济报道"栏目的专访，利用 CCTV 金牌经济栏目集中发布联合利华的声音，可以系统地阐述联合利华在中国发展的长远设想，全面地表达"本土化"的意愿，对中国有关方面产生影响。

【知识要点】

权力是指影响力和控制力，权力营销是指依据权力对营销活动影响的规律，借助自身或他人权力开展的营销活动。

权力营销的形式包括直接权力营销、政治权力营销、法律权力营销和政府权力营销。

权力营销的作用包括权力营销具有保健（Hygiene）作用，可帮助营销者取得市场准入；权力营销具有促进（Motivation）作用，能促进产品销售；权力营销还有提升（Promotion）作用，可提高公司及产品的知名度及美誉度。

【活动一】案例分析，感受权力营销

一、活动内容

分析案例

变对抗为融入——安利的政府公关案例分析

早在 1998 年中国直销禁令下达之前，安利等美国公司就对中国有关部门"一刀切"的做法提出异议，据说安利公司在给中国政府提出的意见书中甚至扬言退出中国市场，并且希望中国政府的行政行为给安利公司造成的损失依法得到解决。1998 年 4 月 21 日，中国政府一纸禁令，全面封杀所有形式的传销活动，以直销作为企业主营模式的美国安利公司受到严重的打击，每月的亏损额惊人。一周之后，安利等几家外资直销企业，借当时主管外经贸部的国务委员吴仪接见美国贸易代表巴尔舍夫斯基之机，提出要求中国政府允许外资直销企业"正常经营"，并且"保护外商投资公司的合法权益"。在安利等公司的策动下，当时的美国总统比尔·克林顿也对中国禁止传销的法令表示关注，他在《通知》之后的第 10 天，给美国世界直销协会会长尼尔·奥芬的信中表示"我们业已要求中国政府解除其市场壁垒并允许直销企业继续在华拓展业务。美国商务代表此次同中国方面就双边

贸易和中国加入世界贸易组织问题进行讨论时会重点突出上述问题。"

但中国政府的谈判代表顶住了美方的压力，强调中国政府禁止传销的举措是中国政府的自主权力，外方无权干涉。

安利终于明白了不能仅仅"借助本国的力量进行政府公关"，在灭顶之灾前，安利没有放弃，充分显示出强大的危机应变能力，展开了以"变对抗为融入"为核心的第二轮政府公关行动。

1. 积极沟通，促使政府了解

从1997年开始，安利就主动向管理部门定期汇报公司的运作情况。这一工作一直持续到现在，这个做法在这场危机中更加被重视，这也得到了政府方面的良好反馈。安利（中国）董事长郑李锦芬曾说过："永远不要想当然地以为中国政府会了解你的做法。"在安利与中国政府的交往过程中，这句话贯彻始终。

2. 追本溯源，提出立法建议

立法建议，是立法民主的集中体现，现代意义上的立法是一项"阳光下的事业"。所谓民主立法，就是要实行"开门立法"，充分发扬社会主义民主，使人民群众可以通过多种有效途径积极参与立法活动。开门立法是《立法法》的基本要求，是立法活动能够充分吸纳民意和表达民意的必由之路。为了让企业能够获得合适的建议渠道，企业应根据自身的情况，积极发现、总结问题并提出建议，最好能参加法律的起草组织或者参加起草组织的有关活动。

1999年4月，也就是中国政府颁布禁止传销令一周年之际，当时主管外经贸工作的国务委员吴仪在北京接见了美国安利公司总裁德·狄维士。在会谈中，吴仪很客气地要求德·狄维士将安利公司的经营经验与建议作出总结提供给中国的立法管理部门作参考。三个月后，一本长达100多页的中英文对照的名为《中国直销发展的过去与未来》的建议书就摆在了吴仪的案头，在这本建议书中还附加了《反金字塔销售规定样本》、《直销管理规定样本》、《世界直销协会商德约法样本》和《中国直销企业界协会守则样本》。一些业界有关人士看了安利公司的这套建议书认为，安利公司简直是在为中国未来出台的直销法建立范本。通过立法建议，以安利为代表的外商成功影响了中国的直销立法。

3. 适应规则，制造伙伴关系

中国国内"非典"双解除的第二天，史蒂夫·温安洛就来访问中国，并且一次性追加投资总额1.2亿美元，其中包括新增加的4 010万美元的注册资本。有业界人士评价说，这是安利在直销立法之前对中国政府的最大一笔政府公关。国务院发展研究中心、哈佛大学肯尼迪政府学院和清华大学公共管理学院三方联办的五年"公共管理高级培训班"计划，只选拔培养年轻的中国司局级高官。作为这一培训计划的唯一赞助企业，安利公司每年提供100万美元承担学员在国外的各项费用。一切都表明，安利越来越适应在中国的生存方式了。

从1998年几乎被判"死刑"后勉强偷生，到2009年营业额达到60亿元人民币，是2004年的4倍，全球500强企业安利起死回生的能力让人吃惊。

二、活动步骤和要求

1. 各小组成员认真研读案例并填写下表。

问　题	分析记录
案例中安利公司一开始为什么会与中国政府对抗	
什么原因促其转变态度	
安利公司最后如何与中国政府取得双赢	

2. 小组成员交流并分享对案例的分析结果。

3. 各组选派一名代表在全班交流分享案例分析结果。

4. 任课教师对各组的交流结果作出评价和指导，并评选出优胜组。

【活动二】 为自己的模拟企业撰写权力营销活动方案

一、活动内容

各学习小组针对本组建立的模拟企业，利用企业10周年庆典策划一场权力营销活动，通过制订权力营销计划，进一步巩固同学们对权力营销的认识。

二、活动步骤和要求

1. 小组成员运用权力营销原理，为本组模拟撰写权力营销活动方案，在小组交流讨论。

2. 各组组长根据本组成员讨论结果进行修订和完善，同时填写下表。

问　题	答　案	负责人
活动目的		
活动主题		
活动内容		
活动嘉宾（社会名流、媒体记者等）		
活动对象		
宣传要点		
活动预算		
效果预测		

3. 各小组选派一名代表在全班交流分享讨论结果。

4. 任课教师对各小组的分析结果作出评价和指导，并评选出优胜组。

【思考与练习】

一、判断题

1. 公共关系就是人际关系。（　　　）

2. 公共关系不等于营销，但公共关系是企业营销的主要手段。（　　　）

3. 展开公共关系活动的目的是：内求团结，外求发展。（ ）

4. 公共关系的实质就是调整人与人之间的关系。（ ）

5. 公共关系只同外部公众有关，内部职工不是公关的对象。（ ）

6. 对公众造成创伤的事件，可以称之为危机事件。而危机公关，就是对公众创伤的医治与恢复。（ ）

7. 权力营销就是指营销经理借助权力指挥营销人员。（ ）

8. 权力营销应利用一切手段让"守门人"满意。（ ）

9. 权力营销的对象首先是"守门人"，即拥有决策权力的官员或决策中的关键人物。（ ）

10. "一只眼睛盯着市场，一只眼睛盯着市长"，形象地说明了政府权力营销的做法。（ ）

二、选择题

1. 如果公共关系是一个"拉"的策略，那么权力营销则是一个（ ）的策略。

A. 扯　　　　　B. 推　　　　　C. 扶　　　　　D. 弃

2. 企业以不计报酬的方式参与社会公益事业的一种公关活动是（ ）。

A. 专题创业　　B. 媒介事件　　C. 情感服务　　D. 公益活动

3. 与市场营销紧密联系的公共关系三要素除了企业、公众两个因素之外的第三要素是（ ）。

A. 金钱　　　　B. 广告　　　　C. 信息　　　　D. 权力

4. 在公共关系的相关公众中，与组织自身相关性最强的一类公众叫（ ）。

A. 内部公众　　B. 媒介公众　　C. 政府公众　　D. 社区公众

5. 在公共关系的相关公众中，最敏感的一类公众叫（ ）。

A. 内部公众　　B. 媒介公众　　C. 政府公众　　D. 社区公众

6. 聪明的企业家眼睛既盯着市场，又盯着市长。盯着市场是指市场经济，而盯着市长是指（ ）。

A. 公共关系　　B. 人员推销　　C. 市场经营　　D. 权力营销

7. 在处理危机公关时，第一条原则是（ ）。

A. 承担责任原则　B. 真诚沟通原则　C. 系统运行原则　D. 权威证实原则

8. 政府首脑直接为企业招揽订单，这是（ ）。

A. 公共关系　　B. 人员推销　　C. 市场经营　　D. 权力营销

9. （ ）往往能扫除贸易保护主义造成的市场"篱笆"。

A. 公共关系　　B. 人员推销　　C. 市场经营　　D. 权力营销

10. 权力营销是一种（ ）的营销手段。

A. 一般　　　　B. 常用　　　　C. 特殊　　　　D. 低层次

三、案例分析

人的生活最适宜的相对湿度是45%～50%，而我国北方气候干燥，冬季室内湿度只有10%～15%。北京亚都环境科技公司营销的"亚都加湿器"利用超声波原理为人们的生活创造了适宜的湿度。该商品在北京连续两年总销售量突破4万台，日销量高达500台以上。而该产品在气候条件几乎一样的天津却无人问津，连续三年总销量才400台。于是，公司在天津开展"亚都加湿器向天津市人民有偿请教"活动，在《天津日报》、《今晚报》刊登"请教"广告，并组织营销人员身佩绶带向市民"请教"宣传品共 14 万件。这样一来"亚都"在天津家喻户晓。公司又将 1 200 多名来信的消费者姓名见诸报端，并赐复"感谢信"，寄出"感恩卡"，并给予特价购买"亚都"加湿器一台……

经过这次的活动，"亚都"加湿器两个月内在天津市场销量达 4 000 台，相当于过去三年销量总和的 10 倍。

问题：

1. 亚都加湿器初期在天津为何闻者寥寥？

2. 亚都公司采取了什么样的策略才打开销路？

附录　市场营销综合实训

"假如给我 20 万"营销策划方案实训

【实训目的】

1. 综合运用所学营销理论和知识，撰写营销策划方案。
2. 提高学生运用市场营销理论知识分析实践问题的能力。
3. 调动学生学习的积极性和能动性。
4. 培养学生的团队合作精神。

【实训内容】

各组以"假如给我 20 万"为题，利用启动资金，自由选择行业和市场，以钱生钱，写出市场营销策划方案，并在学期结束时进行展示。

方案必须包括：经营项目、市场选择、市场分析、经营策略（4P 策略）、资金运作和利润核算、团队分工等内容。

【实训组织】

1. 在学期初，教师以命题的方式，"假如给我 20 万……"，布置学生准备资料，准备撰写营销策划方案。
2. 在学期中，各小组确定模拟经营项目。
3. 随着课程教学的进程，利用课余时间设计调查问卷，进行市场调查，分步骤撰写营销策划方案直到完成。
4. 学期结束之前，上交营销策划方案。
5. 分小组在班级展示、阐述方案，回答老师提问。
6. 根据方案评出最佳创意、最佳设计、最佳展示奖项。

【实训考核标准】

（一）书面评审：80%

1. 创业项目：40%

（1）团队提出的创业理念是否新颖、可行、具有竞争性：10%。

（2）目标市场的选择是否正确：10%。

（3）营销组合"4P"因素配合是否得当：15%。

（4）资金的使用、利润的计算是否合理：5%。

2. 营销策划方案的内容：40%

（1）内容是否全面、系统，文章前后逻辑是否紧密：10%。

（2）策划方案语言是否流畅，是否有吸引力：10%。

（3）要包括经营项目介绍、目标市场分析、经营管理（"4P"策略的运用）、融资计划、财务投资回报分析等内容：20%。

（二）现场阐述与答辩评审：20%

（1）PPT展示、计划书讲解时思路清晰、重点突出，内容完整：5%。

（2）对评委问题的要点有准确理解，回答具有针对性而不是泛泛而谈；回答问题建立在准确的事实和可信的逻辑推理上：5%。

（3）能在评委提问结束后迅速作出回答，回答内容连贯、条理清楚，无拖延时间的行为：5%。

（4）团队成员协作配合上团队成员在陈述时有较好的配合，能协调合作，彼此互补，对相关领域的问题能阐述清楚：5%。

广东省财经职业技术学校 0802 班
速捷便利店市场营销策划方案

目　录

前　言

便利店，英文简称 CVS（Convenience Store），它是一种用以满足顾客应急性、便利性需求的零售业态，其及时、便利、有效的特点在市场中具有较强的竞争力。

大沥城南作为南海的一个商业中心，交通方便，商业多样化且集中，左有大都会广场，右有巴黎春天步行街，因此，在原来居民的基础上，有不少附近城镇的消费者也会过来逛街消费。同时，临近巴黎春天步行街有广东省财经学校，拥有 3 000 多名学生和 200 多名教职工，可见大沥城南人流量较多，而且高度集中在中青年人群，青年男女是主要的群体，具有一定的消费能力。

随着社会经济水平的提高，生活节奏也加快，人们不仅对零售商品的质量要求越来越高，而且对零售业的服务质量的要求也越来越高。对于大沥这个经济发展速度较快的城镇尤其明显。但是，目前大家购买零售商品的途径主要是通过超市和小卖部，这两者营业时间有限，购买花费时间也较长，消费过程麻烦。而周边地区却没有上规模的便利店，因此，我们觉得在大沥城南开设一家便利店，不仅可以实现一定的经济利益，也可以给社区居民提供消费便利。

一、企业简介

1. 企业名称：速捷便利店（Speed）。
2. 店铺选址：南海大沥城南大都会广场附近。
3. 企业使命：服务大众、沟通彼此。
4. 组织架构：

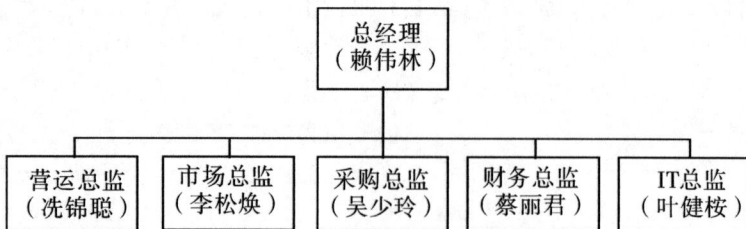

```
              总经理
            （赖伟林）
   ┌────┬────┬────┬────┬────┐
营运总监 市场总监 采购总监 财务总监 IT总监
（冼锦聪）（李松焕）（吴少玲）（蔡丽君）（叶健桉）
```

5. 业务概况：本店是一家 24 小时经营的便利零售店，面积为 100 平方米左右，销售对象是附近的市民。产品主要是居民的日常生活用品、小吃零食、社区服务等。采用店面经营与网络经营同步运作的运营模式，提供送货上门的服务。

二、市场调查分析

1. 调查目的：通过调查大沥城南地区零售业的主要消费群体，了解社区居民的基本情况、消费情况，以及消费期望，最终确定便利店的运营方向。

2. 调查的内容：居民的年龄层次、职业情况、收入水平；消费者的购买习惯、购买意愿等（详见附录的调查问卷）。

3. 调查对象：周边消费者（如居民、学生、外来工等）。

4. 调查方式：问卷调查。

5. 调查时间：每天上下班时段、周末。

6. 调查结论：从调查结果可看出，大沥城南的消费者市场高度集中在中低端用户，同时也有少量较高要求的顾客。同时，消费群体以年青一代为主，年轻人口占绝对的优势，另一方面从我们的问卷调查也可以知道，大部分消费者对小商品存在较大的需求，因此我们可以断定，大沥城南便利店市场需求比较大，通过合理营运会有可观的经济利益。

三、竞争分析

通过问卷调查和走访的方式，我们对便利店周边的零售业进行了分析，发现大沥城南周边并没有像 7 - 11、OK 便利等上规模的连锁便利店，这也是我们开店的机遇。但由于地处商业地带，便利店主要的竞争者是大型超市和学校小卖部。

（1）大型超市：在便利店附近，有大润发、新一佳两大量贩型超市，它们规模大、商品齐全、价格实惠，对便利店有很大威胁。

然而大型超市也存在着不少不便、不足之处。例如：超市位于商场或步行街内，而不是位于路边，不便于某些匆匆过客消费；商品大多是量贩型大包装，不利于小额消费；货架摆放大且多，选购商品时费时；收银处一般都要排队，特别是消费高峰期，排队等候收银需要很长时间，不利于紧急消费；进入超市需要将行李物件存包，且不可带食物入内，这对于某些消费者来说不方便，特别是带着小孩子的消费者；超市不提供热水、微波炉食物加热服务，对于某些消费者来说也是不方便的；营业时间有限，一般为 10：00—22：00，这也使得消费者消费受限制；对于小额消费不能提供送货上门服务，也没有网上或电话订购服务，这不便于某些离不开工作岗位的上班族和行动不便的老人、小孩的消费。

相比之下，便利店位于闹市街道边、销售小包装商品、店面小而精、收银快捷、不用存包均可入店、消费即免费提供热水和微波炉加热服务、24 小时营业、电话或网上订购、消费即可送货上门等特色便利服务具有一定的竞争力。

（2）学校小卖部：离便利店较近的学校校内设有小卖部，它离便利店主要消费群体——学生较近，对便利店也存在着威胁。

而小卖部却存在着不少问题，例如：店内商品品种较少，可选择性较少；商品质量没保证，存在不少假冒伪劣商品和过期商品；货架摆设杂而乱，不利于消费者选购商品；营业时间有限，一般为 7：00—22：00，且寒暑假不营业；服务态度不好，引起部分学生反感；没有售后服务，不能保障消费者利益。

四、市场营销策略

1. 产品策略

产品分有形产品和无形产品。有形产品有日常生活用品、食品、文具、药品、报纸杂志、充值卡、IC 卡等。无形产品主要包括代办照片冲印，代购各种汽车、火车、飞机、演出票，接发特快专递、邮递，代缴各种费用等。

主打商品定位在日常用品、饮料及零食上，这些商品不求多、全，而应求精，即选择畅销的、质量高的、价格又适中的产品上架。尽量避免出现大包装的产品，因为便利店的定位是为应急的需求，大包装的商品不属于便利店的销售范围。因为若销售大包装商品，便利店的价格必然要高于超市的价格，这种"鸡蛋碰石头"的行为会让顾客觉得便利店的商品价格高，反而没有消费动机。所以，便利店所选择的商品类型应为品牌质量有保证、畅销的大众化商品。

因为便利店周边有不少的学生，所以除了销售一般零食之外，提供熟食小吃，如咖喱鱼蛋、豆浆奶茶等，速冻快餐等便捷食品也是有一定市场的。

另外，便利店还可以向社区居民提供第三方的便民服务，如代办照片冲印，代购各种汽车、火车、飞机、演出票，接发特快专递、邮递，代缴各种费用等，这些都是"零库存"、低成本，却有着丰厚利润的无形产品。

2. 渠道策略

（1）对于有形产品，从批发商或直接从制造商那里购进各种商品，或与他们建立长期合作关系，签订合作合同，采用 JIT 方式的采购

（2）对于无形产品，开拓与冲晒店，汽车、火车、飞机售票处，EMS 等的合作关系，与他们建立长期的合作关系，采用 JIT 方式运营，也争取低廉的批发价。

（3）建立网络营销系统，通过建立自己的销售网站，实行网络营销，拓展分销渠道，这样可以通过网上预定的形式实行 JIT 运营。

3. 价格策略

定价宗旨："否定低价、便利制胜。"

（1）便利店的定价不能盲目追求低价。由于商品采购是小批量采购，导致便利店的商品价格比大型超市高一些，不可能与大型超市竞低价。但便利店吸引顾客的不是价格而是可以应急的便利服务（如 24 小时经营服务、洗手间免费等）。

（2）要尽量降低成本。便利店的经营除开商品成本，便利店目前还要负担摊位租赁费用、24 小时不间断的人力费用、营业费用以及照明费、空调费等，这些都会影响着商品的价格。在营运的过程中，应尽量降低这些成本，争取较低价格销售，以免过高销售价让消费者望而却步。

4. 促销策略

（1）要加强便利消费的宣传。比如在推广期印发一些关于便利消费的宣传单张，加强和社区、学校的合作，将便利消费理念推向社区、校园，把我们的便利店与一般的小卖部、杂货店区分开来，获取消费者的关注。

（2）要加强员工的素质，提高服务质量。在起步阶段，由于成本控制，我们聘请的工

作人员不能太多，但要有一定的营销素质，能较为科学地为消费者服务。同时也要求他们要具备良好的服务态度，在社区形成良好口碑，稳定原有客户源的同时也吸引新的客户。店内一角放置一个意见箱，顾客可以将任何意见或问题投放到箱内，每天店员要打开意见箱查看，如有问题，马上限期解决。

（3）通过会员制的方式加强消费者的忠诚度。我们可以开办 VIP 卡，对他们进行长久优惠，例如早餐时段买面包送豆浆，中秋节买月饼送果汁，生日当天消费享受 8 折优惠等。让他们买得更加满意称心。

（4）节日促销活动和特价时段。我们将针对全年的大部分节日进行促销活动，如教师节，可以给来店消费的老师打折优惠，情人节给所有消费的情侣送一支玫瑰花，儿童节举办活泼、风趣的活动，吸引带小朋友的家长来店消费。另外，到晚上 7 点以后实行商品特价，部分商品优惠，吸引新老顾客的光临。

（5）在商品的质量上一定要有保障，并提供售后服务及顾客反馈处理。商品质量是消费者消费首要考虑的因素，所以便利店的商品必须质量过关，杜绝假冒伪劣商品，特别是保证食品的卫生问题。另外，便利店还提供售后服务及顾客投诉处理中心，科学处理顾客的投诉，并负责赔偿由于商品质量问题引起的顾客损失，与一般"货物出门、概不负责"的小卖部区分开来。

（6）通过网络促销。建一个网上营销平台，设计一个美观的网站，且建立 QQ 客服，随时推广客户，解决客户咨询，接受订单，并且进行论坛推广。

五、财务分析

1. 股东资本：30 万元
2. 首年财务状况
（1）支出：
店面租金：8 万元/年
首批铺货款：3 万元
冰箱：5 000 元
微波炉：500 元
热水供应机：500 元
POS 收银机：2 000 元
货架：2 000 元
装修费用：5 000 元
工资支出：8 万元/年
水电、税收等费用：4 万元/年
成本合计：25 万元。
（2）运营后备资金：5 万元。
（3）预计利润收入（估计毛利率为 30%）：1.5 万元/月（估计 1 年多可收回成本）。

3. 其余年份财务状况

（1）支出：

店面租金：8 万元/年

工资支出：8 万元/年 ~9 万元/年

水电、税收等费用：4 万元/年 ~5 万元/年。

（2）预计利润收入（估计毛利率为 30%）：1.5 万元/月 ~2 万元/月。

六、附 录

附录一：便利店市场调查表

1. 您的性别：
A. 男　　　　　　　B. 女
2. 您的年龄：
A.18 岁以下　　　B.18～30 岁　　　C.31～40 岁　　　D.40 岁以上
3. 您的大概月收入：
A.1 000 元以下　　　　　　　　　　B.1 000 元至 1 999 元
C.2 000 元至 2 999 元　　　　　　　D.3 000 元以上
4. 您的学历：
A. 初中及以下　　B. 中专或高中　　C. 大专　　　　　D. 本科及以上
5. 您的职业：
A. 学生　　　　　B. 医生　　　　　C. 自由职业者
D. 普通员工　　　E. 私营企业主　　F. 办公室白领
6. 您去超市购买哪些东西？（多选）
A. 小百货　　　　B. 日常零食　　　C. 饮料
D. 书籍音像　　　E. 生鲜类　　　　F. 家电　　　　　G. 冷冻食品
7. 您经常去便利店吗？
A. 经常　　　　　B. 偶尔　　　　　C. 从来都不去
8. 您从便利店购买东西，时间一般是：
A. 早上比较早　　　　　　　　　　　B. 白天时间
C. 晚上 19：00—23：00　　　　　　　D.23：00 以后
9. 您认为附近社区现有的便利店产品价格？
A. 适中　　　　　B. 偏高　　　　　C. 偏低
10. 您去便利店的动机是？（多选）
A. 应急购物　　　B.24 小时服务　　C. 付款方便节省购物时间
D. 有更多新产品，代表流行趋势　　E. 购物环境好
11. 您希望在便利店得到哪些服务？（多选）
A. 彩扩冲印　　　B. 各类充值卡、IC 卡
C. 代缴各种费用　　D. 牛奶订购
E. 代购火车、飞机、演出票　　　　F. 体育彩票
G.MP3 下载　　　H. 复印、传真　　I. 接发特快专递、邮递
12. 您听说过哪些便利店？（多选）
A. 联华快客　　　B. 可的便利　　　C.OK 便利
D. 喜市多便利　　E.7－11 便利　　　F. 其他
13. 您通过什么渠道知道这些便利店？
A. 家人朋友　　　B. 广告　　　　　C. 路过

14. 您多久去一次超市？

A. 一周几次　　　　　B. 一月几次　　　　　C. 一年几次

15. 您常到小区传统的小卖店（小超市）购物吗？

A. 非常频繁　　　　　B. 很少　　　　　C. 偶尔

16. 您认为便利店作哪些方面改进会更加吸引你来便利店购物？（请依据吸引程度大小排列顺序）

A. 调低价格　　　　B. 改善购物环境　　　C. 改善服务态度

D. 增加新服务、新商品　　　　　E. 更强的"一家人邻里文化"

F. 其他

17. 您对于便利店送货上门收费持有什么意见？

A. 收费就不买了　　　B. 适当的收费可以接受

18 您觉得如果在您居住的小区开家便利店有前景吗？

A. 有　　　　　　　B. 没有　　　　　C. 不知道

附录二：店面设置

饮料、零食货架

店铺摆设

烟酒货架

自动玻璃门

速冻饭盒

整洁的店面

刷卡消费

多元化销售服务

水电费缴费机

附录三：便利店 LOGO 及宣传海报

便利店 LOGO

24 小时营业宣传海报

附录四：促销宣传单

FamilyMart.
活动时间：2009年4月1日-4月15日
买任意蒸包
满2元+1元
送
旭洋豆浆
Buying dumpling for ¥2 and
get soybean milk by paying ¥1
商品以店内实物为准

康師傅
喜士多
活动时间:2009.02.18~03.17
花漾香
茶新味
2009年2月18日~3月17日期间
一次性消费满10元
送
任意2瓶
本活动不含香烟，代收、代售类商品
活动期间，来喜士多便利店一次性消费满10元以上的顾客，即可免费获赠康师傅茉莉清茶和康师傅茉莉蜜茶任意2瓶，赠品数量有限，赠完为止。
茉莉清茶
茉莉蜜茶